# 智能汽车技术概论

龚建伟　熊光明　主　编

## 内容简介

智能汽车是汽车、电子信息、通信等领域跨界融合的载体和重要产物。本书在编写过程中，紧密围绕智能汽车的线控底盘、环境感知、决策规划、控制、测试评估等核心技术，对智能汽车的发展和分级标准、线控底盘技术、环境感知技术、定位导航技术、决策规划与控制技术、先进驾驶辅助技术、网联技术、电子电气架构、测试与评估等内容进行了比较细致的讲解。全书分为智能汽车技术概论、智能汽车线控底盘技术、智能汽车环境感知技术、智能汽车定位导航技术、智能汽车决策规划与控制技术、智能汽车先进驾驶辅助技术、智能汽车网联技术、电子电气架构、智能座舱与计算平台、智能汽车测试与评估九个项目。每个项目都配有相应的实训工单，便于学生通过实训操作复习、巩固主要的学习内容，增强学习效果，培养学生独立解决问题的能力和创新能力，拓宽学生的视野。本书可作为应用型本科、高等职业院校智能汽车技术专业及相关汽车类专业的教学用书，也可作为相关培训机构的参考书，还可作为智能汽车爱好者的科普读物。

**版权专有　侵权必究**

### 图书在版编目（CIP）数据

智能汽车技术概论 / 龚建伟，熊光明主编. -- 北京：北京理工大学出版社，2019.12（2025.1 重印）
ISBN 978-7-5682-8039-6

Ⅰ. ①智… Ⅱ. ①龚… ②熊… Ⅲ. ①智能控制－汽车 Ⅳ. ①U46

中国版本图书馆 CIP 数据核字（2019）第 282578 号

---

**责任编辑**：孙 澍　　　　**文案编辑**：孙 澍
**责任校对**：周瑞红　　　　**责任印制**：李志强

---

**出版发行** / 北京理工大学出版社有限责任公司
**社　　址** / 北京市丰台区四合庄路 6 号
**邮　　编** / 100070
**电　　话** / （010）68914026（教材售后服务热线）
　　　　　　（010）63726648（课件资源服务热线）
**网　　址** / http://www.bitpress.com.cn
**版 印 次** / 2025 年 1 月第 1 版第 3 次印刷
**印　　刷** / 涿州市新华印刷有限公司
**开　　本** / 787 mm×1092 mm　1/16
**印　　张** / 18
**字　　数** / 422 千字
**定　　价** / 49.00 元

图书出现印装质量问题，请拨打售后服务热线，负责调换

# 前言

当前，我国已建成世界最大的高速公路网，为贯彻落实党的二十大精神，加快推动战略性新兴产业融合集群发展，构建新一代信息技术、人工智能、生物技术、新能源、新材料、高端装备、绿色环保等一批新的增长引擎国家战略，汽车智能技术将发挥更加重要的作用。

汽车技术正朝着智能化和网联化发展，智能网联汽车是未来智能交通系统的重要组成部分，当前也是人工智能技术的重要载体。智能汽车是汽车、电子信息、通信等领域跨界融合的载体和重要产物，智能汽车技术成为车辆工程、机械电子、自动控制、计算机等多学科交叉技术。

当前国内外智能网联汽车发展迅速，高职高专相关专业培养内容应当适应社会需求。本书在编写过程中，紧密围绕智能汽车的线控底盘、环境感知、决策规划、控制、测试评估等核心技术，对智能汽车的发展和分级标准、线控底盘技术、环境感知技术、定位导航技术、决策规划与控制技术、先进驾驶辅助技术、网联技术、电子电气架构、测试与评估等内容进行了比较细致的讲解。全书分为智能汽车技术概论、智能汽车线控底盘技术、智能汽车环境感知技术、智能汽车定位导航技术、智能汽车决策规划与控制技术、智能汽车先进驾驶辅助技术、智能汽车网联技术、电子电气架构、智能座舱与计算平台、智能汽车测试与评估九个项目。每个项目都配有相应的实训工单，便于学生通过实训操作复习、巩固主要的学习内容，增强学习效果，培养学生独立解决问题的能力和创新能力，拓宽学生的视野。本书可作为应用型本科、高等职业院校智能汽车技术专业及相关汽车类专业的教学用书，也可作为相关培训机构的参考书，还可作为智能汽车爱好者的科普读物。

本书主编作者自 1997 年开始在北京理工大学从事智能汽车技术研究在智能驾驶领域承担了国家重大基础研究项目、国家自然科学基金重点项目和汽车企业合作项目几十项，团队获国家科技进步二等奖和三等奖各 1 项，获部级科技进步奖 10 多项，出版《无人驾驶车辆理论与设计》《无人驾驶车辆模型预测控制》等十多部专著，发表研究论文 100 多篇，授权发明专利 60 多项。编者带领团队获得过国家自然科学基金委员会举办的"中国智能车未来挑战赛"冠军，获得"关键技术应用贡献奖"；同时，基于智能无人车辆在国防领域的重要应用，编者一直参加陆军"跨越险阻地面无人系统挑战赛"，成绩优秀；作为本科生智能汽车参赛队指导老师，连续十多届本科生"全国大学生智能汽车竞赛"，获全国总决赛和华北赛区一等奖二等奖以上奖励 80 多项。同时，在北京理工大学汽车专业教学过程中，积极开展汽车工程专业智能化教学改革。

作为从事二十年智能汽车研究和教学的专业教师，深感非常有必要将智能汽车技术作为重点教学内容在高职高专和应用技术本科开展教学，以适应国内外汽车技术发展。为了编写适合高职高专的智能汽车教材，我们调研了 20 多所职业院校，针对高职高专重视实际操作教学特点，系统设计了教学内容教学形式，做到"理论技术科普化，教学内容实化"，充分利用短视频微课特点，同时在实操教材中将相关的理论内容通过二维码链接，学生和教师可以马上通过扫码找到相关知识点及线上教学微课内容。

本套教材专门针对高职高专需求，以实操教学为主，理论教学为辅。本书《智能汽车技术概论》较为系统地介绍了智能汽车发展和内容、感知与导航技术、规划与控制技术、先进辅助驾驶技术、车辆网联技术。并配套了四本实操教材，可作为概论的配套教材或专门课程教材，包括《智能汽车感知与导航技术》《智能汽车规划与控制技术》《智能汽车先进辅助驾驶技术》《智能汽车网联技术》，每本实操教材以科普化的技术知识讲解，讲解内容或较深入的知识讲解可以通过书中的二维码链接扫码了解，教学过程中可自行选择"初步了解"或"深入学习"，配以无人车或自动驾驶车辆实验平台，以实际操作形式完成教学，掌握知识点。

本套教材的无人车实操实验平台可以有多种选择，选择了稳定可靠方便维护的国内知名品牌，包括北理酷黑科技无人车实验平台（百度阿波罗自动驾驶套件指定平台）、钢铁侠无人小车实验平台（全国大学生智能汽车竞赛平台）、大疆科技无人车实验平台（Robomaster人工智能挑战赛自主组比赛平台），软件架构可选北理慧动智能车软件架构、百度阿波罗自动驾驶开发者软件架构，其中北理慧动智能车软件架构针对高职高专进行了简化，重视对应知识点的了解性测试，把开发内容设计为深入选修性内容，适合高职高专利用该平台参加各类智能汽车包括无人车竞赛活动。

本套教材的实操内容得到北京理工大学智能车辆研究所教师、本科生、研究生团队的大力支持，同时得到北理慧动教育、北京酷黑科技、北京钢铁侠、深圳大疆科技、百度阿波罗自动驾驶开发者套件团队的大力支持，为北京理工大学出版社的编辑老师提供了大量出版指导，多所职业技术学院经验丰富地提供了指导意见，提出了大量修改意见。在此一并致谢。

龚建伟

# 目 录

## 项目一　智能汽车技术概述 ……………………………………………… 001
　　任务一　发展状况 ………………………………………………………… 001
　　任务二　智能汽车的技术架构 …………………………………………… 016
　　任务三　人工智能在智能汽车中的应用 ………………………………… 020

## 项目二　智能汽车线控底盘技术 ………………………………………… 023
　　任务一　汽车线控底盘技术概述 ………………………………………… 023
　　任务二　线控转向技术 …………………………………………………… 025
　　任务三　线控制动技术 …………………………………………………… 031
　　任务四　线控底盘技术在智能驾驶领域的研究与应用 ………………… 036

## 项目三　智能汽车环境感知技术基础知识 ……………………………… 041
　　任务一　智能汽车环境感知技术概述 …………………………………… 041
　　任务二　激光雷达技术与应用 …………………………………………… 044
　　任务三　毫米波雷达技术与应用 ………………………………………… 050
　　任务四　超声波雷达技术与应用 ………………………………………… 060
　　任务五　视觉环境感知技术与应用 ……………………………………… 063
　　任务六　多传感器融合技术 ……………………………………………… 072

## 项目四　智能汽车导航定位技术 ………………………………………… 075
　　任务一　卫星导航定位 …………………………………………………… 075
　　任务二　惯性导航定位 …………………………………………………… 084
　　任务三　SLAM 定位 ……………………………………………………… 088
　　任务四　无线通信辅助定位 ……………………………………………… 093
　　任务五　多传感器融合定位 ……………………………………………… 096
　　任务六　高精度地图 ……………………………………………………… 098

## 项目五　智能汽车规划决策与控制技术 ………………………………… 101
　　任务一　基本框架简介 …………………………………………………… 101
　　任务二　路径规划 ………………………………………………………… 106

# 目 录

  任务三 行为决策 110
  任务四 运动学模型 115
  任务五 车辆纵向控制 118
  任务六 车辆横向控制 121

## 项目六 智能汽车先进驾驶辅助技术 124
  任务一 ADAS 的发展及趋势 124
  任务二 ADAS 的定义及分类 126
  任务三 ADAS 标准 133
  任务四 车载典型 ADAS 介绍 136

## 项目七 智能汽车网联技术 154
  任务一 智能汽车网联技术概述 154
  任务二 车载网络 156
  任务三 智能汽车无线通信技术 169
  任务四 网联信息交互技术应用 176
  任务五 汽车 OTA 技术及网络安全 178

## 项目八 电子电气架构、智能座舱与计算平台 183
  任务一 智能汽车电子电气架构 183
  任务二 智能座舱 187
  任务三 智能汽车的计算平台 193

## 项目九 智能汽车测试与评估 197
  任务一 智能汽车测试技术概述 197
  任务二 智能汽车仿真技术 200
  任务三 实车测试 219
  任务四 测试场测试 220

## 参考文献 274

# 项目一　智能汽车技术概述

（1）了解智能汽车的定义。
（2）了解国内外智能汽车的发展历程。
（3）掌握美国 SAE 智能汽车分级标准和我国智能汽车分级标准。
（4）掌握智能汽车的"三横两纵"和"三横三纵"技术架构，掌握智能汽车横向技术的层次体系。
（5）了解人工智能的发展历程以及人工智能在智能汽车的应用方向。

（1）能够依据我国智能汽车分级标准对各种类型的智能汽车进行分级。
（2）能够结合传统汽车企业和互联网企业研发的智能汽车产品，分析智能汽车的两个发展方向。

## 任务一　发展状况

根据 2020 年 2 月中国发布的《智能汽车创新发展战略》，智能汽车是指通过搭载先进传感器等装置，运用人工智能（Artificial Intelligence，AI）等新技术，具有自动驾驶功能，逐步成为智能移动空间和应用终端的新一代汽车。在此进一步明确该定义：智能汽车是指通过搭载先进传感器、控制器、执行器等装置，运用信息通信、互联网、大数据、云计算、人工智能等新技术，具有部分或完全自动驾驶功能，由单纯交通运输工具逐步向智能移动空间转变的新一代汽车。另一个广泛的提法是智能网联汽车，从本质上来讲，网联是智能汽车实现信息共享和协同控制的重要途径，是提升汽车智能水平的一种技术手段，其落脚点还是车辆智能化。其他的提法还有自动驾驶汽车、无人驾驶汽车等。

智能汽车涵盖了辅助驾驶汽车、自动驾驶汽车、自主驾驶汽车等，自主式无人驾驶汽车暂且能实现类似人类驾驶员知识与经验积累的类人驾驶，超越人类的智能驾驶则是智能汽车发展的最终方向。本书对自动驾驶汽车、无人驾驶汽车、智能汽车这几个名词暂不作严格区分，多数情况统称为"智能汽车"。

2020年2月10日，国家发展改革委、中央网信办、科技部、工业和信息化部等十一个部委联合发布了《智能汽车创新发展战略》。

## 一、国外发展历程

国外最先开始探索智能汽车领域，故而在技术层面及研究成果方面都极具代表性，如表1-1所示。

表1-1 国外智能汽车发展历程

| 时间 | 代表性事件 |
| --- | --- |
| 1925年 | 无线电设备公司Houdina Radio Control设计了一辆"无人"驾驶汽车American Wonder，该车由一辆1926 Chandler（曾经的美国汽车品牌，现已消失）改装而来。American Wonder在纽约市进行了展示，从百老汇开到了第五大道，并分别于1926年在密尔沃基和1932年在弗雷德里克斯堡做了展示。American Wonder仅是车上无人，实际仍需要人为控制，称其为"遥控驾驶"更为恰当 |
| 1939年 | 在世界博览会上，通用公司展示了世界上第一款智能概念车Futurama |
| 20世纪80年代 | 美国卡内基·梅隆大学从1987年左右开始研究智能汽车技术，其研制的NavLab系列代表了当时世界智能汽车的发展方向。NavLab-1是1986年基于雪佛兰的一款厢式货车改装而成的，装有Sun3、全球定位系统（GPS）、Warp等硬件，其在典型结构化道路上的最高行驶速度为28 km/h |
| | 美国国防部高级研究计划局（DARPA）在1987年提出"星球大战"计划，其中基于视觉导航技术的自主地面车辆（Autonomous Land Vehicle，ALV），在一条4.5 km长的包括转弯、直线、宽度变化并有障碍物的道路上，取得了平均速度14.5 km/h，最高速度21 km/h的路测成绩 |
| 1992年 | 美国国防部高级研究计划局资助了DEMO Ⅰ计划，该计划意在研究高速遥控及简单的"学习"功能等技术 |
| 1995年 | 美国卡内基·梅隆大学基于1990年问世的Pontiac运动跑车构建了全新的智能车NavLab-5并进行了首次横穿美国大陆的长途自主驾驶试验。其自主驾驶行程为4 496 km，占总行程的98.1%。实验过程中，NavLab-5最高行驶速度为102 km/h |
| 1996年 | 美国国防部高级研究计划局（DARPA）资助了DEMO Ⅱ计划，改进了地面无人驾驶车辆的自动操控技术，并演示了越野自主机动性能 |
| 1998年 | 意大利Parma大学为解决城市结构化道路问题，研制出ARGO试验车，ARGO能在人工驾驶车辆过程中，当驾驶员操作失误或者发生危险时及时发出警告。ARGO在高速公路上进行了2 000 km的道路试验，自主驾驶里程达到总里程的94%，最高车速为112 km/h |

续表

| 时间 | 代表性事件 |
| --- | --- |
| 1999 年 | 车辆 DEMO Ⅲ A 在美军的阿伯丁武器测试场进行了相关试验 |
| 2000 年 | 车辆 DEMO Ⅲ B 进行了自主机动性鉴定试验。白天 DEMO Ⅲ B 在有植被的崎岖地形上进行越野行驶,导航速度可达 32 km/h。而在夜间及湿地环境下,DEMO Ⅲ B 的导航速度也可达到 16 km/h。在不太恶劣的气候条件下,DEMO Ⅲ B 可实现以 64 km/h 的速度在道路上行驶。整个试验过程中,试验车与遥控人员的通信距离为 10~15 km |
|  | 美国国防部高级研究计划局和美国卡内基·梅隆大学合作研发"粉碎机"(Crusher)无人驾驶平台,该平台车辆装备了用于无人车辆的混合动力发动机和先进的悬挂系统,能够以 40 km/h 的速度行驶 50 km,且能实现中心转向 |
| 2004 年 | 美国国防部高级研究计划局举办了第一届 DARPA Grand Challenge 挑战赛,考验无人平台在恶劣和复杂环境下的行驶能力,同时对获奖者给予巨额奖励。比赛于 2004 年 3 月在美国莫哈韦沙漠举行,要求参赛的自主地面车辆只能依靠 GPS 引导行驶,并依靠传感器或摄像头绕开天然障碍物,在 230 km 长的纯天然沙漠地带,不允许远程遥控,并对每辆参赛车进行实车跟踪。第一届挑战赛共 21 支车队参加了资格赛,其中 15 支车队进入决赛,但在决赛中,没有一支车队完成整场比赛。所有车队中,卡内基·梅隆大学的无人驾驶平台 Sandstorm 行驶距离最远,共完成 11.78 km 的路程。Sandstorm 首次实现了车辆在无人驾驶状态下的避障驾驶,具有里程碑意义,极大地引发了人们对无人驾驶平台技术的兴趣 |
| 2005 年 | 美国国防部高级研究计划局举办了第二届 DARPA Grand Challenge 挑战赛,共有 195 支车队报名,其中 43 支车队通过审核进入资格赛。不同于第一届,第二届比赛的决赛中有 5 辆参赛车完成了比赛任务。冠军是斯坦福大学研制的车辆 Stanley,其配备了摄像头、激光测距仪、雷达远程测距、GPS 和英特尔奔腾 M 处理器。第二、第三名则由卡内基·梅隆大学研制的车辆 Sandstorm 和 Highlander 获得 |
| 2007 年 | 美国国防部高级研究计划局组织了第三届 DARPA Grand Challenge 挑战赛,也称"城市挑战赛"(Urban Challenge),比赛于 2007 年 11 月 3 日在美国西部加利福尼亚州维克多维尔已废弃的乔治空军基地举办,前三名的奖金分别为 200 万美元、100 万美元和 50 万美元。比赛在全长 96 km 的城市道路举行,需在 6 h 之内完成,并且需要遵守所有的交通规则,同时与其他交通工具和障碍物进行协同和交互。本次挑战赛共有 53 支车队报名,其中 11 支车队通过了资格测试,6 支车队跑完了全程。获得前三名的车辆平台分别是卡内基·梅隆大学研制的 Boss、斯坦福大学研制的 Junior 和弗吉尼亚理工大学研制的 Odin。其中,冠军车辆 Boss 比赛用时为 4 h 10 min 20 s,平均速度为 22.53 km/h |

续表

| 时间 | 代表性事件 |
|---|---|
| 2009年 | 美国陆军坦克车辆研究开发与工程中心研发自主平台演示（Autonomous Platform Demonstrator, APD）系统，旨在开发、集成和试验下一代无人平台系统技术，包括混合电驱动技术、先进悬挂技术、热管理和无人平台系统安全技术。搭载该系统的车辆最高速度可达到80 km/h，技术成熟度为6级。（技术成熟度是源于20世纪70年代的概念，表示一个技术相对于系统或者整个项目而言所处的发展状态，反映技术对于项目预期目标的满足程度。技术成熟度主要划分为9个等级，其中1级表示"基本原理被发现和阐述"，2级表示"形成技术概念或应用方案"；3级表示"应用分析与实验室研究，关键功能实验室验证"；4级表示"实验室原理样机组件或实验板在实验室验证"；5级表示"完整实验室样机在相关环境中验证"；6级表示"模拟环境下的系统演示"；7级表示"真实环境下的系统演示"；8级表示"定型试验"；9级表示"运行与评估"） |
| 2011年 | 谷歌成立独立的汽车有限责任公司Google Auto LLC（Limited Liability Company），用于研究智能汽车项目。研究分为两个方向，一个是由有人驾驶车辆改装成的智能汽车；另一个是全新设计的，没有方向盘、制动踏板和油门踏板的智能汽车 |
| | 美国内华达州参众两院通过第511号法案，为智能汽车在内华达州内申领执照和驾驶要求提供了法律依据 |
| 2012年 | 美国佛罗里达州众议院通过第1207号法案，在这个法案里无人驾驶技术是指安装在机动车辆上，在没有人为主动干预的情况下能够驾驶机动车的技术。智能汽车是指装备了上面定义的无人驾驶技术的机动车辆 |
| | 美国加利福尼亚州参议院通过第1298号法案，对智能汽车的安全和性能提出要求，同时对智能汽车的上路测试做出相关声明 |
| 2013年 | 以特斯拉、谷歌为代表的科技企业及奔驰、宝马等传统汽车企业都吹响了进军智能汽车领域的号角 |
| 2014年 | 国际自动机工程师学会（SAE International）制定自动驾驶汽车分级标准，将自动驾驶分为L1级"驾驶辅助"、L2级"部分自动驾驶"、L3级"有条件自动驾驶"、L4级"高度自动驾驶"以及L5级"完全自动驾驶"5个级别 |
| 2015年 | 美国内华达州机动车辆管理部门（DMV）为谷歌的智能汽车颁发了首例驾驶许可证 |
| | 英国政府发布了无人驾驶汽车上路测试的官方许可。4个获批的测试城市分别为布里斯托、米尔顿凯恩斯、考文垂和格林尼治。同年，英国交通部（DfT）发布了《无人驾驶车路测规范》，要求上路的自动驾驶汽车必须有人监控，并且可以随时切换到人工驾驶模式 |

续表

| 时间 | 代表性事件 |
| --- | --- |
| 2016 年 | 日本警察厅颁布了《自动驾驶汽车道路测试指南》,明确驾驶人应当坐在驾驶位上,测试车辆和驾驶人均应符合并遵守现行法律法规 |
|  | DfT 宣布,准许自动驾驶汽车在伦敦街头上路测试 |
| 2017 年 | 国际消费类电子产品展览会(International Consumer Electronics Show,CES)在拉斯维加斯开幕,展会面积超过 20 万 $ft^2$①、相当于 20% 的秀场贡献给了汽车科技。展会期间,与智能汽车相关的展示多达 10 场,较上一届展会增加了 42% |
|  | 美国众议院通过了美国首部智能汽车法案(H. R. 3388),该法案修订了美国交通法典,规定了美国国家高速公路安全管理局对于智能汽车的监管权限,同时为智能汽车提供安全措施,奠定了联邦智能汽车监管的基本框架,表明联邦立法者开始认真对待智能汽车及其未来 |
|  | 日本警察厅发布了《远程自动驾驶系统道路测试许可处理基准》,允许汽车在驾驶位无人的状态下进行上路测试。同年,日本内阁府宣布从 2017 年 9 月到 2019 年 3 月在国内部分高速公路、专用测试道路上进行智能汽车测试 |
|  | DfT 与英国国家基础设施保护中心(CPNI)共同制定了一套新的网络安全原则,全称为《联网和自动驾驶汽车网络安全关键原则》 |
| 2018 年 | 美国交通部发布新版联邦智能汽车指导文件——《准备迎接未来交通:自动驾驶汽车 3.0》,继续致力于推动智能汽车技术与地面交通系统多种运输模式的安全融合。同年 12 月,谷歌子公司 Waymo,在美国凤凰城推出智能汽车网约车服务 Waymo One。出于安全考虑,安全员仍坐在主驾位置,但这并不妨碍 Waymo One 首次实现了智能汽车技术的商业化落地 |
|  | 英国政府引入新交通法规,要求驾驶员能够在驾驶过程中使用特定的先进驾驶辅助系统(ADAS),如遥控停车、高速公路驾驶辅助等功能 |
|  | 日本国土交通省发布了《自动驾驶汽车安全技术指南》,要求汽车生产商及使用智能汽车的移动服务系统供应商须根据智能汽车的性能及使用方式设计并确定运行范围,合理预见并防范智能汽车引发的人身事故 |
|  | 欧盟委员会公布自动驾驶计划进度表,预计 2019 年实现 V2V 和 V2X 通信,2020 年在高速公路上实现自动驾驶,城市部分地区实现低速自动驾驶;2022 年前实现所有新车均配备通信功能的车联网模式;2030 年步入以完全自动驾驶为标准的社会 |

---

① 1 $ft^2$ ≈ 0.093 $m^2$。

续表

| 时间 | 代表性事件 |
| --- | --- |
| 2019 年 | Waymo 与打车巨头 Lyft 达成合作，在美国凤凰城投放 10 辆 Robotaxi，用户可直接从 Lyft App 中选择乘坐 Waymo 智能汽车。与 Waymo One 一样，所有投放车辆必须配有安全驾驶员。官方报告显示，Waymo 运营首月接单总数就超过 4 678 次行程，累计搭载 6 299 名乘客，驾驶总里程达 59 886 mile① |
| | 日本通过了《道路交通法》和《道路运输车辆法》的修正案，成为世界范围内智能汽车相关法律走在前沿的国家之一 |
| 2020 年 | 2020 年，联合国欧洲经济委员会（UNECE）在世界汽车法规统一论坛中，倡议并通过了《自动车道保持系统（ALKS）条例》，该条例主要针对目前日益发展的自动驾驶技术而设立，包括欧盟、日本、加拿大在内的全球 60 多个国家和地区都参与并通过了该条例 |
| | 美国发布了《确保美国自动驾驶领先地位：自动驾驶汽车 4.0》（简称《自动驾驶 4.0》）战略，该战略由美国白宫和交通部共同发起，整合了 38 个联邦部门、独立机构、委员会及总统行政办公室在自动驾驶领域的工作。该战略提出涵盖用户、市场以及政府三个方面的十大技术原则，意在促进美国智能汽车技术的研究、开发与整合，刺激美国经济的增长 |
| | DfT 与英国互联和自动汽车中心（CCAV）宣布一项提案，内容表示 2021 年，搭载 ALKS 技术的汽车可以低速上路。DfT 表示，目前的 ALKS 能够使车辆在无须驾驶员干预的情况下进行长时间的自主控制 |
| | 日本自动驾驶商业化研究会发布了 4.0 版《实现自动驾驶的相关报告和方案》，计划 2022 年左右，能够在有限区域内实现只需远程监控的无人自动驾驶服务，2025 年，这种自动驾驶服务将扩大至 40 个区域。同年，本田宣布旗下 Legend 车型获得日本 L3 级智能汽车部分认证，但仍有许多限制，包括驾驶条件中不能有任何引起车辆乘员或其他道路使用者安全的问题；满足所有必需的可驾驶环境条件，自动驾驶才可以运行等 |
| 2021 年 | 美国交通部发布了《自动驾驶汽车综合计划》，提出三大目标、五大优先发展领域和三类公共应用平台，旨在确保其智能汽车领域的全球领先地位 |
| | 日本在自动驾驶商务研讨会第 12 次会议中公布了《面向实现和普及自动驾驶的措施报告与方针（第 5.0 版）》的概要方案摘要报告，报告中指出 2020 年在日本新东名高速公路的部分区间内，完成了卡车后车无人编队行驶技术测试 |
| | DfT 宣布允许支持车道保持技术、可双手脱把驾驶的车辆在高速公路拥堵期间行驶，最高行驶速度不得超过 37 mile/h |
| | 德国正式实施了《自动驾驶法》，成为全球首个允许 L4 级自动驾驶汽车上路的国家 |

---

① 1 mile≈1.609 km。

续表

| 时间 | 代表性事件 |
| --- | --- |
| 2022 年 | 美国加州车辆管理局（DMV）公布了《2021 年自动驾驶路测报告》，报告显示，在加州进行路测的 28 家公司的 1 180 辆自动驾驶车辆共计行驶了逾 410 万 mile，几乎是 2020 年行驶里程的两倍 |
| | 日本政府计划在 2022 年 4 月 1 日—2023 年 3 月 31 日，在老年乘客较多的地区实现使用 L4 级智能汽车；在 2025 年 4 月 1 日—2026 年 3 月 31 日，将应用至 40 多个地区 |
| | 英国法律监管机构建议，智能汽车在发生事故时，车内驾乘人无须承担任何责任，事故责任方将是智能汽车技术研发企业或车企 |

## 二、国内发展历程

我国在智能汽车领域虽起步较晚，但发展迅速，现已出现很多具有代表性的研究成果，表 1-2 所示为国内智能汽车发展历程。

表 1-2　国内智能汽车发展历程

| 时间 | 代表性事件 |
| --- | --- |
| 1980 年 | 国家立项"遥控驾驶的防核化侦察车"项目，哈尔滨工业大学、沈阳自动化研究所和国防科技大学三家单位参与该项目的研究制造 |
| "八五"期间 | 北京理工大学、南京理工大学、清华大学、浙江大学和国防科技大学联合研制出我国第一辆具有自主识别功能的 ATB-1（Autonomous Test Bed-1）无人车。该无人车在结构化道路自主行驶的最高速度达 21.6 km/h，弯路及避障速度为 12 km/h |
| 1986 年 | "863 计划"正式颁布，在国家自然科学基金会的支持下，很多大学与机构开始研究无人车 |
| "九五"期间 | 我国第二代无人车 ATB-2（Autonomous Test Bed-2）研制成功，其具有面向结构化道路环境和越野环境的自主行驶功能，同时还具有临场感遥控及夜间行驶、侦察等功能。在结构化道路中最高行驶速度达 74 km/h；越野环境下白天行驶最高速度为 24 km/h，夜间最高行驶速度为 15 km/h，遥控驾驶速度为 50 km/h |
| 2000 年 | 北京理工大学为某单位研制了中国第一辆投入实际使用的无人自动驾驶履带车辆"某炮弹专用遥控靶车"。通过操纵遥控驾驶仪与观察回传视频，可以实现履带车辆启动、加速、稳速、减速、转向、停车的自动操纵，并实现 8 km 范围的遥控与半自主行驶 |
| 2003 年 | 国防科技大学与中国第一汽车集团基于红旗 CA7460 平台联合研发了一辆自动驾驶轿车，在正常交通状况的高速公路上，最高行驶速度可达 130 km/h |

续表

| 时间 | 代表性事件 |
|---|---|
| 2003 年 | 国防科技大学进一步完善"红旗 CA7460"的相关功能,在正常交通状况的高速公路上,可根据前方障碍车辆的情况自动进行车道变换,其最高行驶速度可达 47 m/s |
| 2009 年 | 国家自然科学基金委主办的首届"中国智能车未来挑战赛"在西安举行,这是我国首次举办的第三方无人驾驶车辆测试赛,推动了中国无人驾驶车辆从实验室驶向实际环境,打破了过去自行研发、自行测试的无人驾驶车辆研究与开发模式。自 2009 年起至 2024 年,该赛事已连续举办 13 届,极大地推动了中国无人驾驶车辆技术的发展 |
| 2011 年 | 国防科技大学研制的红旗 HQ3 无人车首次完成了从长沙到武汉 286 km 的高速全程无人驾驶试验,实测全程自主驾驶平均速度 87 km/h,创造了当时我国自主研制的智能汽车在复杂交通状况下自主驾驶的新纪录,也标志着我国智能汽车在复杂环境识别、智能行为决策和控制等方面实现了新的技术突破 |
| 2013 年 | 北京理工大学与比亚迪联合研制的 Ray 无人驾驶车辆,首次将智能车辆环境感知、规划决策与控制技术及汽车动力系统、传动系统和电子控制系统进行了一体化融合设计,获得了 2013 年(第十三届)中国智能车未来挑战赛冠军 |
| | 百度公司开始布局研制智能汽车,开展城市、环路及高速道路混合路况下的全自动驾驶,获得了美国加州政府颁发的全球第 15 张无人车上路测试牌照。同一时期,国内其他互联网公司、传统汽车企业也纷纷部署无人驾驶车辆技术发展规划 |
| 2014 年 | 原解放军总装备部在驻京某研究所测试场举行了"跨越险阻 2014"首届地面无人平台挑战赛,参赛的无人车辆需全程自主进行相关操作,对路障、街垒、倒塌墙体、损毁装备、弹坑、壕沟、水坑以及动态障碍物等进行自主避让、绕行,并通过隧道。10 余家科研院所的 21 支无人车队报名参赛 |
| 2015 年 | 国务院发布了《中国制造 2025》,提出推动节能与新能源汽车产业发展的战略目标,在智能汽车方面:到 2020 年,掌握智能辅助驾驶总体技术及各项关键技术,初步建立智能汽车自主研发体系及生产配套体系;到 2025 年,掌握自动驾驶总体技术及各项关键技术,建立较完善的智能汽车自主研发体系、生产配套体系及产业集群,基本完成汽车产业转型升级 |
| | 国内首辆无人驾驶客车路测完成,宇通大型客车在完全开放的道路环境下完成自动驾驶试验,共行驶 32.6 km,最高行驶速度达 68 km/h,全程无人工干预,为保障安全,客车上配备了驾驶员。这是国内首次自动驾驶试验,目前已经接受载人测验 |
| 2016 年 | 陆军装备部主办了"跨越险阻 2016"第二届地面无人系统挑战赛,44 家军内外知名院校、科研院所以及相关企业的 73 支队伍参加了初赛,最终 22 支参赛队伍晋级决赛。其中,北京理工大学研制的无人自主驾驶履带车辆成功实现了自主感知识别环境、自主规划路线、自主决策控制,并在规定时间内完成了 15 km 的比赛任务 |

续表

| 时间 | 代表性事件 |
|---|---|
| 2016年 | 经工信部批准的国内首个"国家智能汽车（上海）试点示范区"封闭测试区正式开园运营，这意味着中国的智能汽车从国家战略阶段正式进入实际操作阶段 |
| | 长安汽车成功完成 2 000 km 无人驾驶测试，测试总里程超过 2 000 km，历时近 6 天，途经四川、陕西、河南、河北等全国多个省市及地区后，最终抵达北京 |
| 2017年 | 工业和信息化部、交通运输部、国家标准化管理委员会联合发布了《国家车联网产业标准体系建设指南（智能交通相关）》，要求推进先进技术在智能交通领域的应用，促进自动驾驶和车路协同技术的应用和产业健康发展 |
| 2018年 | 陆军装备部主办、陆军研究院承办了"跨越险阻2018"第三届地面无人系统挑战赛，赛事围绕野外战场自主机动与侦查、空地协同搜索、雷场通道等 10 个组别 44 个科目展开，更加突出技术成果向实战应用转化。共 61 家主要单位带领 136 支车队参赛，其中军地院校 14 家，民企 26 家，国企 10 家，科研院所 11 家 |
| 2019年 | 北京市自动驾驶测试管理联席工作小组正式颁发了首批自动驾驶车辆道路载人测试牌照。其中，百度 Apollo 获得 40 张自动驾驶载人测试牌照，成为国内首批在北京市开展自动驾驶载人测试的企业之一 |
| 2020年 | 国家发展改革委、中央网信办、科技部、工业和信息化部、公安部、财政部、自然资源部、住房城乡建设部、交通运输部、商务部、市场监管总局联合发布了《智能汽车创新发展战略》，该战略提出，到 2025 年，中国标准智能汽车的技术创新、产业生态、基础设施、法规标准、产品监管和网络安全体系基本形成；实现有条件自动驾驶的智能汽车达到规模化生产，实现高度自动驾驶的智能汽车在特定环境下市场化应用 |
| 2021年 | 陆军装备部主办、陆军研究院承办的"跨越险阻2021"第四届陆上无人系统挑战赛在内蒙古阿拉善举行。比赛重点突出实战导向和技术领域拓展，按照全任务流程设置智能察打、全域保障、集群协同等 6 大主题、14 个组别。共 86 家牵头单位组织 148 支车队参赛，基本包括了国内从事陆上无人装备科研的优势团队 |
| | 百度 Robotaxi 在北京首钢园区内的 4 $km^2$ 范围内实现无人驾驶 |
| | AutoX 安途发布无人驾驶 Robotaxi，该车运营区域完全覆盖深圳市坪山区大小街道，完成全区、全域、全车无人驾驶运营面积达到 168 $km^2$ 的纪录 |
| | 国家市场监督管理总局出台了《汽车驾驶自动化分级》（GB/T 40429—2021），作为中国智能汽车标准体系的基础类标准之一，将为我国后续自动驾驶相关法律、法规、强制类标准的出台提供支撑。该标准于 2022 年 3 月 1 日起正式实施 |
| 2022年 | 2022 年北京冬季奥运会依托在首钢园区部署的 5G 智能车联网业务系统，完成无人车火炬接力。这是奥运历史上首次基于 5G 无人车实现火炬接力 |
| | 北京市高级别自动驾驶示范区工作办公室正式发布了《北京市智能网联政策先行区智能网联客运巴士道路测试、示范应用管理实施细则（试行）》，对车内人员、运营路线、保险保障等做了相应要求 |

续表

| 时间 | 代表性事件 |
|---|---|
| 2022 年 | 工业和信息化部、公安部发布了《关于开展智能网联汽车准入和上路通行试点工作的通知》（征求意见稿） |
| 2024 年 | 工业和信息化部、公安部、自然资源部、住房和城乡建设部、交通运输部发布了关于开展智能网联汽车"车路云一体化"应用试点工作的通知 |
| | L4 级自动驾驶车辆 Robotaxi（自动驾驶出租车）在武汉率先商业化落地 |

## 三、自动驾驶分级标准

自动驾驶一般根据其智能化程度进行分级，这能够为全球智能驾驶技术研发提供参考依据和指导，同时也是相关交通法规制定和伦理研究的基础。目前全球采用较多的分级标准是由 SAE International 制定的 SAE J3016 分级标准；国际上并无统一的自动等级划分标准，如美国将汽车自动驾驶划分为 5 级，德国划分为 3 级，而中国则划分为 6 级。不同国家的等级划分，所对应的技术内容及使用场景也有所不同。

**1. 美国自动驾驶分级标准**

美国常用的汽车自动驾驶分级有两种标准，一种是 2013 年由美国国家交通安全管理局（NHTSA）制定的，将汽车自动驾驶分为 5 个等级，具体分级情况如表 1-3 所示。

表 1-3 NHTSA 自动驾驶分级标准

| 等级 | 名称 | 定义 | 驾驶操作 | 周边监控 | 接管 | 应用场景 |
|---|---|---|---|---|---|---|
| L0 | 人工驾驶 | 驾驶员拥有车辆的全部控制权 | 人类驾驶员 | 人类驾驶员 | 人类驾驶员 | 无 |
| L1 | 辅助驾驶 | 驾驶员拥有车辆的控制权，车辆拥有较单一的辅助功能，仍以驾驶员控制为主 | 人类驾驶员、智能系统 | 人类驾驶员 | 人类驾驶员 | 限定场景 |
| L2 | 部分自动驾驶 | 驾驶员和智能系统分享控制权，在限定情况下，驾驶员可不操控车辆，但需做好随时接管的准备 | 智能系统 | 人类驾驶员 | 人类驾驶员 | 限定场景 |
| L3 | 高度自动驾驶 | 驾驶员和智能系统分享控制权，在限定情况下，智能系统可全部掌握车辆行驶的控制权，紧急情况下驾驶员仍需接管车辆 | 智能系统 | 智能系统 | 人类驾驶员 | 限定场景 |
| L4 | 完全自动驾驶 | 无须驾驶员或同乘人员干预，智能系统拥有车辆的控制权 | 智能系统 | 智能系统 | 智能系统 | 所有场景 |

另一种则是由 SAE International 在 2014 年制定，并分别于 2016 年、2018 年、2021 年进行了更新，具体分级情况如表 1-4 所示。

SAE J3016_202104
自动驾驶分级图

SAE J3016_202104 自动驾驶
分级基本内容

表 1-4 SAE 智能汽车定义和分级标准

| 等级 | 名称 | 定义 | 驾驶操作 | 周边监控 | 接管 | 应用场景 |
|---|---|---|---|---|---|---|
| 驾驶员执行部分或全部的动态驾驶任务 ||||||||
| L0 | 人工驾驶 | 驾驶员拥有车辆的全部控制权，没有任何主动安全配置 | 人类驾驶员 | 人类驾驶员 | 人类驾驶员 | 无 |
| L1 | 辅助驾驶 | 驾驶员承担大部分车辆控制权，智能系统有一定的功能协助驾驶员进行特定的任务 | 人类驾驶员、智能系统 | 人类驾驶员 | 人类驾驶员 | 限定场景 |
| L2 | 高级辅助驾驶 | 智能系统有一定能力协助驾驶员执行横向、纵向的车辆运动任务，但驾驶员需要实时监控智能系统的运行情况 | 智能系统 | 人类驾驶员 | 人类驾驶员 | 限定场景 |
| 自动驾驶系统执行全部的动态驾驶任务 ||||||||
| L3 | 特定场景的自动驾驶 | 在限定场景中，经驾驶员同意，智能系统可介入整个车辆行驶过程，驾驶员可对行驶过程中的错误进行修正 | 智能系统 | 智能系统 | 人类驾驶员 | 限定场景 |
| L4 | 高级自动驾驶 | 在限定场景中，智能系统实现车辆行驶的所有操作，不需要驾驶员介入 | 智能系统 | 智能系统 | 智能系统 | 限定场景 |
| L5 | 完全自动驾驶 | 无论是否特定场景，驾驶员都可依靠智能系统抵达目的地 | 智能系统 | 智能系统 | 智能系统 | 所有场景 |

对比表 1-3 和表 1-4 可知，NHTSA 与 SAE 对智能汽车技术的分级标准主要差异是针对 L4 级别的技术，可理解为 SAE 在 NHTSA 的分级基础上，对 L4 级别的智能汽车技术进行了进一步划分，此处以 SAE 的分级标准为内容进行介绍，如果将手、脚、眼睛、大脑四位一体称为全人工驾驶，那么可以用手、脚、眼睛、大脑是否处于驾驶状态来形象描述自动驾驶等级。

L0 级称为"人工驾驶"：指驾驶员全权控制汽车的速度和方向，没有辅助系统的干预，手、脚、眼睛、大脑都处于驾驶状态。

L1 级称为"辅助驾驶"：指车辆可实现自适应巡航控制（Adaptive Cruise Control，ACC）、自动紧急制动（Autonomous Emergency Braking，AEB）、车道保持辅助（Lane Keeping Assist，LKA）等辅助功能，但以报警提示为主，车辆没有主动干预功能，驾驶员要么放开手，要么放开脚，仍需承担车辆的大部分控制权。

L2 级称为"高级辅助驾驶"：指智能系统能够完成某些驾驶任务，但驾驶员手和脚可以同时放开，需监控驾驶环境完成剩余部分驾驶任务，并随时准备接管车辆。

L3 级称为"特定场景的自动驾驶"：指智能系统在一定的条件下可以控制汽车的纵向和横向驾驶任务，驾驶员不需要持续监测驾驶任务和驾驶环境，手、脚、眼睛都可以放开，但大脑不能放松，当系统请求需要接管时，确保驾驶员有足够的反应时间恢复对车辆的控制。

L4 级称为"高级自动驾驶"：指在限定的区域内或者限定的条件下，如固定园区、封闭、半封闭等高速公路下，智能系统可以自主感知车辆环境，并在紧急情况下进行干预，驾驶员可以手、脚、眼睛、大脑都可以放开，无须进行任何干预动作。

L5 级称为"完全自动驾驶"：指智能系统可以适应任意场景和环境，独立完成整个驾驶过程。在车辆行驶过程中，即使车辆保留了方向盘、加速踏板和制动踏板，也无须驾驶员或乘车人员对车辆进行任何干预。

**2. 德国自动驾驶分级标准**

德国联邦公路研究院（BAST）把智能汽车技术划分为 3 个阶段，如表 1-5 所示。

表 1-5 德国自动驾驶分级标准

| 阶段 | 名称 | 定义 | 驾驶操作 | 周边监控 | 接管 | 应用场景 |
| --- | --- | --- | --- | --- | --- | --- |
| 第 1 阶段 | 部分自动驾驶 | 驾驶员持续监控智能系统给出相关提示，车辆仍由驾驶员掌控 | 人类驾驶员 | 人类驾驶员 | 人类驾驶员 | 无 |
| 第 2 阶段 | 高度自动驾驶 | 驾驶员与智能系统分享控制权，驾驶员无须持续监控智能系统，智能系统在特定条件下拥有车辆控制权。智能系统控制车辆的过程中，驾驶员可随时收回控制权 | 人类驾驶员、智能系统 | 人类驾驶员、智能系统 | 人类驾驶员 | 限定场景 |
| 第 3 阶段 | 完全自动驾驶 | 驾驶过程中，无驾驶员参与车辆控制 | 智能系统 | 智能系统 | 智能系统 | 所有场景 |

第1阶段称为"部分自动驾驶":指驾驶员需持续监控车辆的驾驶辅助系统所给出的提示,智能系统无法控制车辆做出自主动作。

第2阶段称为"高度自动驾驶":指不再需要驾驶员对车辆的驾驶辅助系统进行持续监控,智能系统可在某些状态下代替驾驶员做出一定动作,在此期间驾驶员可随时收回对车辆的控制权。

第3阶段称为"完全自动驾驶":指实现真正的智能汽车行驶,无须特定状态或条件,即可达成驾驶员全程无干预,智能系统可自主控制车辆行驶状态。

**3. 中国自动驾驶分级标准**

为更加系统和全面地对智能汽车技术分级进行描述,增强消费者对智能汽车技术的理解,改善企业及消费者的滥用、误用现象,从而更好地提升智能汽车驾驶安全性,国家市场监督管理总局、中国国家标准化管理委员会于2021年9月正式出台了《汽车驾驶自动化分级》(GB/T 40429—2021),该标准于2022年3月1日起正式实施。

GB/T 40429—2021综合考量了动态驾驶任务、最小风险策略和设计运行范围等多个维度,将汽车驾驶自动化划分为0~5级,具体内容如表1-6所示。

表1-6 中国汽车驾驶自动化分级标准

| 等级 | 名称 | 车辆横向和纵向运动控制 | 目标和时间探测与响应 | 动态驾驶任务接管 | 设计运行条件 |
|---|---|---|---|---|---|
| 0级 | 应急辅助 | 驾驶员 | 驾驶员和智能系统 | 驾驶员 | 有限制 |
| 1级 | 部分驾驶辅助 | 驾驶员和智能系统 | 驾驶员和智能系统 | 驾驶员 | 有限制 |
| 2级 | 组合驾驶辅助 | 智能系统 | 驾驶员和智能系统 | 驾驶员 | 有限制 |
| 3级 | 有条件自动驾驶 | 智能系统 | 智能系统 | 动态驾驶任务接管用户(接管后成为驾驶员) | 有限制 |
| 4级 | 高度自动驾驶 | 智能系统 | 智能系统 | 智能系统 | 有限制 |
| 5级 | 完全自动驾驶 | 智能系统 | 智能系统 | 智能系统 | 无限制 |

\* 排除商业和法规因素等限制。

0级称为"应急辅助":指智能系统不能持续对动态驾驶中的车辆进行横向或纵向运动控制,但具备持续对动态驾驶中的部分目标和事件探测与响应的能力。

1级称为"部分驾驶辅助":指智能系统在其设计运行条件下可持续对动态驾驶中的车辆进行横向或纵向运动控制,且具备与所执行的车辆横向或纵向运动控制相适应的部分目标和事件探测与响应的能力。

智能汽车创新发展战略

2级称为"组合驾驶辅助":指智能系统在其设计运行条件下持续地执行动态驾驶任务中的车辆横向和纵向运动控制,且具备与所执行的车辆横向和纵向运动控制相适应的部分目标和事件探测与响应的能力。

3级称为"有条件自动驾驶":指智能系统在其设计运行条件下持续地执行全部动态驾驶任务。

4级称为"高度自动驾驶":指智能系统在其设计运行条件下持续地执行全部动态驾驶任务并自动执行最小风险策略。

5级称为"完全自动驾驶":指智能系统在任何可行驶条件下持续地执行全部动态驾驶任务并自动执行最小风险策略。

中国在制定《汽车驾驶自动化分级》的过程中,参考了SAE的分级框架,并结合中国当前实际情况进行调整。SAE将AEB等安全辅助功能和非驾驶自动化功能都放在0级,归为"无驾驶自动化",而中国则将其称为"应急辅助",与非驾驶自动化功能分开。此外,中国在3级标准"有条件自动驾驶"中明确增加了对驾驶员接管能力监测和风险减缓策略的要求,明确最低安全要求,减少实际应用安全风险。

## 四、技术途径

基于商业模式及生产技术等因素,目前智能汽车的发展主要分为两种途径:一种是传统汽车企业通过发展ADAS,逐步向高度智能化演变;另一种是互联网企业及高新科技公司直接研究高度智能化车辆。

**1. 传统汽车企业**

传统汽车企业在发展智能汽车时主要考虑的是产品的成本和可靠性。目前在遵守交通规则以及保障安全性的情况下智能汽车无法做到全域、全时段的无人驾驶。从传统技术角度出发,为保证车辆拥有尽可能高的可靠性,将会采用昂贵的传感器设备。而ADAS相对无人驾驶来说,技术难度相对较低,对传感器等设备需求也相对较少,但同样可以提升驾驶的舒适性和安全性。因此,对于传统汽车企业而言,如果直接研发高度智能化的车辆,会导致车辆成本大幅提高,并且无法保证车辆的可靠性。因此从ADAS逐步向高度智能化发展,对传统汽车企业而言是比较切实可行的途径。

沃尔沃作为早期研究智能汽车的传统汽车企业之一,开发了多种高可靠性的驾驶辅助系统,极大地提高了车辆和行人的安全性。早在2008年,沃尔沃就开始在所有车型上标配主动制动系统——City Safety(城市安全系统)。其主要功能是实时监测并自动识别周围的车辆、行人、自行车、大型动物,预警危险并主动制动。以城市交通为例,因情况复杂,很多因素都在影响着驾驶安全性。而沃尔沃配备的City Safety可使车辆在相对车速60 km/h内,避免或减轻碰撞。

如图1-1所示,当行人横穿马路时,如路边停放车辆遮挡驾驶员的视线,驾驶员则很难发现穿行马路的行人。即使驾驶员发现行人,仍需要时间来踩下踏板,极有可能导致无法及时停车而碰撞行人。沃尔沃的City Safety依靠毫米波雷达和摄像头实现行人侦测和识别,并通过车载控制器直接对车辆进行制动控制,反应更加灵敏,减少了碰撞行人的概率。

**2. 互联网企业及高新科技企业**

面对席卷全球的智能汽车发展浪潮,相对于传统汽车企业,互联网企业及高新科技企业在算法和软件开发上的优势,使他们在智能汽车算法和软件的研发方面更容易得到经济上的回报。智能汽车技术不断迭代更新,国内外的研发团队数不胜数,在市场还未形成之时,技

图 1-1 沃尔沃的主动制动系统

术的领先将会是智能汽车市场占有率的有力保障。因此，部分互联网企业及高新科技企业会为了抢占未来市场，纷纷加大对智能汽车技术的研发力度。

以国内较有代表性的驭势科技为例，驭势科技面向未来的智能汽车运用场景，开发出了高效可靠的解决方案。如面向公共出行场景打造的 L4 级无人微公交，是可量产的 L4 级智能汽车，可满足在公共场景中"点到点"的无人驾驶短途接驳需求，为乘客提供高效、安全、舒适的无人驾驶出行服务。

如图 1-2 所示，无人微公交搭载了驭势科技的 U-Drive 智能驾驶系统，拥有全天候、多种复杂场景下的 L4 级无人驾驶能力，可实现一键约车、自动避障、主动变道、自动泊车等功能。同时，驭势科技还表示，U-Drive 智能驾驶系统拥有领先的智能汽车算法，车规级全功能智能驾驶控制器，结合云端车辆运营管理平台，可为微公交方案提供可靠的保障。驭势科技在某园区投放的园区载人运输车如图 1-3 所示。

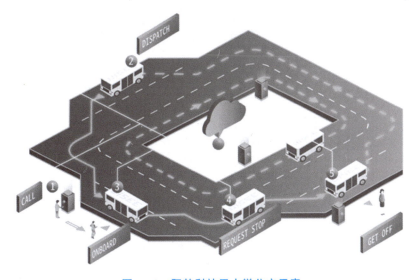

图 1-2 驭势科技无人微公交示意

图1-3 驭势科技在某园区投放的园区载人运输车

## 任务二　智能汽车的技术架构

智能汽车涉及环境感知、智能决策、控制执行、云平台与大数据、V2X通信等诸多关键技术，2016年发布的《节能与新能源汽车技术路线图》提出了智能汽车"三横两纵"技术架构，如图1-4所示。"三横"主要是指智能汽车涉及的车辆/设施、信息交互与基础支撑三大领域的关键技术。"两纵"是指支撑智能汽车发展的车载平台以及基础设施，基础设施指除了车载平台外，支撑智能汽车发展的所有外部环境条件，如道路、交通、通信网络等。

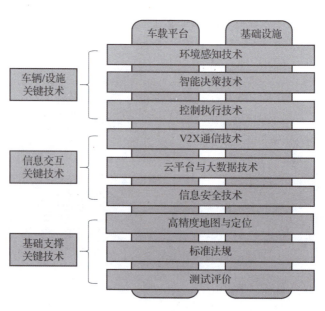

图1-4 智能汽车"三横两纵"技术架构

随着智能汽车的不断发展以及对智能汽车技术架构理解的不断加深，2017年以来，中国智能汽车产业创新联盟对原架构进行补充，提出了如图1-5所示的智能汽车"三横三纵"新技术架构。

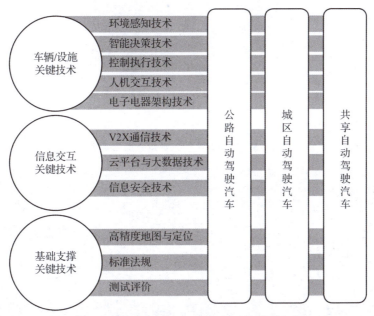

图1-5　智能汽车"三横三纵"新技术架构

新技术架构中，"三横"保持不变，仍指智能汽车主要涉及的车辆/设施、信息交互与基础支撑三大领域技术，但在车辆关键技术中补充了"人机交互"和"电子电器架构"两项。"三纵"强调未来智能汽车的主要应用场景：公路自动驾驶汽车、城区自动驾驶汽车、共享自动驾驶汽车，这并非对原车载平台和基础设施"两纵"的否定，而是对车载平台依据应用场景做了进一步的细化。

根据上述技术架构，智能汽车的横向技术可细分为三层体系，第一层为车辆/设施关键技术、信息交互关键技术、基础支撑关键技术三部分，各部分下再细分第二层与第三层技术，本书将重点介绍车辆相关的技术，并将在后续章节做详细介绍，此处仅作简介。

**1. 环境感知技术**

环境感知技术是指智能汽车通过融合处理来自车载传感器的数据，建立实时更新的车辆周围环境的二维或三维特征地图，为智能系统的其他部分提供周围环境的关键信息，如车辆周围的行人、车辆、车道线、信号灯等。常用的环境感知传感器有毫米波雷达、激光雷达（Light Detection and Ranging，LiDAR）及视觉传感器（摄像头）。

图1-6所示为激光雷达的三维点云原始数据，利用原始数据以及相应的算法，便可提取出相应的障碍物、车道等信息。

**2. 高精度地图与定位技术**

高精度地图是对驾驶环境建立的地图模型，相较于传统的导航地图，高精度地图的精确度可以达到厘米级，地图内容也更加详细。如图1-7所示，高精度地图不仅包含准确的道路形状，还包含每个车道的坡度、曲率、航向、高程、侧倾等信息。高精度地图与环境感知技术的结合，为智能汽车提供了一个精度高、内容丰富的环境模型。

图1-6 激光雷达的三维点云原始数据

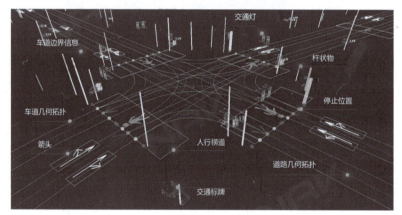

图1-7 高精度地图

传统定位系统易受到建筑物的影响而丢失信号,往往存在几米甚至几十米的误差。相较于传统定位系统,高精度定位技术拥有稳定性好、准确度高等特点,可达到厘米级的精准度,为智能汽车提供了精准的位置信息。如图1-8所示,通过惯性导航及GPS天线等定位设备,高精度定位技术可以在高精度的环境模型中匹配到智能汽车的具体位置信息,解决智能汽车行驶过程中"我在哪儿"的首要问题。同时,高精度定位技术还可计算和验证障碍物与智能汽车的距离信息、车辆的行驶速度信息、车辆与车道之间的相对信息等,为智能汽车的决策规划提供了数据支持。

(a)  (b)

图1-8 常用的定位设备
(a)惯性导航;(b)GPS天线

### 3. 智能决策技术

智能汽车知道"要做什么"的过程，由行为决策和运动规划两部分组成。行为决策的主要任务是综合环境信息和交互信息，实时判断智能汽车的行驶状况，做出合理的决策。智能汽车的所有行为决策都应满足交通法规并符合人类驾驶员的驾驶经验。例如，当智能汽车正前方有行驶车辆时，智能汽车应当判断是否超车以及超车的时机，同时还要考虑智能汽车超车时左侧车道上有无其他行驶车辆，以及在超车过程中智能汽车是否可能与其他行驶车辆发生碰撞等多种因素，最终给出一个最合理的行为决策。而运动规划则主要考虑环境中的障碍物信息、车辆运动学、动力学约束等，生成一条到达目标位置的平滑、无碰撞的轨迹。如图1-9所示，图中弧线标出的行驶轨迹，便是智能汽车行驶过程中的期望路径。

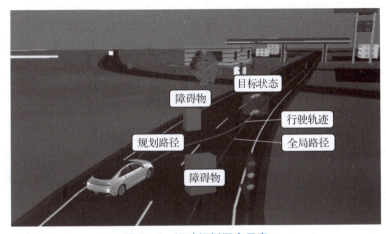

图1-9 运动规划概念示意

### 4. 控制执行技术

通过环境感知和定位技术确定"我在哪儿"和"要做什么"之后，控制执行技术则是帮助智能汽车完成"具体去做"这个步骤。运动控制系统的作用是通过横纵向控制来实现智能汽车对期望路径的跟踪。其中，横向控制可以理解为对车辆的左右方向控制，而纵向控制则可以理解为对车辆的速度控制。以图1-9为例，当运动规划生成期望路径后，运动控制系统综合当前的车辆位置、航向信息等，实现对智能汽车的速度和方向控制，从而使智能汽车尽可能地沿着期望路径行驶。

### 5. V2X通信技术

V2X，即Vehicle to X，指智能汽车与一切可能影响智能车辆的实体，实现信息交互，如基础设施、其他行驶车辆、行人等。该技术的应用愿景是希望通过智能车辆与一切可能影响智能车辆的实体实现信息交互，从而避免事故发生，减缓交通拥堵，降低环境污染以及提供其他信息服务。常见的V2X通信技术有车对车（Vehicle to Vehicle，V2V）、车对基础设施（Vehicle to Infrastructure，V2I）、车对互联网（Vehicle to Network，V2N）、车对行人（Vehicle to Pedestrian，V2P）。

### 6. 仿真测试

智能汽车的仿真测试主要通过模拟汽车的行驶环境，来实现智能汽车感知、决策、规划、控制算法的验证。与实车测试相比较，仿真测试成本低，安全性更高，操作更便捷。但由于仿真环境的搭建受限于相关数据的支持，在无法全面模拟真实场景下的路况信息前，无法确保智能汽车在真实道路行驶时能达到预期的效果。

### 7. 人机交互及人机共驾

当前，人机交互主要是信息层面的双向交互。如智能系统通过车载屏幕、车载音响等设备，通过屏幕画面显示或声音提示，向人类驾驶员及同乘人员反馈有关信息。而人类驾驶员或同乘人员则可通过交互界面、语音识别系统等，将相关诉求传递给智能系统。在实现完全智能驾驶前，将有很长一段时间是人类驾驶员与智能系统共享车辆的控制权。人机共驾要解决的关键问题是智能系统能否理解人类驾驶员的驾驶意图，并做出合理的行为决策。在满足驾驶员感受的同时，提高车辆的操控性、安全性、经济性和舒适性等。

### 8. 云平台与大数据技术

云平台是指以"数据驱动"为核心的云计算技术，云平台的搭建离不开大数据的支持，两者具有基础性和协同性强的特点。云平台与大数据技术能构建具有海量融合能力、即时数据计算能力、多种智能算法的技术平台，能提供准确数据，规划智能方案，进行信息发布等。在未来的智能城市交通规划中，云平台与大数据技术起着至关重要的"指挥"作用。

### 9. 信息安全技术

国际标准化组织（ISO）将信息安全定义为为数据处理系统建立和采用的技术、管理上的安全保护，以便保护计算机硬件、软件、数据不因偶然和恶意的原因而遭到破坏、更改和泄露。智能汽车所收集的信息涉及驾乘人员的出行轨迹、习惯、语音、视频等，一旦遭受侵害会泄露个人隐私。除个人隐私外，任何关键信息的变动都可能改变智能汽车的决策及规划，因此信息安全技术也是未来智能汽车发展的关键技术之一。

## 任务三　人工智能在智能汽车中的应用

### 一、人工智能技术简介

人工智能一词由 John McCarthy 于 1955 年提出，在 1956 年的达特茅斯会议上人工智能作为一门学科得到了认可。自提出以来，人工智能研究经历过数次兴衰，其发展历史如图 1-10 所示。

近年来，人工智能的再次兴起缘于计算能力的提高、海量数据的获取和人工智能理论的发展。1997 年 IBM 公司的"深蓝"击败国际象棋冠军和 2016 年谷歌公司的 AlphaGo 击败围棋世界冠军是人工智能历史上获得公众关注的两次标志性事件。

人工智能通常分为弱人工智能和强人工智能，前者让机器具备观察和感知的能力，可做到一定程度的理解和推理。而强人工智能则能让机器获得自适应能力，解决一些之前没有遇到过的问题。弱人工智能的"智能"主要归功于一种实现人工智能的方法——机器学习。机器学习最基本的做法是：首先使用算法来解析数据并从中学习，然后对真实世界中的事件做出决策和预测。与传统的为解决特定任务的软件程序不同，机器学习是使用大量的数据来进行训练，通过各种算法从数据中学习如何完成任务。机器学习来源于早期的人工智能领域，传统的算法包括决策树、聚类、贝叶斯分类、支持向量机、AdaBoost 等。按学习方法，机器学习又可分为监督学习（如分类问题）、无监督学习（如聚类问题）、半监督学习、集成学习、深度学习和强化学习等。

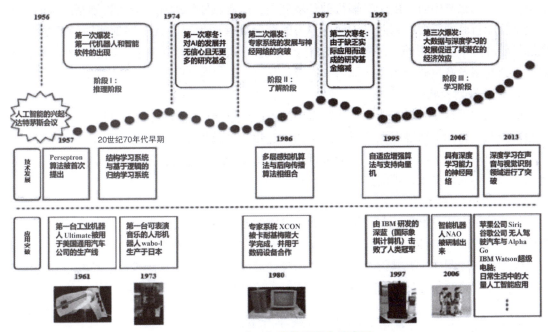

图1-10　人工智能发展历史示意图

如果说机器学习是一种实现人工智能的方法，那么深度学习就是一种实现机器学习的技术。深度学习出现之前，机器学习以强化学习为范式的实现方法，在指纹识别、基于Haar的人脸检测、基于方向梯度直方图（HOG）特征的物体检测等领域的应用，基本达到了商业化的要求或者特定场景的商业化水平，但每前进一步都异常艰难。

深度学习是包含多级非线性变换的层级机器学习方法。在目前已发展的多种深度学习框架中，卷积神经网络是最为经典且广泛应用的网络结构。最初的深度学习是利用深度神经网络来解决特征表达的一种学习过程。深度神经网络并不是一个全新的概念，可大致理解为包含多个隐含层的神经网络结构。为提高深度神经网络的训练效果，人们对神经元的连接方法和激活函数等方面作出了相应的调整。

深度学习并不是一种独立的学习方法，其本身也会用到有监督和无监督的学习方法来训练深度神经网络。但由于近几年该领域发展迅猛，一些特有的学习手段相继被提出（如残差网络），因此越来越多的人将其看作一种独立的学习方法。

## 二、人工智能在智能汽车技术中的应用

人工智能对于智能汽车的影响是多方位的，如智能汽车系统的搭建、海量数据的计算、人机交互的建设、汽车生产线智能化等。以智能汽车实现自动驾驶最关键的三大技术模块为例，环境感知、决策规划、控制执行都离不开人工智能的相关技术。

**1. 环境感知领域**

感知处理是人工智能在智能汽车中的典型应用场景，如基于HOG特征的行人检测技术，在提取图像的HOG特征后，通过支持向量机算法进行行人检测；基于激光雷达与摄像头的

车辆检测技术中，需对激光雷达数据做聚类处理；线性回归算法、支持向量机算法、人工神经网络算法也常被用于车道线和交通标志的检测。把机器学习用到乡村公路、野外土路等非结构化道路的检测中时，由于车辆行驶环境复杂，已有感知技术在检测与识别精度方面尚无法满足智能行驶的需要，因此基于深度学习的图像处理成为智能汽车视觉感知的重要支撑。在感知融合环节，常用的人工智能方法有贝叶斯估计、统计决策理论、证据理论、模糊推理、神经网络及产生式规则等。

**2. 决策规划领域**

决策规划处理是人工智能在智能汽车中的另一个重要应用场景，状态机、决策树、贝叶斯网络等人工智能方法已有大量应用。例如，近年来兴起的深度学习与增强学习，通过大量学习可实现对复杂工况的决策，并能进行在线学习优化，当前已成为计算机与互联网领域，研究智能汽车规划决策处理的热门技术。

**3. 控制执行领域**

传统控制方法有 PID 控制、滑模控制、模糊控制、模型预测控制等。智能控制方法主要有模型预测控制（Model Predictive Control，MPC）方法、神经网络控制方法和深度学习方法等。模型预测控制由于有其天然的多模型约束处理优势，能够与规划控制、感知过程的传感器数据预处理算法很好地结合，目前在智能汽车控制中已得到广泛应用。

## 三、人工智能在智能汽车信息共享中的应用

对智能汽车而言，信息共享是指不同智能汽车间对路况、车辆位置等信息的共享，而这一功能的实现也同样需要人工智能。一方面，智能汽车间的信息共享是在无线网络上进行的，其信息共享范围较大，而可共享的路况、车辆位置信息又比较复杂，因此车辆智能驾驶系统所能够接收到的共享信息会非常多，要想对海量的共享信息进行有效分析，就必须依靠人工智能中的数据挖掘等技术对信息进行筛选，提取出其中有价值的信息。另一方面，智能汽车的信息共享存在空间关联性，一旦智能系统接收到共享信息后未能及时进行处理，或是智能汽车已经离开当前区域一定范围，那么这些共享信息就会立即成为无效信息。因此智能驾驶系统还需利用粗糙集理论、模糊算法等人工智能算法对收到的共享信息进行实时处理，以保证共享信息的时效性。

## 四、人工智能技术的优势

相较于多数算法侧重计算能力而言，人工智能的各类算法则更重视学习能力。学习是智能的重要体现，学习功能是人工智能的重要特征。智能驾驶可以理解为类人驾驶，是智能汽车向人类驾驶员学习如何感知交通环境，如何利用已有的知识和驾驶经验进行决策和规划，如何熟练地控制方向盘、加速和制动的一个过程。

百度百科 -
人工智能专业
术语定义

虽然智能汽车技术还存在着很多挑战，但稳、准、快是机器进行学习的先天优势，智能汽车的驾驶水平迟早会超过人类驾驶员的驾驶水平。相信随着人工智能技术的不断发展壮大，智能汽车技术发展也将取得更多优异成果。

# 项目二　智能汽车线控底盘技术

(1) 对车辆的线控底盘有初步了解。
(2) 掌握线控转向系统的结构、特点和工作原理。
(3) 掌握线控制动的特点，掌握干式和湿式 EHB 系统，掌握 EMB 系统的结构特点。
(4) 建立线控底盘技术在智能驾驶领域的研究与应用的基本认知。

(1) 能够分析量产车型所使用的线控转向系统类型和特点。
(2) 对比分析干式和湿式 EHB 系统，能够分析量产车型所使用的 EHB 系统。

## 任务一　汽车线控底盘技术概述

线控底盘的发展离不开线控技术的推广及应用。线控技术又称 X – by – Wire，指将操纵者的命令转化成电信号，并通过控制器去控制所操作的对象。其中的 X 可以视为数学方程式中的未知数，在汽车领域 X 则指代传统车辆上机械或液压控制的各个部分及相关操作。线控技术源于美国国家航空航天局在 1972 年推出的线控飞行技术的飞机，此后在船舶、车辆等领域逐步推广开来。线控技术基本原理如图 2 – 1 所示。

图 2 – 1　线控技术基本原理

"安全、舒适、节能、环保"是汽车产业发展的方向和永恒的主题，而电子化、智能化、电动化、可再生化是实现"安全、舒适、节能、环保"的有效措施和手段。线控技术的应用，加速了汽车产业实现"安全、舒适、节能、环保"的步伐。当前，越来越多的车辆将原有的机械或液压系统替换为电子传感器和电子执行单元，这不仅意味着传统汽车的操纵执行机构发生根本变化，也意味着线控底盘这个细分市场被正式开启。

传统的汽车底盘由传动系统、行驶系统、转向系统和制动系统四部分组成，底盘的作用是支撑、安装汽车发动机及其各部件、总成，形成汽车的整体造型，并接受发动机的动力，使汽车产生运动，保证正常行驶。而采用线控技术的车辆，可利用传感器感知驾驶员的驾驶意图，并将其通过导线输送给控制器，再由控制器控制执行机构工作，从而实现汽车的转向、制动、驱动，线控技术取代了传统汽车靠机械或液压来传递操纵信号的控制方式。作为线控技术的载体，线控底盘技术包含线控转向技术、线控制动技术、线控驱动技术、线控换挡技术和线控悬架技术等。以转向系统为例，由图2-2和图2-3可知传统转向系统和线控转向系统（Steering By Wire，SBW）的区别。

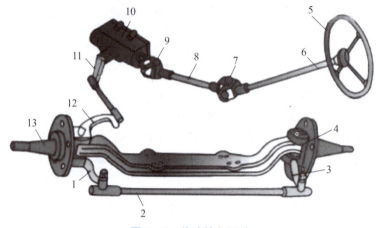

图 2-2 传统转向系统

1，3—梯形臂；2—转向横拉杆；4—右转向节；5—方向盘；6—转向轴；7，9—转向万向节；
8—转向传动轴；10—转向器；11—转向摇臂；12—转向节臂；13—左转向节

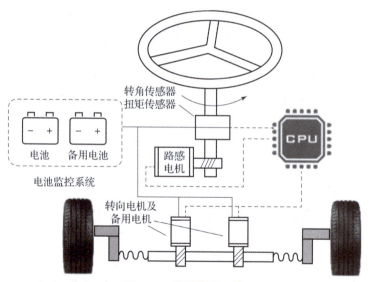

图 2-3 线控转向系统

奔驰在1996年发布的F200概念车是第一款采用线控底盘技术的车辆，如图2-4所示。这款概念车取消了方向盘、转向柱、踏板、制动油管等零部件，选用的控制策略是驾驶员通过操纵安装在车门内侧和中央控制台处的侧面操纵杆来控制车辆的所有运动。F200概念在行驶过程中，驾驶员通过左右移动操纵杆使汽车转向，向后拉操纵杆将产生制动，向前推将使汽车加速。事实上，F200的操作方式与工程挖掘机十分相似，但不能像工程挖掘机那样横着行驶。

图 2-4 奔驰 F200 概念车

简而言之，线控技术在汽车底盘的应用，解决了传统汽车因机械结构束缚造成的诸多问题，从而使汽车性能提高到一个全新的水平。以转向和制动两个核心技术为例，线控转向技术可以将车辆的转向性能控制在理想范围内，同时可以增强整车的主动安全性和被动安全性。而线控制动技术则可以提高车辆制动稳定性，同时针对新能源汽车，还可以实现制动能量回收等功能。可以说线控技术在快速发展的智能汽车领域将拥有更为广阔的应用前景。

# 任务二　线控转向技术

汽车转向系统的功能是遵循驾驶员的意愿，控制汽车的行驶方向，因此汽车转向系统对汽车的行驶安全至关重要。传统转向系统如机械转向、液压助力转向、电液助力转向、电动助力转向等，其方向盘和转向车轮间都是由机械连接。线控转向系统则是一种全新的转向方式，是智能汽车实现路径跟踪与避障避险必需的关键技术。线控转向系统克服了传统转向系统由于机械连接带来的各种限制，方向盘和转向轮之间没有机械连接，仅通过传递电信号就可以达到控制转向轮的目的。线控转向系统减轻了车体质量，消除了路面冲击的影响，降低了驾驶员在车祸中受伤的概率，提高了车辆的整体安全性。此外，线控转向系统的角传动比和力传动比均可进行调整，使驾驶员能够根据自己的驾驶习惯和喜好来设置汽车转向的灵敏度和力度，实现更为人性化的驾驶。

著名汽车公司和汽车零部件厂家都早早开始线控转向系统的布局，如美国 Delphi 公司、天合 TRW 公司、日本三菱公司、德国博世公司、ZF 公司、宝马公司等都相继研制各自的线控转向系统。其中，天合 TRW 公司最早提出了用控制信号代替方向盘和转向轮之间机械连接的技术方案。然而受限于电子控制技术，直到 20 世纪 90 年代，线控转向技术才取得较大突破。国内对线控转向技术的研究虽以理论为主，但仍有不少企业将此技术应用在投产车辆上。2022 年 1 月正式实施的《汽车转向系基本要求》（GB 17675—2021）解除了以往对转向系统方向盘和车轮物理解耦的限制，为线控转向系统的发展提供了政策方向的助力。

## 一、线控转向系统的特点

较传统转向系统而言,更安全、更舒适、更节约能源是线控转向系统的典型特点。

**1. 安全性**

线控转向系统的安全性体现在被动安全和主动安全两个方面。在被动安全方面,汽车线控转向系统最显著的特点是取消了传统转向机构中方向盘和转向机构之间的机械连接,这使得转向机构和方向盘的相对位置不再受约束,汽车内部可以空出更多空间,提高了空间利用率。同时也意味着汽车前部发生碰撞时,不会发生由于中间的机械连接变形导致方向盘被顶出进而对驾驶员造成伤害的风险,相比传统的溃缩式转向柱设计安全性更高。

在主动安全方面,由于线控转向系统中转向机构通过接收电子信号来进行相关操控,意味着当发生一些特殊情况时,汽车控制器可以辅助驾驶员对汽车进行操控,从而规避危险。如将线控转向技术与自适应巡航技术相结合,在行驶过程中,若检测到前方有障碍物,控制器可以控制车辆实现制动的同时并转向,以躲避障碍物;还可以辅助驾驶员行驶时不出现航线偏离、误操作等。由此可见,线控转向在汽车安全方面有着很广阔的应用前景。

**2. 舒适性**

线控转向系统直接通过电子信号进行车辆控制,使得角传动比和力传动比具有了可调性,即转向特性不再固定。线控转向系统通过改变角传动比和力传动比来获得不同的转向灵敏性和转向力度,实现可变传动比,即根据汽车速度和转向角度来调整转向器传动比。

当汽车处于停车状态、速度较低或所需的转向角度较大时,线控转向系统会提供小的转向器传动比;而当汽车在高速行驶或转向角较小时,线控转向系统则提供大的转向器传动比,从而提高汽车转向的稳定性。驾驶员可以根据自己的喜好来调节角传动比和力传动比,这使得驾驶更加人性化。此外,由于方向盘和转向机构间不存在机械连接,车体质量减轻了大约 5 kg,同时,地面传来的一些不规则的细小振动也会被隔离,使驾驶更加舒适。

**3. 节能性**

与传统的液压助力转向和电动液压助力转向相比,线控转向系统具备显著的节能性。以传统的液压助力转向为例,其能耗大的主要原因是液压泵必须持续工作。在此过程中,发动机为液压泵提供动力,再通过液压回路为方向盘提供转向助力,且无论是否有转向动作,液压泵都必须持续运转,导致燃料的高消耗和能量的多损耗,且液压回路管路复杂,占有较多空间,存在漏油、渗油的隐患,故障检修时也十分复杂不便。电动液压助力转向虽然用电机取代发动机提供液压泵动力,但液压泵同样必须持续工作。

线控转向系统克服了液压泵需要持续工作这一缺点,车辆转向由电机直接控制,结构较为简单,且只有在转向时电机才会进行工作,有效节约了资源,减少了能源的损耗。

## 二、系统结构

线控转向系统由方向盘模块、主控制器、执行模块、故障处理系统、电源等组成,其中方向盘模块、主控制器、执行模块是线控转向系统的 3 个主要部分,其他模块属于辅助部分。

**1. 方向盘模块**

方向盘模块包括路感模拟电机及减速机构、转角传感器、力矩传感器、传统的方向盘等，是转向意图的输入模块。方向盘模块通过测量方向盘的转角和转矩，将驾驶员的转向意图转换成数字信号，并传递给主控制器；同时，方向盘模块接收主控制器反馈的力矩信号，产生方向盘的回正力矩，为驾驶员提供相应的路感。

**2. 主控制器**

主控制器即电子控制单元（ECU），是线控转向系统的核心，相当于线控转向系统的大脑，它决定了线控转向的控制效果。主控制器主要用于分析和处理各路信号，判断转向意图和汽车的运动状态，并输出相应的控制指令。

主控制器一方面对采集到的信号进行分析处理，向转向执行电机和路感模拟电机发送指令，确保两台电机协同工作，从而实现车辆的转向运动和路感的模拟。另一方面，保持对驾驶员操作和车辆状态的实时监控，实现智能化控制。当系统检测到转向意图不合理、系统指令出现错误或者汽车出现不稳定的状态时，主控制器能够及时屏蔽错误的指令，并以合理的方式自动控制车辆，使汽车尽快恢复到稳定的状态。此外，当线控转向系统出现故障时，主控制器能及时采取措施进行补救，为车辆的行车安全和稳定提供保障。

**3. 执行模块**

除机械部分外，线控转向系统与传统转向系统的最大区别是增加了控制器。线控转向系统的执行模块用来实现和执行驾驶员的转向意图，由转向电机控制器、车轮转向组件、转向执行电机及车轮转角传感器组成。执行模块接收来自主控制器的指令，通过转向电机及其控制器，控制转向轮的转动，从而实现转向。

此外故障处理系统和电源也是线控转向系统中不可或缺的部分。故障处理系统包含一系列监控与应对措施的程序，当线控转向系统出现故障时，故障处理系统按照设定好的程序，采取对应的处理措施，以避免或减轻该故障带来的危害，最大程度地保证汽车的行驶安全。电源作为供电设施，则是整个线控转向系统运作的能量基础。

线控转向系统应具有高度的可靠性，按应对转向系统零部件故障时的冗余容错方式区分，线控转向系统结构目前分为被动容错和主动容错两种方式。

1）被动容错

被动容错的设计保留了传统的转向机构，如方向盘、转向柱等，以便线控部分失效时备用。例如，日产研制的线控主动转向系统（Direct Adaptive Steering，DAS），已经应用在 Infinite Q50 量产车上，其结构如图 2-5 所示，在传统转向系统基础上，增加了三组 ECU、转向动作回馈器，以及断开与接通转向柱的离合器。其机械部分由方向盘模块和转向模块组成。

如图 2-5 所示，方向盘模块主要实现驾驶员驾驶意图的传递和方向盘力感的模拟；转向模块主要实现车辆的转向行驶，当 ECU、电机、线束等发生故障时转向柱中的离合器会立刻连接，这时就能像开普通汽车一样，利用机械式连接继续操作方向盘；控制器则负责路感模拟电机控制、转向执行电机控制以及整个系统主要部件的容错控制。

由于线控转向系统取消了方向盘与转向器之间的机械连接，所以传统汽车由轮胎产生的方向盘反力在线控转向系统中不复存在，但由方向盘反力提供的路感信息对驾驶员的正常驾驶至关重要。因此在线控转向系统中引入了路感模拟控制，实现车辆行驶时方向盘力感的实时模拟。因为采用转向执行电机代替传统的人力转向，所以必须对转向执行电机进行准确的控制，从而实现车辆的正常转向行驶。通过对电机的实时控制实现变转向传动比控制，可以大幅优化车辆的转向特性，同时在极限或者危险工况下，可以通过控制器控制电机实现主动转向功能，提高整车的主动安全性。

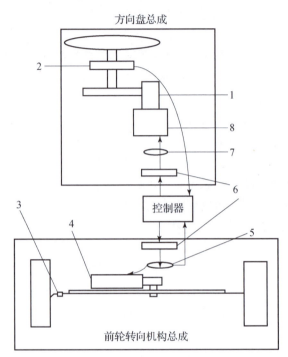

图 2-5 线控转向系统结构

1—电机减速器；2—方向盘力矩转角传感器；3—齿条位移传感器；4—转向电机；
5，7—电机电流传感器；6—电机驱动；8—路感电机

2）主动容错

主动容错是专为智能汽车设计的一种线控转向系统结构，采用软硬件冗余设计的方式。主动容错完全取消掉转向管柱，在保证可靠性的情况下甚至可以取消掉方向盘实现 L4 级以上的自动驾驶，但目前这种主动容错方式还处在研究阶段，没有应用在量产车上。所以，在这种纯线控转向系统量产之前，现有的智能汽车都无法达到 L4 级以上（含 L4 级）。这种设计涉及 ECU 冗余、电机冗余、总线传输通道冗余、传感器冗余和软件冗余等多个方面。

根据转向电机的数量、布置位置与控制方式分类，目前线控转向系统的典型布置方式可分为 5 类。每种布置方式的代表样机与优缺点如表 2-1 所示。

表 2-1 线控转向系统布置方式比较

| 布置方式 | 代表产品 | 优点 | 缺点 |
| --- | --- | --- | --- |
| 单电机前轮转向 | ZF 2001 | 结构简单，易于布置 | 单电机故障冗余性欠佳，电机功率较大 |
| 双电机前轮转向 | Infinite Q50、精工 DPASS | 冗余性好，对单个电机功率要求较小 | 冗余算法复杂，零部件成本增加 |

续表

| 布置方式 | 代表产品 | 优点 | 缺点 |
|---|---|---|---|
| 双电机独立前轮转向 | 斯坦福大学 X1、P1 | 无转向器部件,增加了控制自由度,提高了空间利用率 | 无冗余功能,转向协同控制算法复杂 |
| 后轮主动转向 | ZF AKC | 控制自由度增加,转向能力增强 | 零部件数量增加,结构复杂,控制算法复杂 |
| 四轮独立转向 | 吉林大学 UFEV | 控制自由度最大,转向能力更强 | 系统结构复杂,可靠性降低,控制算法复杂 |

### 三、工作原理

线控转向系统的工作原理是根据驾驶员的操纵输入控制车轮的转向,同时根据车辆转向状态、行驶速度等信息,向驾驶员提供路感信息,如图 2-6 所示。

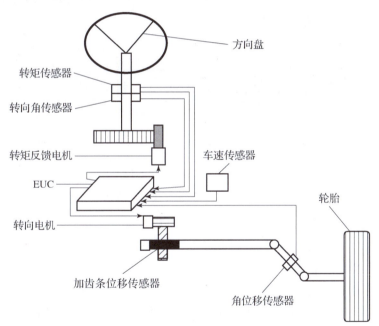

**图 2-6 线控转向系统工作原理**

以当前较为成熟的日产 DAS 系统为例,当方向盘转动时,转矩传感器和转向角传感器将测量到的驾驶员力矩、方向盘的转角和方向转变成电信号,输入到 ECU 中。线控转向系统控制器依据车速传感器和齿条位移传感器的信号来控制转向电机的旋转方向,并根据转向力模拟生成反馈转矩,给驾驶员提供相应的路感信息。同时控制转向电机的旋转方向、转矩大小和旋转的角度来实现车辆转向。

DAS 系统中设有 3 个 ECU、2 个执行转向动作的电机以及 1 个离合器,通过这种软硬件冗余手段确保车辆安全。系统中 3 个 ECU 内部是完全相同且彼此互通的,如果有一个 ECU 出现错误,会采取少数服从多数的原则,根据其他两个正常 ECU 的处理结果进行控制。执行转向动作的电动机也是如此,即便其中一组发生故障,另一组仍可继续控制车辆的转向动作。

虽然线控转向系统解决了传统转向系统的诸多问题,但目前仍需解决两个技术难题,首先是如何满足不同驾驶员的路感需求,其次是如何提高整车转向的响应。解决这两个技术难题需提出合理的控制策略,当前常见的控制策略如下。

线控转向系统前轮主动转向控制策略研究

**1. 路感模拟控制策略**

由于线控转向系统中方向盘和转向轮之间无机械连接,采用电机实现驾驶员对方向盘力感的模拟,所以可以通过主动控制实现理想方向盘力感的模拟,根据不同驾驶人群的喜好相应地改变力感。

路感反馈力矩的模拟有三种方法,分别是传感器测量方法、参数拟合方法和基于动力学模型的方法。传感器测量方法是直接测量转向器的传递力矩,由于齿条处力矩包含轮胎力和轮胎回正力矩等信息,故测量数据须经滤波才能作为反馈力矩。参数拟合方法是指将反馈力矩设计成与其相关因素的函数。基于动力学模型的方法则是依据车辆动态响应、驾驶员方向盘输入等参数,利用车辆动力学模型估算轮胎回正力矩和需要补偿的反馈力矩,进而计算期望的反馈力矩,其控制思路如图 2-7 所示。

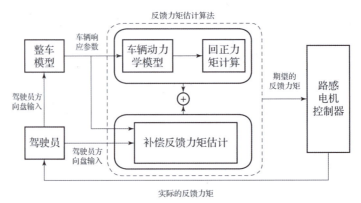

图 2-7 基于动力学模型的控制思路

**2. 转向执行控制策略**

转向执行控制策略是指根据当前路况、车辆行驶状态及性能要求,提出控制目标(如目标路径、期望的车辆运动响应、驾乘舒适性等)和约束条件,并对难以直接测量的状态或参数进行状态观测和参数辨识,综合控制目标和约束条件等信息,计算出期望的车轮转角。再由转向电机执行,从而实现车辆转向特性的主动控制,将车辆的转向响应增益控制在理想范围内,甚至可以将相应的增益控制为变量,以实现可变传动比转向。

**3. 容错转向执行控制策略**

容错转向执行控制策略是指利用软件实现系统主要电子部件的故障诊断及故障补偿控制,针对相对比较重要的部件,采用硬件冗余和软件冗余的控制策略。该策略可以充分保证线控转向系统的可靠性,使其满足实车应用的要求。在设计开发过程中,对电机和控制器容错控制体系进行整体考虑,将会进一步提高线控系统容错控制的可靠性和准确性。

# 任务三　线控制动技术

传统液压制动技术在当前乘用车市场被广泛应用,然而因为体积大、响应慢等问题,传统液压制动技术已经无法满足智能汽车对主动安全的需求,线控制动技术(Brake – by – Wire)也随之诞生。与传统液压制动技术相比,线控制动技术使用电子元件代替传统制动系统中部分或全部机械部件和阀门,去掉制动油缸、液压阀、助力装置、油箱以及复杂的液压管路等部件,结构简单、维护方便、布置灵活。线控制动技术通过车载网络来传递指令,指令传递效率高、时间短、可控性好、响应速度快。对于新能源汽车而言,线控制动技术还可实现制动能量回收等功能。此外,只要设计好相应的控制程序,可根据行驶工况自动控制制动力的大小,和各轴的制动力分配,可完全复现传统液压制动的车身电子稳定系统(Electronic Stability Program,ESP)功能,是未来智能汽车不可或缺的配置。

线控制动系统主要分为两种,一种由传统液压系统和ECU结合而成,称为电子液压制动(Electro – Hydraulic Brake,EHB)系统;另一种则完全由电子控制元件与机械部件组成,称为电子机械制动(Electro – Mechanical Brake,EMB)系统。

EMB系统与EHB系统最大的区别在于EMB系统不再需要制动液和液压部件,使用电子机械制动器代替传统的液压主缸和真空助力驱动制动,制动力矩完全由安装在4个轮胎上的电机产生,各车轮的制动力能够独立调控。随着制动液的取消,制动系统对环境的污染也进一步降低。但是,EMB系统的缺点也十分明显,如无法进行冗余设计,一旦EMB系统出现故障,车辆就会失去可靠的制动手段,从而使行驶过程变得十分危险;还有制动力不足,由于EMB系统的电动机械制动器必须置于轮毂之中,导致其电机体积无法设计过大,因此限制了电机的功率,同时也限制了制动力的大小;电子机械制动器的电机采用永磁体,而制动时制动盘的高温容易使永磁体消磁,从而导致电子机械制动器的可靠性大大降低。

上述几个原因,导致EMB系统的设计极为复杂,直至今日仍没有只采用单一EMB系统的制动方案。奥迪首先采用了前轮EHB后轮EMB的方式,该方式去除了EHB系统中的管路硬件,并且规避了EMB系统制动力不足的问题。京西集团宣称其将在2026年下半年推出EMB产品。

## 一、EHB系统

EHB系统的主要功能是提升传统液压制动系统的性能,是一种介于传统的制动系统与电子机械制动系统之间的制动系统,兼具这两种系统的特点。EHB系统既有效沿用了传统液压控制系统的结构,又应用了电子控制系统的主要技术。相较于传统的液压制动系统,EHB系统虽然在制动性能和布置方式方面有了较大提升,但仍受自身结构的限制。该系统存在液压泵、高压管路等液压部件,致使其制动性能提升潜力有限。

EHB系统一般分为干式和湿式两种,干式EHB系统以电机推动制动主缸活塞,湿式EHB系统采用高压蓄能器提供高压制动液从而实现快捷制动。干式EHB系统主要以日立e – ACT和博世iBooster为代表,湿式EHB系统以丰田EBC和博世SBC为代表。

## 1. 湿式方案

早期受制于电机技术的不成熟，EHB 系统多采用湿式方案，其中代表产品以丰田 EBC、博世 SBC、天合 SCB 为主。湿式 EHB 系统主要包括液压执行机构和 ECU 两个部分。液压执行机构主要包括高压蓄能器，液压泵，制动储液罐，进、出液电磁阀等。而电子控制单元主要包括制动踏板模拟器、主控单元、执行器驱动单元，以及一系列传感器。当制动踏板产生位移时，踏板行程传感器、各制动器压力传感器等反馈信号将会传输至主控单元，由主控单元分析并判断驾驶员的制动需求，从而调整进出液电磁阀的开闭。当系统需要增压时，进液阀打开，出液阀关闭。当系统需要保压时，进出液阀均关闭；当系统需要减压时，进液阀关闭，出液阀打开。同时通过输入脉冲宽度调制信号（Pule Width Modulation，PWM）信号给高速开关阀从而控制各车轮上的制动压力。

湿式 EHB 系统采用制动踏板模拟器为驾驶员提供制动踏板感觉，且具有人力备份制动的功能。当湿式 EHB 系统失效时，可以使用备用的人力液压制动系统进行制动。湿式 EHB 系统建压速度快，可以有效缩减制动距离，但需要长时间保持高压。因此湿式 EHB 系统对高压蓄能器的质量要求极高，同时，即使未发生制动，液压泵及其驱动电机也需要频繁工作，这也就导致了湿式 EHB 系统的使用寿命较低。由于湿式 EHB 系统成本高昂且故障频发，企业在应用过程中都发生过产品召回的情况，如奔驰、丰田两家公司都曾对其使用博世 SBC、丰田 EBC 系统的车辆进行过召回。

## 2. 干式方案

干式 EHB 系统出现较晚，代表性的产品包括博世 iBooster、日立 e – ACT 等。干式 EHB 系统使用电机驱动推杆推动制动主缸活塞运动，从而向制动回路施加压力，其工作原理与真空助力器一致，不同的是干式 EHB 系统使用电机提升制动性能，与电机配合使用的一般有减速机构，通过减速机构将电机的转矩转化成推杆的直线推力同时实现减速增矩。

2006 年，日本丰田公司推出的 EHB 系统，由踏板感觉模拟器、高压源、液压控制单元等组成，是一种典型的线控制动系统，如图 2 – 8 所示。

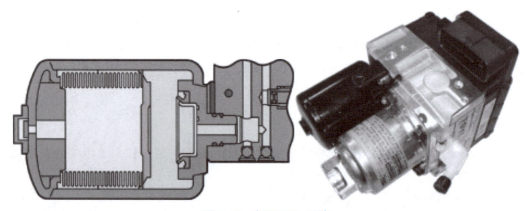

图 2 – 8　丰田 EHB 系统

2011 年，日本日立公司推出了 e – ACT 系统，并在旗下部分品牌车辆上进行应用，该系统如图 2 – 9 所示。其控制原理如下：以电机作为动力源，滚珠丝杠作为传动机构，一般情况下，踏板位移传感器监测踏板行程并将其传给 ECU，由 ECU 控制电机驱动制动主缸内阀体的移动，以此得到适宜的助力比，当电机失效时，制动踏板仍可以直接推动制动主缸形成一定的制动压力，通过此种冗余设计来保证车辆的行车安全。

图 2-9　日立 e-ACT 系统

2013 年，德国博世公司推出了不依赖真空源的机电伺服助力器 iBooster，如图 2-10 所示。

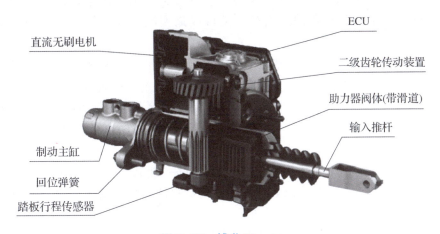

图 2-10　博世 iBooster

如图 2-10 所示，iBooster 的结构主要有输入推杆（连接制动踏板）、助力器阀体、踏板行程传感器、回位弹簧（恢复制动踏板位置）、制动主缸（建立制动液压）、直流无刷电机、二级齿轮传动装置、电子控制单元（控制电机供电电流和驱动信号等）。

iBooster 的工作原理是，驾驶员踩下制动踏板，踏板行程传感器监测踏板推杆的横向位移变化，并将产生的电子信号传递至 ECU，ECU 根据内置算法，匹配计算相应的需求扭矩，最后通过 PWM 信号控制电机工作输出相应扭矩，电机所产生的扭矩经过蜗轮蜗杆两级减速机构将扭矩转化成输入推杆前进的推力，此推力与驾驶员踩下踏板输入推杆的力一起作用于制动主缸的活塞，从而产生高压制动液。其工作原理基本与真空助力器一致，但制动时辅助制动的动力来源不同，且 iBooster 在没有驾驶员操作的情况也可自行产生制动压力。即 iBooster 能够实现主动增压的功能，可满足辅助驾驶或智能驾驶中的主动制动需求。因此，iBooster 在 ADAS 及智能汽车的相关研究中获得极大的关注。

iBooster 在制动能量回收方面也表现突出，但并不是所有时候都可实现最大功率的制动能量回收。iBooster 的制动能量回收功率与电池的带电量有关，当电池带电量大于 80% 时，制动能量回收系统会被取消，当然实际产生的制动力仍然存在，但产生的电力不会被用于充电。因为电池带电量超过 80% 以后，不适宜超大功率充电，这样对电池的损伤很大。当电池的带电量在 70%~80% 时，制动回收产生的电力只会被部分用于电池充电，其充电功率会被限制，目的也是延长电池的使用寿命。只有当电池带电量低于 70% 时，iBooster 才可以实现全负荷最大功率充电。除此之外，由于不同速度和不同工况产生的再生电流并不稳定，还需要逆变器来限制电机产生的最高电压或对电压进行升压从而获得稳定的充电电流，因此还需要一套复杂的控制系统来保证整个能量流的正常流动。iBooster 如果匹配调校得当，在城市工况下可以提升 10%~30% 的续航里程。

IBooster 总成工作性能检测系统设计

iBooster 通常与 ESP 配套使用，ESP 在 iBooster 失效时一起作用。配合电动汽车或者混合动力汽车使用的 iBooster 与 ESP 组合使用时可实现最高达 $0.3g$ 减速度的能量回收，即再生制动功能。当制动踏板输入一个电信号后，控制器计算出驾驶者希望建立的减速度小于 $0.3g$ 时，这样的制动力度通过电机反拖就能实现。当所需建立的减速度大于 $0.3g$ 时需要电机实现最大限度反拖，同时配合一定力度的制动系统液压制动。这样既可以最大限度地减小制动盘片的热负荷，又可以最大限度地利用制动能量再生来回收电力，提高续航里程。

因为 ESP 是一套为防止汽车侧滑的电液装置，所以也有失效的可能，且 ESP 是针对车辆的侧滑，而不是针对常规制动设计的。当各个车轮速度差过大，而出现转向不足或转向过度时，ESP 会针对不同的车轮进行制动，从而消除车辆的侧滑。基于此，博世在第二代 iBooster 推出后，着手针对未来更高智能化需求的 L3 级和 L4 级，设计了一套线控制动系统——IPB + RBU。

IPB 是综合动力制动 Integrated Power Brake 的简称，实际是 iBooster 和 ESP 合二为一的成果。IPB 体积大大缩小，质量也随之降低，最重要的是成本较 iBooster 大大降低。RBU 全称为 Redundant Brake Unit，即冗余制动单元。RBU 和 ESP 的最大不同在于 RBU 直接与主缸连接，依靠主缸的制动液建压 RBU 再和 IPB 连接。

博世以 IPB 取代高成本的二代 iBooster 做 L2 级自动驾驶，以 IPB + RBU 对应 L3 级和 L4 级自动驾驶，一定程度上代表了智能汽车线控发展的趋势和方向。

## 二、三种典型的 EMB 执行机构方案

### 1. 滚珠丝杠 + 自增力装置方案

该方案如图 2-11 所示，EMB 执行机构由电机、滚珠丝杠和自增力杠杆机构组成。电机通电后，驱动滚珠丝杠，将旋转运动转化为直线运动，心轴轴向移动并推动增力杠杆和压力盘，根据杠杆原理，压力盘的压力大于心轴的轴向推力，起到增力的作用。压力盘推动制动活塞和摩擦片压紧制动盘。

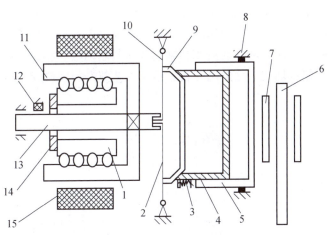

图 2-11 滚珠丝杠+自增力装置方案

1—转子；2，10—增力杠杆；3—弹簧；4—传动套筒；5—制动活塞；6—制动盘；7—制动钳块；
8—橡胶密封环；9—压力盘；11—螺母；12—位移传感器；13—心轴；14—压电式力传感器；15—定子

这种结构的设计特点是电机内置，取消了行星齿轮减速装置，结构简单紧凑，采用自增力杠杆结构，工艺及精度要求很高，实施比较困难，同时对电机控制要求较高。通过机械结构实现间隙自调，不具有制动力保持的功能。

**2. 行星齿轮减速机构+滚珠丝杠方案**

该方案如图 2-12 所示，EMB 执行机构主要由电机、行星齿轮组、滚珠丝杠、棘轮锁止机构组成，电机通电后，转子 15 旋转带动齿轮 10 转动，经行星齿轮组减速后传递至滚珠丝杠总成，通过运动转换机构，丝杠推动制动块压紧制动盘。另外电磁铁 5 通电后，棘轮 7 和转子 14 啮合，保持驻车力和制动力。该设计方案的特点主要在于电机内置，行星轮系布置简单，结构紧凑，具有间隙自调的功能。

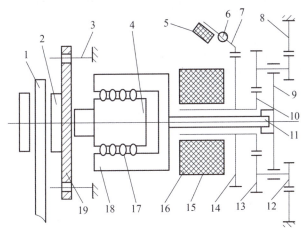

图 2-12 行星齿轮减速机构+滚珠丝杠方案

1—制动盘；2—制动块；3—销杆；4—螺旋心轴；5—电磁铁；6—销钉；7—棘轮；8—齿圈；9—行星轮架；
10—齿轮；11—螺母轴颈；12，13—行星轮；14，15—转子；16—定子；17—钢珠；18—螺旋螺母；19—压盘

**3. 电磁离合器+行星齿轮减速机构+滚珠丝杠方案**

该方案如图 2-13 所示。EMB 执行机构主要由电机、电磁离合器、行星齿轮组、滚珠

丝杠组成，此方案采用了两个电磁离合器，通过电磁离合方式控制 EMB 系统夹紧、释放、制动力保持。通过控制电磁离合器的通断电，使磁铁吸合或释放摩擦盘，经行星齿轮组减速增扭传递至滚珠丝杠，丝杠心轴推动活塞和制动片夹紧制动盘。相比于前两种设计方案，该方案电机外置，结构相对复杂，轴向尺寸长，装配工艺复杂，实施比较困难，具有间隙自调功能。

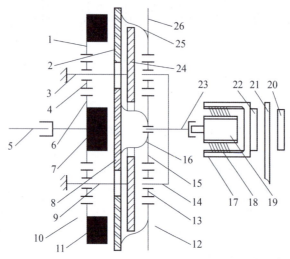

图 2-13　电磁离合器+行星齿轮减速机构+滚珠丝杠方案

1，26—齿圈；2，8—摩擦盘；3，9—销钉；4，13—行星轮；5—电机输入轴；6，15—太阳轮；7，11—电磁离合器；
10，12—行星轮系；14—行星轮架；16，25—杯形弹簧；17—螺母；18—螺纹滚柱；19—螺纹心轴；
20，22—制动钳块；21—制动盘；24—制动环

## 任务四　线控底盘技术在智能驾驶领域的研究与应用

按使用场景划分，智能汽车可分为智能驾驶乘用车和特定场景智能汽车，现阶段的线控底盘技术也是围绕这两种场景开展的研究与应用。

智能汽车底盘结构决定了其运动控制的表现，最初智能汽车底盘都是在传统乘用车底盘基础上进行改装，这可使车辆初步具备智能驾驶功能，但也存在较多问题，如车辆本身线控化比例较低，且线控系统不成熟。大量的线控化改造带来了成本较高、可靠性差、控制精度低、通信方式冗余等问题。智能汽车受限于传统车辆的驱动、制动及转向形式（中央驱动、单桥驱动、单桥转向等），其机动性与操纵稳定性难以进一步提高。

对智能驾驶乘用车而言，随着电控发动机和自动变速器的广泛应用，以及汽车厂家控制协议的逐步开放，电子油门/节气门控制、手动变速器自动操纵/自动变速器手柄控制已不是智能驾驶乘用车执行器层面研究的重点。

因为转向和制动系统涉及车辆行驶的安全性，所以其电控技术仍是现阶段研究的重点。科技部 2015 年 11 月公布的《"新能源汽车"试点专项 2016 年度第一批项目申报指南》中对"电动汽车智能化技术"明确提出"突破各驾驶辅助技术控制与系统集成技术，线控制动液压力控制精度≤0.1 MPa，10 MPa 主动建压时间≤170 ms，样车具有先进的自

适应巡航、自动紧急制动、碰撞预警、车道线偏离报警等智能辅助驾驶功能"。当前，电控制动技术的研究集中于乘用车液压制动系统，而对商用车气压制动系统的研究尚显不足。

## 一、舍弗勒新一代线控技术在乘用车上的应用

在 2019 年的法兰克福国际汽车展上，舍弗勒展示了其最新的 e – Corner 智能转向驱动模块（见图 2 – 14）和 SpaceDrive Ⅱ 线控技术及升级版概念车 Schaeffler Mover。e – Corner 模块与 SpaceDrive Ⅱ 线控技术可帮助实现 L4/L5 级自动驾驶。

e – Corner 模块是为了适应未来城市化趋势的演变而推出的智能转向驱动模块，在该模块中，所有的驱动和底盘零部件都集成在一个紧凑的单元内，包括轮内电机驱动系统、悬架和机电转向执行单元的车轮悬架系统。

图 2 – 14　舍弗勒 e – Corner 智能转向驱动模块

舍弗勒 e – Corner 智能转向驱动模块可以帮助车辆实现 90°转向，还可以停靠在狭小的空间内，便于乘客上下车，甚至还可以实现原地转向。

SpaceDrive Ⅱ 线控系统如图 2 – 15 所示，为未来智能汽车提供了有效的技术解决方案，智能感知规划单元由车载网络将指令传输给转向或制动系统，即可实现对车辆转向、加速及制动系统的控制。如有需要还可隐藏或取消方向盘，从而节省车内空间，在用于露营车、除草车上时可提高车辆的舒适性。此外，SpaceDrive Ⅱ 线控系统还具有遥控功能，可用于采矿、滑雪坡维护、救援及消防等高危场合的特种车辆上，以提高其安全性。

图 2 – 15　SpaceDrive Ⅱ 线控系统

SpaceDrive Ⅱ 线控技术采用了三重冗余，高冗余度大大提高了安全性。当某个模块出现故障时，车辆会选择其他模块确保整个车辆正常行驶和转向，确保控制系统的高度可用性及安全性。该系统已通过极其严格的 ISO 26262 – ASIL D 功能安全认证及公共道路认证。

SpaceDrive Ⅱ 线控技术由舍弗勒收购的帕拉万公司提供，该公司此前推出的 SpaceDrive 技术已在市场上应用多年，拥有 10 亿 km 公共道路无事故的行驶记录，是一项可以立即投入市场应用的成熟技术。其中，SpaceDrive Ⅱ 线控技术的控制单元软硬件由 XTRONIC 与帕拉万公司合作开发。

与当前只能通过独立的系统或依赖于具体的车辆平台实现对智能驾驶车辆的远程监控及控制不同，XTRONIC 控制单元如图 2 – 16 所示，将安全、监控、操作及舒适等功能集成到一个单独的系统中，可实现对智能驾驶车辆的远程监控及控制功能。XTRONIC 控制单元还集成了大量互联的零部件，包括从娱乐系统到车辆零部件的状态监控系统。因而可以使车辆的驾驶辅助系统与毫米波雷达、激光雷达、超声波雷达及人工智能等系统之间建立连接，为智能汽车提供了可靠的技术基础。

图 2 – 16　XTRONIC 控制单元

通过 XTRONIC 控制单元，能将数字控制和监控功能整合在一个独立的应用程序中。用户可在智能手机、平板计算机及智能手表等设备上安装使用，随时随地通过移动设备从云端获取重要数据，而且具体的车辆平台不影响连接工具的建立和使用。XTRONIC 控制单元不仅适用于智能驾驶车辆，还可以用于商用车及房车等车辆。目前，该系统已投入量产，消费者不仅可以在车上使用所有的控制功能，还可以通过智能手机进行状态查看，获取车辆油量、温度等信息。通过 XTRONIC 控制单元，用户可以实现对车辆零部件的状态监控及预测性维护，从而提高系统的可用性，还可以制订某个车辆甚至整个车队的用车计划。XTRONIC 控制单元还拥有较高的安全性，一旦出现危险入侵，会立即发出警报。

目前，e – Corner 智能转向驱动模块、SpaceDrive Ⅱ 线控系统和 XTRONIC 控制单元都已融合进舍弗勒未来城市交通概念车 Schaeffler Mover 中，如图 2 – 17 所示。e – Corner 智能转向模块为 4 个车轮提供驱动力，转向系统采用了机电式线控转向方式，通过 SpaceDrive Ⅱ 技术实现控制，使得 Schaeffler Mover 成为一款可支持多种车型的开放式车辆平台，具有高度灵活性及环保性。Schaeffler Mover 采用了创新的行驶底盘，集成了包括驱动、电池、制动及转向等所有实现驾驶功能的零部件和系统，可灵活匹配不同的车身，如机器人、出租车和智能驾驶物流车、冷藏车等，为城市交通出行提供了一个理想的解决方案。此外，还可以通过位于云端的"数字孪生体"对车辆运行状态数据进行持续分析,来提前确定车辆未来的维修保养需求。

图 2-17　城市交通概念车 Schaeffler Mover

## 二、线控底盘技术应用在特定场景智能汽车上的挑战

对特定场景智能汽车而言,由于特殊的使用目的,在关键理论与技术方面,面临两个挑战。

首先,是车辆总体结构设计理论与技术方面的挑战。特定场景智能汽车,包括无人军用车、无人物流车、无人摆渡车、无人清扫车、无人巡逻车等,其使用目的为完全替代人类在相关特定场景执行相关特定任务。因此,特定场景智能汽车完全抛弃了传统车辆中人类的操纵机构,尤其是转向、驱动以及制动操纵机构等执行机构,整个车辆的执行机构由人类主导操纵完全变成了全线控(Full Drive by Wire)系统,这就使整个车辆底盘的总体布局发生了根本性的变化,也对车辆的总体设计理论提出全新的挑战。同时,正是由于其完全抛弃了人类的驾驶操纵,也无须再考虑人类的驾驶操纵负担或反应能力,这时可以采用各轮独立驱动、独立转向、独立制动等多操纵面(Multi Control Surface)控制技术,这些先进技术的引入对车辆结构的总体设计理论提出了更大的挑战。

其次,是车辆动力学控制理论与技术方面的挑战。就特定场景智能汽车而言,全线控技术与独立驱动/转向/制动等技术的采用,将会带来全新的总体布局形式与总体设计理论。全新的总体布局形式必然会带来全新的车辆动力学行为特性,从而影响到车辆动力学与控制系统的基础。进一步地,全线控技术与独立驱动/转向/制动等全新的车辆执行机构,也必然影响到车辆动力学控制系统的表现形式。因此,面向全新的总体布局形式、全新的车辆动力学行为与全新的车辆执行机构方案,传统的车辆动力学控制理论与技术必然不能完全适用,必然需要开展全新的动力学控制理论与技术的研究。

综上所述,特定场景智能汽车线控技术挑战,主要是针对车辆的总体设计及动力学控制理论与技术,当前相关成果还待研究。这里给出一个阶段性成果的例子,并不深入探讨这种面向特种车辆的结构和设计方法。

2016 年,俄罗斯军方发布了一款未来无人军用作战车的视频,如图 2-18 所示。该无人军用作战车采用了 6×6 分布式驱动的全线控底盘技术,各车轮由一个轮毂电机驱动,无阿克曼转向机构,采用速差转向技术,由两侧驱动电机的力矩差和转速差实现转向。该车可由主动悬架实现底盘升降,以改变车的离地高度,提高其可通过性,并可以通过大型运输车快速投放战场。同时,该车具备在复杂战场环境下自主行驶并自主进行打击的能力。

图 2-18　俄罗斯军方未来无人军用作战车

# 项目三　智能汽车环境感知技术基础知识

(1) 了解智能汽车环境感知技术的作用。
(2) 掌握常见车载传感器的不同类型及特点。
(3) 了解车载传感器的主要性能参数。
(4) 熟悉主要车载传感器测距测速原理。
(5) 理解多传感器融合技术及其优势。

(1) 掌握车载传感器在实车部署的方法，包括安装位置、线路连接等。
(2) 掌握车载传感器的优缺点，会根据需要选择合适的传感器。
(3) 能够读取车载传感器的输出数据，掌握输出数据的解析。

## 任务一　智能汽车环境感知技术概述

### 一、感知技术简介

智能汽车通常可以划分为三大系统——感知系统、规划系统、控制系统，其中感知系统担负着获取环境信息的任务，包含感知和定位两个层面。感知系统相当于智能汽车的"眼睛"，是智能汽车领域的核心技术，也是智能汽车行驶安全性的基石。

如图 3-1 所示，智能汽车通过环境感知获取车辆周边环境的信息。车辆前方的远距离探测主要依靠远程毫米波雷达，而车辆四周近处的区域则使用视觉传感器（摄像头/相机）检测，同时辅以激光雷达进行360°扫描，并使用超声波雷达和短程毫米波雷达进行补充。智能汽车行驶过程中，多种传感器共同检测车辆周围的障碍物，从而得到障碍物相对于车辆的位置。

环境感知技术的本质是信息的收集、处理和传输，因此智能汽车的环境感知系统包含三个部分的内容。

(1) 信息收集单元：传感器+网络通信设备。
(2) 信息处理单元：将收集的信息通过各种算法进行加工，加工后的信息可以被智能决策系统直接作为决策依据的一系列信号，如通过摄像头拍摄的照片，识别当前交通信号灯状态，处理成智能决策系统可直接使用的信号。

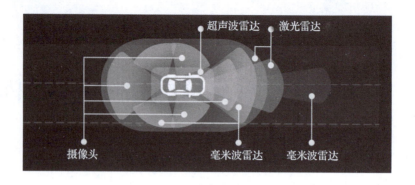

(a)

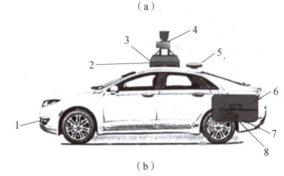

(b)

图 3-1 智能汽车主要传感器示意图

(a) 智能汽车传感器感知范围；(b) 智能汽车传感器布置图

1—毫米波雷达；2—侧向摄像头；3—前向摄像头；4—激光雷达；
5—GPS 天线；6—嵌入式平台；7—GPS 接收机；8—惯导

（3）信息传输单元：将处理后的信息实时传输给智能决策系统的单元。

传感器是智能车辆感知周围环境的硬件，市面上的传感器非常多，常见的分类方法有按传感器的功能（控制传感器、性能检测传感器）、使用区域（底盘传感器、车身传感器、导航传感器）、工作原理（电磁式传感器、光电式传感器、电阻式传感器）、测量对象（位置传感器、转速传感器）进行划分。不同于普通的传感器，智能汽车对车载传感器的选择有着更为明确的要求，如适应性强、稳定性高、抗干扰能力强、性价比高等。

1）适应性强

智能汽车传感器适应性强体现在对恶劣环境的耐受性。在智能汽车行驶过程中，行驶环境存在较大的不确定性，可能是常规的城市道路，也可能是崎岖的蜿蜒山路。因此，智能汽车的传感器应具有良好的密封性、抗腐蚀性和耐潮性，以确保智能汽车在一些特殊环境下仍能正常进行环境感知。

2）稳定性高

智能汽车传感器对车辆的电子控制系统有较大的影响，因此确保其工作的稳定性及可靠性就显得十分重要。

3）抗干扰能力强

智能汽车传感器抗干扰能力强，是指在行驶过程中，传感器要能抵抗来自汽车内部的各种干扰，如汽车电源产生的高压电脉冲、汽车行驶时产生的振动、发动机工作时产生的高温等。

4）性价比高

智能汽车传感器在辅助车辆实现智能驾驶之余，也要考虑到智能汽车的整体成本。通常情况下，一辆智能汽车会配备10来个甚至更多的传感器，因此可量产的、性价比高的传感器更容易成为智能汽车的选择。

在借助传感器获取环境信息后，感知系统会通过信息处理单元采用相应的算法进行数据处理，以去除数据噪声、压缩数据量、提升信息维度，服务于智能汽车系统后续环节。常见的感知算法包括目标检测、目标跟踪、可通行区域检测等。

## 二、智能汽车环境感知技术基础知识

环境感知是智能汽车理解外界环境信息的关键，为车辆的行为决策提供信息支持。环境感知的关键在于使智能汽车能够更好地模拟人类驾驶员的感知能力，从而理解自身和周边的驾驶态势。智能汽车的感知传感器主要有激光雷达、视觉传感器（摄像头/相机）、毫米波雷达、超声波雷达、红外传感器等。

智能汽车选用的传感器，无论是哪一种都各有利弊，因此多数情况下，智能汽车会选用多传感器融合的方式，来更好地进行环境感知。当前最常见的智能汽车传感器包括激光雷达、毫米波雷达、超声波雷达、红外传感器和视觉传感器，其主要优缺点如表3-1所示。

表 3-1 各传感器主要优缺点

| 项目 | 超声波雷达 | 视觉传感器 | 红外传感器 | 激光雷达 | 毫米波雷达 |
|------|------------|------------|------------|----------|------------|
| 优点 | 价格低，数据处理简单，体积小巧 | 成本适中，可实现道路目标的分辨与识别 | 成本低，夜间不受影响 | 测距精度高，方向性强，响应时间快，不受地面其他波干扰 | 不受天气情况和夜间的影响，探测距离远 |
| 缺点 | 易受天气和温度影响，最大测量距离一般只有几米 | 容易受天气的影响 | 受天气影响，只能探测到近距离的物体 | 成本很高，不能全天候工作，遇浓雾、雨雪等天气无法工作 | 目标识别难度较大，可与摄像头互补使用 |

视觉传感器、毫米波雷达、激光雷达、定位导航系统等，都为智能汽车提供了海量的周边环境及自身状态数据。然而这些以图像、点云（激光雷达每转一周，收集到的所有反射点坐标的合集）等形式呈现的数据中包含了大量与驾驶活动无关的信息，因此对有效信息进行筛选和处理就显得尤为重要。信息的筛选以近目标优先、大尺度优先、动目标优先、差异性优先等为原则。当前实现量产的智能汽车在传感器配置上都大同小异，如表3-2所示。按所能实现的功能划分，这些量产智能汽车均可实现L2级的智能驾驶。更高级别的智能驾驶同样离不开传感器的辅助，以谷歌公司开发的L4级智能汽车Waymo为例。Waymo虽然没有对外公开详细的配置信息，但根据公开材料可知，Waymo安装了激光雷达、摄像头、毫米波雷达及一些额外的传感器，如音频探测系统等。百度公司同样推出了号称达到L4级的智能汽车Apollo，其配备的有单目广角摄像头、毫米波雷达、激光雷达+摄像头的一体化传感器等。

表 3-2　部分车型的传感器配置

| 车企 | 车型 | 产品配置 | 实现功能 |
| --- | --- | --- | --- |
| 通用 | 凯迪拉克 XT4 | 6 个毫米波雷达、12 个超声波雷达、6 个摄像头 | 实现对车辆周边环境的全面侦测，具体包括前/后方碰撞预警、侧方或后方盲区预警、变道盲区辅助、360°全景影像等 |
| 特斯拉 | Model 3 | 8 个摄像头、12 个超声波雷达、1 个毫米波雷达 | 根据实际情况调整车速、自动变道、自动泊车等 |
| 奥迪 | A8 | 3 个前视摄像头、5 个环视摄像头、12 个超声波雷达、1 个毫米波雷达 | 实现开门预警系统、高低速障碍物识别、夜视系统、自主泊车等 |
| 蔚来汽车 | ES8 | 12 个超声波雷达、1 个三目摄像头、4 个环视摄像头、1 个驾驶状态监测摄像头、5 个毫米波雷达 | 实现自适应巡航、高速自动辅助驾驶、自动驾驶、道路自动保持、倒车辅助、自动泊车、车辆主动召唤、疲劳预警等 |
| 吉利 | 2018 款博越 | 4 个探测雷达、4 个远距超声波雷达、4 个高清环视摄像头、1 个毫米波雷达 | 自适巡航、城市预碰撞安全系统、主动偏航警示系统、盲区监测系统、智能泊车引导系统等 |

# 任务二　激光雷达技术与应用

## 一、激光雷达概述

激光雷达，又称激光扫描测距仪，是激光探测及测距系统的简称，是一种以激光器作为发射光源，采用光电探测技术手段的主动测距设备。

激光雷达是当前研究最多、使用最成熟的深度传感器，是一种精度相对较高，方向性较好且可以基本不受可见光照变化影响的雷达传感器。对智能汽车而言，激光雷达与毫米波雷达、超声波雷达等传感器在功能上相互补充和融合，共同感知车辆周围的障碍物情况。

在构成上，激光雷达主要由发射系统、接收系统、信息处理等部分组成，如图 3-2 所示。发射系统由各种形式的激光器以及光学扩束单元等组成；接收系统由望远镜和各种形式的光电探测器，如光电倍增管、半导体光电二极管、雪崩光电二极管、红外和可见光多元探测器件等组合。信号处理系统主要包含放大处理和数模转换两部分，激光雷达接收系统将光学信号转化为电信号后，经放大电路对信号进行适度放大处理，并由信息处理模块计算数据，可以获取目标表面形态、物理属性等特性，最终建立物体模型，获取物体位姿、位置、形状等参数。激光雷达采用脉冲或连续波两种工作方式，探测方法按照探测原理不同可以分为米散射、瑞利散射、拉曼散射、布里渊散射、荧光、多普勒等类型的激光雷达。按照有无旋转部件,激光雷达又可分为机械式和固态激光雷达,目前由于固态激光雷达能够满足车规及要求,在车辆上的使用越来越广泛。

图 3-2 激光雷达

激光雷达通过主动探测技术,可直接构建路况模型,降低分析难度。在民用领域,激光雷达可分为一维激光雷达、二维激光雷达、三维激光扫描仪、三维激光雷达等。二维激光雷达和三维激光雷达可实现空间建模,多用在机器人及智能汽车中。表 3-3 所示为主流激光雷达的对比。

表 3-3 主流激光雷达的对比

| 分类 | | 测距分辨率 | 应用场景 |
| --- | --- | --- | --- |
| 一维激光雷达 | 手持激光测距仪 | 2 mm 左右 | 室内装修、建筑测量等 |
| | 望远镜激光测距仪 | 1 m 左右 | 电力线测量、建筑施工勘测等 |
| | 工业激光测距仪 | 50 mm 以内 | 主要用于位置控制,定位起重机、装卸搬运设备等区域 |
| 二维激光雷达 | — | 角度分辨率 0.1°~1°,测距分辨率 1 mm 左右 | 区域监控、安全监控、小型机器人等 |
| 三维激光雷达 | — | 角度分辨率 0.1°~5° | 智能汽车、无人机、测绘等 |

与视觉方案重在数据分析不同,激光雷达可以通过主动探测的方式直接实现物体、路况建模,极大地降低了视觉方案中的数据分析难度。在智能汽车领域,三维激光雷达(见图 3-3)的使用频率和使用场景较其他种类的激光雷达更高、更广。

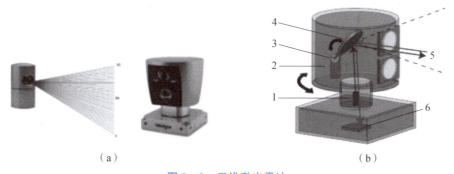

图 3-3 三维激光雷达
(a) 典型 3 维激光雷达;(b) 3 维激光雷达结构示意图
1—激光源;2—伺服电机;3—圆光栅;4—倾斜镜;5—被测物;6—接收器

三维激光雷达扫描一周可以得到环境中物体表面的反射点云，各物体的点云能够大致描绘其轮廓（见图3-4）。可以看出，激光雷达探测距离越远，其点云越稀疏。

图3-4 激光雷达点云可视化

自20世纪六七十年代起，随着激光技术和探测器件的发展，发达国家率先在激光雷达三维成像领域进行了研究，各种距离测量技术和三维成像体制蓬勃发展。激光雷达三维成像系统按照成像体制可以分为扫描式成像系统和面阵成像系统两种，按激光距离测量体制可以分为直接脉冲测距、相位式测距以及线性调频测距等类型。以速腾聚创RS-LiDAR-16为例，其激光雷达垂直方向发射16根射线，水平方向360°旋转扫描检测周围环境，具体规格参数如表3-4所示。

表3-4 速腾聚创 RS-LiDAR-16 规格参数

| 型号 | RS-LiDAR-16 |
| --- | --- |
| 波长 | 905 nm |
| 精度 | 2 cm（典型值） |
| 测距 | 20 cm~150 m |
| 垂直角 | -15°~+15° |
| 水平角 | 360° |
| 功耗 | 9 W（典型值） |
| 质量 | 0.84 kg |

## 二、激光雷达标定

激光雷达的标定分为内参标定和外参标定。内参标定是激光雷达内部激光发射器坐标系与激光雷达自身坐标系的转换关系，在出厂之前已标定完成可直接使用。外参标定则是激光雷达自身坐标系到车体坐标系的转换，需要标定两个坐标系之间的旋转矩阵和平移矩阵。

使用标定板对激光雷达进行标定的步骤如下。

（1）在激光雷达前方一定距离处设置一块反射率标定板（通常采用低、中、高反射率组合来校准，黑10% + 灰50% + 白90%），使标定板的板面垂直于地面用于承接激光雷达的发射信号。

（2）在一定距离间选取 $n$ 个距离值分别测量角点数据（指车体坐标系下的三维数据），以获取 $n$ 组数据（需要多次变换标定板位置和角度）。

（3）对激光雷达所采集的数据进行计算并转换，拼接多台激光雷达，即可实现对激光雷达的标定。

## 三、激光雷达工作原理

### 1. 测量原理

激光雷达主要采用飞行时间（Time of Flight，TOF）测距，即利用激光雷达异步收发系统测得往返的飞行时间来测量节点间的距离。如图3-5所示，发射器发射一个激光脉冲，并由计时器记录下发射的时间，返回光经接收器接收，并由计时器记录下返回的时间。两个时间相减即得到了光的"飞行时间"，而光速是一定的，因此在已知速度和时间后很容易计算出距离，即 $D = c \cdot t/2$。由于是利用光速测距，因此TOF激光雷达的探测精度很高。

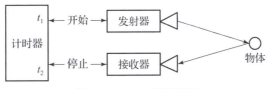

图3-5 TOF测距原理

TOF核心组件主要有VCSEL、单光子雪崩光电二极管SPAD，以及时间数字转换器（Time-to-Digital Converter，TDC）。直接飞行时间（Direct Time of Flight，DTOF）系统会在单帧测量时间内发射和接收 $N$ 次光信号，然后对记录的 $N$ 次飞行时间做直方图统计，其中出现频率最高的飞行时间用于计算目标距离。

由于在障碍物检测的过程中需要获取同一根雷达扫描线相邻两个点之间的关系以及同一水平角度相邻两根线的关系，因此需要对点的编号进行数据解析，以便准确地对所有点进行遍历。图3-6（a）所示为利用VeloView软件对单帧点云的显示，图3-6（b）所示为障碍物点云。

(a)

(b)

图3-6 基于VeloView软件的点云显示

(a) 单幅点云；(b) 障碍物点云

通过该软件进行数据分析发现，同一水平角度相邻的两根线对应的两个点的 id 号大部分是相邻的，因此可以首先获取点云的总数量，利用点云总体的点数除以雷达线数即可得到每一线对应的点数。理论上，一帧数据每一根线的扫描范围都应该是 0°~360°，利用点云线的排列顺序即可对上述要求点进行遍历。

**2. 算法**

障碍物检测方法主要基于高度差。由于在点云中直接进行计算会因计算量过大而造成检测效果不好，因此正障碍物检测主要基于二维栅格地图进行。

图 3-7 所示为正常的二维栅格地图，图中点的集合即表示正障碍物。该二维栅格地图表示的是 70 m×40 m 的实际尺寸，其中 70 m 表示的是纵向距离，即车辆前方 50 m 和车辆后方 20 m；40 m 表示的是横向尺寸，即车辆左右各 20 m。激光雷达点云的分布密度随着检测距离增大而变小。

为了对栅格地图进行高度差比较，需要统计栅格中所有点的最小高度值，并将其赋给该栅格。同时将该栅格内的点与最小的高度值进行差值计算，根据数据分析以及经验值设置相应的阈值，一旦差值大于某个阈值的点数多于 5，则认为该栅格为障碍物，赋予其相应的标识值。

## 四、典型激光雷达介绍

目前主流的激光雷达品牌有 Velodyne（美国）、速腾聚创（中国）、禾赛科技（中国）等。如图 3-8 所示，Velodyne 公司的产品主要应用于无人驾驶环卫车、高精度地图绘制以及智能汽车解决方案。2020 年，Velodyne 公司又推出了高分辨率远程激光雷达 Alpha Puck、宽视角短程激光雷达 VelaDome、高性能固态激光雷达 Velarray 等产品。

图 3-7　正常的二维栅格地图

图 3-8　Velodyne 激光雷达

速腾聚创 RoboSense( ) 是我国较有代表性的激光雷达系统科技企业，如图 3-9 所示，其产品主要应用于搭载了 ADAS 的乘用车、商用车、物流车、机器人，使用场景为公共智慧交通、车路协同等。

禾赛科技同样是我国传感器企业的后起之秀，主要聚焦在 3D 传感器（激光雷达）的研发及制造，其主要产品如图 3-10 所示。

图 3-9　速腾聚创激光雷达

图 3-10　禾赛科技激光雷达

这里以速腾聚创的 RS-LiDAR-32 为例，介绍激光雷达的数据解析。激光雷达与计算机之间的通信采用以太网为介质，使用 UDP。UDP 数据包长度为 1 290 B，其中 1 248 B 为有效字节，其余 42 B 为 UDP 封包开支。数据包示意图如图 3-11 所示，帧头（Header）共 42 B，用于识别出数据的开始位置。在 Header 的 42 B 数据中有 8 B 用于数据包头的检测，剩下 34 B 中，21～30 B 存储时间戳，其余作预留处理；数据块区间是包中传感器的测量值部分，共 1 200 B。数据块区间由 12 个 data block 组成，每个 block 长度为 100 B，代表一组完整的测距数据。data block 中 100 B 包括 2 B 的标志位，使用 0xFFEE 表示；2 B 的 Azimuth，表示水平旋转角度信息。每个角度信息对应着 32 个 channel data，每个 channel data 大小为 3 B，其中高位的 2 B 用于距离信息存储，低位 1 B 用于存储反射率信息。帧尾（Tail）长度为 6 B，4 B 为预留信息，剩下的 2 B 为固定值 0x00，0XFF。

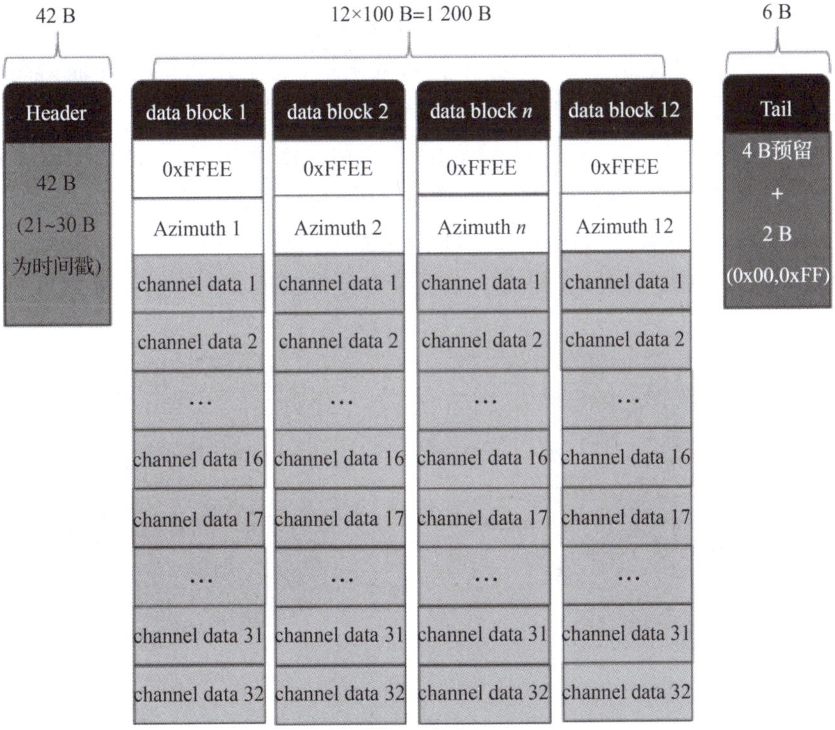

图 3-11　RS-LiDAR-32 数据包示意

32 组 channel data 对应 32 个激光雷达发射和接收器的数据，则每个 channel 对应的垂直角度出厂时可知，再由返回数据中的角度和距离值，可以得到每个激光雷达点在激光雷达坐标系中的坐标值 $X_i$，进而可以得到扫描一周的所有点组成的点云数据。

# 任务三　毫米波雷达技术与应用

## 一、毫米波雷达概述

毫米波雷达是指工作频率在 30~300 GHz（波长为 1~10 mm）的雷达。其波束窄、角分辨率高、频带宽、隐蔽性好、抗干扰能力强、体积小、质量轻，最大的优点是可测距离远。与激光雷达相比，具有对烟、尘、雨、雾良好的穿透性，不受雨雪等恶劣天气的影响，抗环境变化的能力强。虽然毫米波在传输过程中存在能量损失现象，但仍能满足在车载条件下前方车辆检测的要求。同时，毫米波雷达因相对于其他传感器具有体积小等优势，得到了广泛应用。

基于毫米波雷达在车辆检测方面的优势，国外许多公司都加大了对车载毫米波雷达的研发力度，成功研制出多款车载毫米波雷达，图 3-12 所示为博世公司和电装公司的毫米波雷达。

百度百科
毫米波雷达
专业术语定义

博世公司采用 SiGe 技术研发了远程毫米波雷达，该毫米波雷达可检测距离为 0.5~250 m，检测角度在 30 m 处为 30°。SiGe 技术最大的优势是大大降低了车载雷达的成本。博世公司对配备两个毫米波雷达的车辆进行试验，发现在曲率半径为 35 m 的道路上，SiGe 技术仍可准确地识别前方车辆，从而提高了毫米波雷达在急转弯时的检测精度，可更加准确地捕捉到路边的护栏等信息。

电装公司同样研制出了一款高性能毫米波雷达，该毫米波雷达的检测距离为 0.5~205 m，广度为正前方 36°，探测范围达到 35 m（横向）。即使是在高速行驶时，更深的纵向探测距离也可以保证搭载自适应巡航系统的车辆能够与前车保持一个恒定的安全距离，而更广的横向探测范围能够使驾驶员在弯道、十字路口等事故高发区提前做出反应。

（a）

（b）

图 3-12　毫米波雷达产品
（a）博世公司的毫米波雷达；（b）电装公司的毫米波雷达

## 二、毫米波雷达分类

在智能汽车领域，当前毫米波雷达根据频段主要分为 24 GHz、77 GHz 和 79 GHz 这几种，不同频段的毫米波雷达具有不同的性能，成本也有所不同。

**1. 24 GHz 毫米波雷达**

24 GHz 毫米波雷达为短距离的毫米波雷达。由于雷达信号的频率低，导致雷达的检测距离有限，因此常用于检测近处的障碍物（车辆）。其通常安装在车辆四个角的位置，能实现的 ADAS 功能有盲点检测、变道辅助等；在智能汽车中常用于感知车辆近处的障碍物，为换道决策提供感知信息。

**2. 77 GHz 毫米波雷达**

77 GHz 毫米波雷达为长距离的毫米波雷达。性能良好的 77 GHz 毫米波雷达可以检测到前方 200 m 左右的距离，所以这种雷达也经常被安装在车辆前保险杠的位置处，并且正对着车辆的前进方向。这种长距离的雷达能够实现紧急制动、高速公路跟驰等 ADAS 功能；同时也能满足智能汽车领域对障碍物距离、速度和角度的测量需求。

**3. 79 GHz 毫米波雷达**

79 GHz 和 77 GHz 毫米波雷达大致相同，也属于长距离的毫米波雷达。根据光速 = 波长 × 频率，频率越高的毫米波雷达，其波长越短，则分辨率越高；而分辨率越高，意味着在距离、速度、角度上的测量精度越高。因此，79 GHz 毫米波雷达在未来的发展中将受到更多的关注。

## 三、毫米波雷达工作原理

**1. 毫米波雷达测距原理**

毫米波雷达能够实现测距、测速、测方位角等功能。毫米波雷达的测距原理如下。

（1）毫米波雷达发射波为高频连续波，其频率随时间按一定规律变化。

发射波为高频连续波，其频率随时间规律变化。一般为锯齿形、三角形，这里介绍的是锯齿形发射波，其基本组成称为线性调频信号，其频率随着时间的增加而线性增加，其振幅 – 时间（$A-t$）、频率 – 时间（$f-t$）变化关系如图 3 – 13、图 3 – 14 所示。

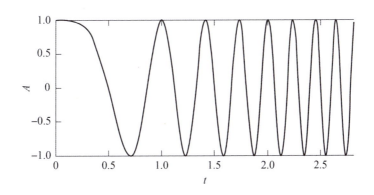

图 3 – 13　调频连续波的 $A-t$ 变化关系

图 3 – 14 中 $B$ 表示带宽，$S$ 表示直线的斜率；$f_c$ 为信号频率，$T_c$ 为调频周期；$T_x$ ant. 指发射天线，$R_x$ ant. 指发射天线。

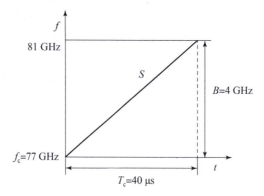

图 3 – 14　调频连续波的 f – t 变化关系

（2）发射波遇到物体后反射，接收器接收到反射波。
①信号发生器生成线性调频信号。
②发射天线发射信号 $T_x$。
③接收天线接收反射回来的信号 $R_x$。
④经过合成器，得到发射信号与接收信号之间的差值信号 IF signal。合成过程如图 3 – 15 与图 3 – 16 所示。

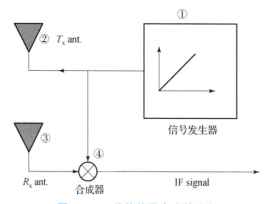

图 3 – 15　差值信号产生的流程

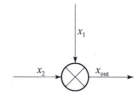

图 3 – 16　合成器的工作原理

其中

$$x_1 = \sin(w_1 t + \varphi_1) \tag{3.1}$$

$$x_2 = \sin(w_2 t + \varphi_2) \tag{3.2}$$

$$x_{out} = \sin(w_1 t + \varphi_1) - \sin(w_2 t + \varphi_2) \tag{3.3}$$

(3) 信号从发射到接收存在一定的时间间隔，根据这个时间间隔，得到频率差值信号 IF signal。

雷达到障碍物之间有一定的距离，即从信号发射到返回接收有一定的距离，这个距离就产生了接收时间差值 $\tau = 2d/c$，其中，$d$ 为雷达到障碍物的距离；$c$ 为光速。

将发射和接收信号放在一个图里面，就得到图 3-17。从图 3-17 中可以看出，接收信号与发射信号相同，只是延迟了时间。接收信号与发射信号经过合成器得到差值信号 IF signal，其频率为 $f = s \cdot \tau$，$s$ 为线性调频信号的斜率，$s = B/T_c$。

由 $\tau = 2d/c$，$f = s \cdot \tau$，$s = B/T_c$ 可以得出障碍物的距离 $d$ 与 IF signal 信号频率之间的关系式：$d = f \cdot c \cdot T_c / (2B)$。所以分析出频率 $f$，就可以得到距离 $d$。

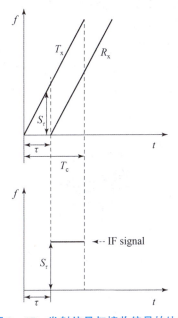

图 3-17 发射信号与接收信号的比较

(4) 对频率差值信号进行 FFT 变换，得到对应的频谱。频谱峰值处的频率 $f$ 和距离 $d$ 具有对应关系，进而得到距离 $d$。

**2. 毫米波雷达测速原理**

毫米波雷达测速所依赖的原理为多普勒效应，当发射的电磁波和被探测目标有相对移动时，回波的频率与发射波的频率不同，通过检测两者频率差可以测得目标相对于雷达的移动速度。

多普勒雷达的测速数学表达式为

$$f_0' = f_0 + \frac{2V_R}{a} f_0 \tag{3.4}$$

式中，$f_0'$ 为反射波频率；$f_0$ 为雷达波的发射频率；$V_R$ 为运动物体的径向速度分量；$a$ 为毫米波在空气中的传播速度。

经过数学变换可以得到多普勒频移为

$$f_d = f_0' - f_0 = \frac{2V_R}{a} f_0 \tag{3.5}$$

式中，$f_d$ 为多普勒频移。

可以得到运动物体径向速度分量的数学表达式为

$$V_R = \frac{c}{2f_0} \cdot f_d \tag{3.6}$$

可以看出，运动物体的径向速度分量仅与多普勒频移相关，如果能够得到多普勒频移就可以计算出物体的运动速度。

### 四、典型毫米波雷达介绍

毫米波雷达能够测量距离、速度以及方位角，但需要对雷达采集到的数据进行提取、处理分析才能够得到有效的目标值。本节以德尔福公司（Delphi）的 ESR 毫米波雷达为例，介绍如何进行毫米波雷达的数据提取及处理。

德尔福公司用于探测障碍物的 ESR 毫米波雷达在其视域内可同时检测 64 个目标。该雷达发射波段为 76~77 GHz，同时具有中距离和远距离的扫描能力。图 3-18 所示为 ESR 毫米波雷达的针脚。表 3-5 对 ESR 毫米波雷达的相关针脚进行了详细说明。

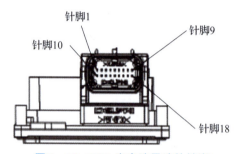

图 3-18　ESR 毫米波雷达的针脚

表 3-5　ESR 毫米波雷达的针脚说明

| 针脚数 | 针脚名称 |
| --- | --- |
| 1 | BATT（电源） |
| 3 | GND（地） |
| 7 | VCANL（车辆） |
| 8 | VCANH（车辆） |
| 9 | PCANL（专用 CAN 接口） |
| 10 | IGN（点火） |
| 18 | PCANH（专用 CAN 接口） |

针脚 7 和 8 与车辆 CAN 总线相连，针脚 7 是 CAN 低线，针脚 8 为 CAN 高线。ESR 毫米波雷达通过车辆总线获得车辆的速度、横摆角速度、方向盘等输入信息，ESR 毫米波雷达输出信息为检测到的目标信息，如距离、相对速度等，通过针脚 9（CAN 低线）、18（CAN 高线）输出。

ESR 毫米波雷达的扫描范围如图 3-19 所示。

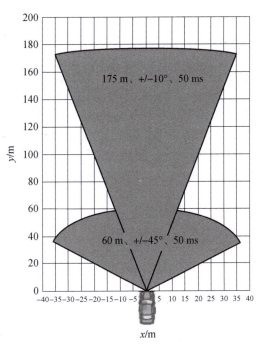

图 3-19　ESR 毫米波雷达的扫描范围

ESR 毫米波雷达的具体参数如表 3-6 所示。

表 3-6　ESR 毫米波雷达的具体参数

| 参数 | 长距离 | 中距离 |
|---|---|---|
| 系统特性<br>　□ 频段<br>　□ 尺寸大小 | 76~77 GHz<br>130 mm × 90 mm × 39 mm ($w × h × d$) | |
| 刷新率 | 50 ms | 50 ms |
| 可检测的目标数 | 通过长距离和中距离目标的合并，总共 64 个目标 | |
| 覆盖范围<br>　□ 检测距离<br>　□ 距离<br>　□ 相对速度<br>　□ 水平视角 | 100 m(0 dBsm)<br>1~175 m<br>-100~+25 m/s<br>±10° | 50 m(0 dBsm)<br>1~60 m<br>-100~+25 m/s<br>±45° |
| 精确度<br>　□ 距离<br>　□ 相对速度<br>　□ 角度 | ±0.5 m<br>±12 m/s<br>±0.5° | ±0.25 m<br>±0.12 m/s<br>±0.1° |

德尔福公司的 ESR 前向毫米波雷达部分 CAN 消息的详细定义如表 3-7 所示，其中 0x4F0 为毫米波雷达的接收消息，主要包括车辆车速、横摆角速度等输入信息，0x500~0x53F 为毫米波雷达的输出消息，主要包括目标的距离、方位角和速度等信息。ESR 毫米

波雷达输出消息的周期为 50 ms，最多输出 64 个目标信息。图 3-20 为毫米波雷达的工作示意。

表 3-7 ESR 前向毫米波雷达部分 CAN 消息的详细定义

| 标识符 (Ident) | 通信报文 (Message) | 信号起始位 (Start Bit) | 长度 (Length) | 描述 (Description) | 标识符数值范围 (Range) | 单位 (Units) | 缩放因子 (Scaling) | 默认值 (Default) | 周期时间 (Cycle Time) |
|---|---|---|---|---|---|---|---|---|---|
| 4F0 | CAN_RX_VEHICLE_SPEED | 13 | 11 | Host Vehicle Speed 表示主车车速 (+) = Positive 表示速度数值大于 0，车辆向前移动 | 0 ~ 127.9375 | m/s | 0.0625 | 0 | 20 ms |
| 4F0 | CAN_RX_VEHICLE_SPEED_DIRECTION | 12 | 1 | Host Vehicle Direction 表示主车行驶方向 0 = Forward 表示车辆的前进方向 1 = Reverse 表示车辆的倒车方向 | 0 ~ 1 | — | 1 | 0 | 20 ms |
| 4F0 | CAN_RX_YAW_RATE | 16 | 12 | Vehicle Yaw Rate 表示车辆横摆角速度 (+) = Clockwise 表示当横摆角速度为正数时，车辆是在顺时针方向旋转；当横摆角速度为负数，车辆是在逆时针方向旋转 | -128 ~ 127.9375 | (°)/s | 0.0625 | 0 | 20 ms |
| 4F0 | CAN_RX_YAW_RATE_VALIDITY | 31 | 1 | Vehicle Yaw Rate Validity 表示车辆横摆角速度数据的有效性 0 = No vehicle yaw rate or invalid 表示没有检测到车辆的横摆角速度，或者检测到的横摆角速度数据是无效的 1 = Vehicle yaw rate available and valid 表示车辆的横摆角速度数据是可用的并且是有效的。 | 0 ~ 1 | — | 1 | 0 | 20 ms |
| 4F0 | CAN_RX_STEERING_ANGLE | 51 | 11 | Steering Angle 表示方向盘相对于中心位置的旋转角度 0 = Steering wheel centered 表示方向盘处于中心位置，也就是说方向盘没有向左或向右旋转 | 0 ~ 2047 | (°) | 1 | 0 | 20 ms |

续表

| 标识符<br>(Ident) | 通信报文<br>(Message) | 信号起始位<br>(Start Bit) | 长度<br>(Length) | 描述<br>(Description) | 标识符数值范围<br>(Range) | 单位<br>(Units) | 缩放因子<br>(Scaling) | 默认值<br>(Default) | 周期时间<br>(Cycle Time) |
|---|---|---|---|---|---|---|---|---|---|
| 4F0 | CAN_RX_STEERING_ANGLE_SIGN | 46 | 1 | Steering Angle Sign 表示方向盘旋转方向指示<br>0 = Steering wheel velocity left (Counterclockwise) 表示方向盘正在以逆时针方向旋转, 这通常对应于向左转动方向盘的动作<br>1 = Steering wheel velocity right (Clockwise) 表示方向盘正在以顺时针方向旋转, 这通常对应于向右转动方向盘的动作 | 0~1 | — | 1 | 0 | 20 ms |
| 4F0 | CAN_RX_STEERING_ANGLE_RATE | 56 | 11 | Steering Angle Rate 表示方向盘旋转速度 | 0~2047 | deg/s | 1 | 0 | 20 ms |
| 4F0 | CAN_RX_STEERING_ANGLE_RATE_SIGN | 30 | 1 | Steering Angle Rate Sign 表示方向盘转动方向参数指示<br>0 = Left turn(Counterclockwise) 表示方向盘的转动方向是向左, 即逆时针方向<br>1 = Right turn (Clockwise) 表示方向盘的转动方向是向右, 即顺时针方向 | 0~1 | — | 1 | 0 | 20 ms |
| 4F0 | CAN_RX_STEERING_ANGLE_VALIDITY | 47 | 1 | Steering Angle Validity 表示方向盘角度传感器数据可用性和有效性<br>0 = No steering angle sensor or invalid 表示没有方向盘角度传感器, 或者传感器提供的数据是无效的<br>1 = Steering angle sensor data available and valid 表示方向盘角度传感器的数据是可用的并且是有效的 | 0~1 | — | 1 | 0 | 20 ms |

续表

| Ident 标识符 | Message 通信报文 | Start bit 信号起始位 | Length 长度 | Description 描述 | Range 标识符数值范围 | Units 单位 | Scaling 缩放因子 | Default 默认值 | Cycle Time 周期时间 |
|---|---|---|---|---|---|---|---|---|---|
| 500 ~ 53F | CAN_TX_ TRACK_ RANGE | 24 | 11 | Rangege 表示传感器检测到的物体与传感器之间的距离<br>（+）= away from sensor 表示距离是正值，即物体位于传感器的正前方，并且雷达传感器越来越远。这里的"（+）"符号强调的是距离的增加，表示物体正在远离传感器<br>set at 204.7 if >204.7 表示如果检测到的距离超过 204.7 m（具体取决于传感器的测量单位），则将距离值设置为 204.7 m | 0 ~ 204.7 | m | 0.1 | 0 | 50 ms |
| 500 ~ 53F | CAN_TX_ TRACK_ RANGE_ RATE | 56 | 14 | Range Rate 表示物体相对于传感器移动的速度<br>（+）= away from sensor 表示当 Range Rate 为正值时，物体正在远离传感器。也就是说，物体与传感器之间的距离在增加<br>set at 81.91 if >81.91 表示如果 Range Rate 的值超过 81.91 m/s，则将该值设置为 81.91<br>set at -81.92 if <-81.92 表示当 Range Rate 的值低于 -81.92 m/s 时，将其设置为 -81.92 m/s | -81.92 ~ 81.91 | m/s | 0.01 | 81.91 | 50 ms |
| 500 ~ 53F | CAN_TX_ TRACK_ ANGLE | 19 | 10 | Azimuth 表示方位角<br>0 = toward front of vehicle parallel to vehicle centerline 表示方位角为零度时，目标或物体位于车辆正前方，并且与车辆的中心线平行<br>（+）= clockwise 表示当方位角为正值时，目标或物体相对于车辆中心线顺时针方向<br>set at 51.1 if >51.1 表示如果测量的方位角超过 51.1°，那么该值将被设置为 51.1°<br>set at -51.2 if <-51.2 表示如果测量的方位角低于 -51.2°，那么该值将被设置为 -51.2° | -51.2 ~ 51.1 | ° | 0.1 | 0 | 50 ms |

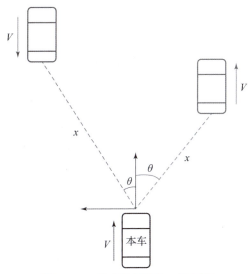

图 3-20　毫米波雷达的工作示意

接下来以毫米波雷达输出数据中代表目标的距离、角度、速度的数据解析为例,介绍毫米波雷达数据的解析过程。ESR 毫米波雷达检测目标消息(0x500~0x53F)的具体格式如图 3-21 所示,CAN_TX_TRACK_ANGLE(蓝色)表示角度值,CAN_TX_TRACK_RANGE(浅绿)代表距离值,CAN_TX_TRACK_RANGE_RATE(鲜绿)代表速度值。

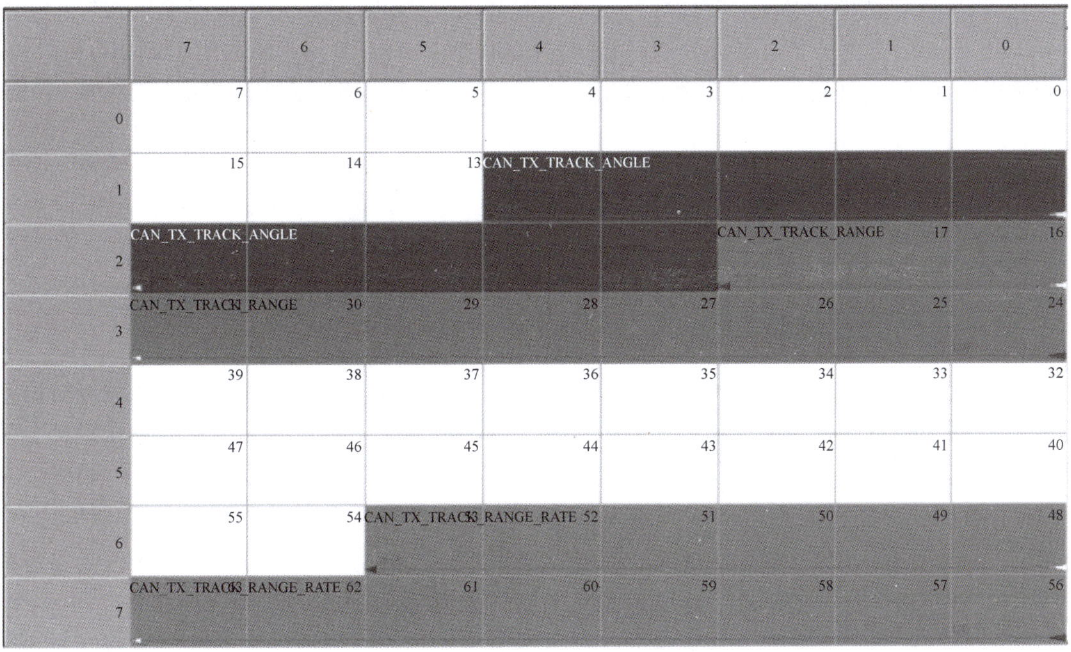

|   | 7 | 6 | 5 | 4 | 3 | 2 | 1 | 0 |
|---|---|---|---|---|---|---|---|---|
| 0 | 7 | 6 | 5 | 4 | 3 | 2 | 1 | 0 |
| 1 | 15 | 14 | 13 CAN_TX_TRACK_ANGLE | | | | | |
| 2 | CAN_TX_TRACK_ANGLE | | | | | CAN_TX_TRACK_RANGE | 17 | 16 |
| 3 | CAN_TX_TRACK_RANGE | 30 | 29 | 28 | 27 | 26 | 25 | 24 |
| 4 | 39 | 38 | 37 | 36 | 35 | 34 | 33 | 32 |
| 5 | 47 | 46 | 45 | 44 | 43 | 42 | 41 | 40 |
| 6 | 55 | 54 | 53 CAN_TX_TRACK_RANGE_RATE 52 | | 51 | 50 | 49 | 48 |
| 7 | CAN_TX_TRACK_RANGE_RATE 62 | | 61 | 60 | 59 | 58 | 57 | 56 |

图 3-21　ESR 毫米波雷达检测目标消息的具体格式(附彩插)

当 ESR 毫米波雷达没有检测到目标时,0x500~0x53F 默认输出数据为 00 00 00 00 00 00 1F FF(十六进制)。如果毫米波雷达检测到目标,如 0x50E 的输出数据为 00 84 C0 48 87 FF 03 EA,则可根据数据协议对数据进行解析,得到毫米波雷达检测的第 15 个目标的距离、角度和速度。解析如表 3-8 所示,首先转换十六进制数为二进制数填入表格。

表 3-8  ESR 毫米波雷达的解析数据

| 字节 | 位 | | | | | | | |
|---|---|---|---|---|---|---|---|---|
| | 7 | 6 | 5 | 4 | 3 | 2 | 1 | 0 |
| 0 | 0 | 0 | 0 | 0 | 0 | 0 | 0 | 0 |
| 1 | 1 | 0 | 0 | 0 | 0 | 1 | 0 | 0 |
| 2 | 1 | 1 | 0 | 0 | 0 | 0 | 0 | 0 |
| 3 | 0 | 1 | 0 | 0 | 1 | 0 | 0 | 0 |
| 4 | 1 | 0 | 0 | 0 | 0 | 1 | 1 | 1 |
| 5 | 1 | 1 | 1 | 1 | 1 | 1 | 1 | 1 |
| 6 | 0 | 0 | 0 | 0 | 0 | 0 | 1 | 1 |
| 7 | 1 | 1 | 1 | 1 | 1 | 0 | 1 | 0 |

分别按照图 3-21 选取距离、方位角和速度所占用各字节的位整理成相应的二进制数，再转换为十进制数并乘以系数得到第 15 个目标的方位角、距离和速度数值。如方位角占位包括第 1 个字节的后（低）5 位和第 2 个字节的前（高）5 位，所形成的二进制为 0010011000，转换为十进制 152，再乘以比例因子 0.1，即目标与毫米波纵向轴线的夹角为顺时针 15.2°；距离占位包括第 2 个字节的后 3 位和第 3 个字节，所形成的二进制为 00001001000，转换为十进制 72，再乘以比例因子 0.1，即目标与毫米波的直线距离为 7.2 m；速度占位包括第 6 个字节的后 6 位和第 7 个字节，所形成的二进制为 00001111101010，转换为十进制 1002，再乘以比例因子 0.01，即目标远离毫米波雷达（即本车）的相对速度为 10.02 m/s。

## 任务四  超声波雷达技术与应用

### 一、超声波雷达概述

超声波的概念源于蝙蝠，蝙蝠以脉冲的形式发出超声波，通过接收反射的回波进行回声定位，从而判断自己在周围环境中所处的位置。超声波属于一种机械波，它能够在多种介质中传播，其频率处于 20 kHz 以上，一般情况下为 40 kHz。人耳所能听到的声音的频率处于 20 Hz~20 kHz 之间，因此超声波处于人耳所不能识别的频率段，虽然频率比正常声音高，本质上还是声波的一种。超声波通常以纵波的形式向四周传播，因其波长短，所以具备良好的束射特性及指向性，能够在一定空间里沿着直线扩散。

20 世纪 60 年代，托尼·海斯在进行超声波应用于盲人引导设备的研究时发现，超声波技术很适合应用于汽车倒车辅助（RCA）功能。虽然这一提议被英国捷豹当时的高管否定，但可视为超声波雷达成为车载传感器的开端。超声波感知具备测距精度高、技术成熟度高、成本低的优势，但一直用于短距离场景，探测距离短，无法做物体分类。在乘用车的应用方面，近年来逐步从倒车辅助向自动泊车、盲区监测（并线辅助）功能延伸。超声波传感器内部组成结构如图 3-22 所示。

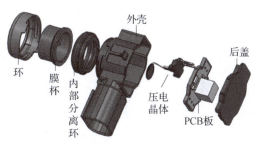

图 3-22　超声波传感器内部组成结构

超声波传感器近年来还被用于低成本的舱内监控，隐藏式的超声波传感器可嵌入在轮罩内（特斯拉采用了类似方案并申请专利），具有车侧报警的功能。

## 二、超声波雷达工作原理

超声波在传播时，遇到固体表面能够实现全反射。用于泊车的超声波传感器则是利用超声波的反射性来对周围环境进行探测。超声波在传播过程中会产生衰减，传播的距离越远，衰减越严重，因此应选取一种合理的探测方法来尽量减小测距误差。当前，超声波测距方法主要有幅值检测法、相位检测法和时间渡越检测法。

1）幅值检测法

幅值检测法利用超声波传播过程中成比例衰减的特点，可以通过检测发送和接收的超声波振幅的差值来计算物体的距离。但是这种方法测量的数据准确性不高，存在很大误差，且受环境影响较大。

2）相位检测法

相位检测法通过计算发射和接收之间正弦信号的相位差值来测量距离。该方法较幅值检测法测量精度高，但计算烦琐且检测范围有限，同时实时性也得不到保障。

3）时间渡越检测法

时间渡越检测法通过测量发射声波到接收回波的时间差，结合超声波传播速度，计算距离的一种方法。该方法精度高且实现容易。多数情况下，采用时间渡越检测法用于超声波雷达的合理测距。

如图 3-23 所示，超声波测距原理通过传感器对周围空间发射超声波并开始计时，当前方出现障碍物时，超声波一旦触碰到障碍物就会反射回波到传感器的接收装置，传感器接收信息并停止计时，据此时间差计算前方障碍物的距离。超声波的传播速度与传播介质的温度有很大关系，温度每升高 1 ℃，超声波的传播速度随之增加 0.6 m/s，相比温度对传播速度的影响，其他因素可忽略不计。声速与温度对照关系如表 3-9 所示。

图 3-23　超声波传感器测距原理示意

表 3-9 声速与温度对照关系

| 温度/℃ | -30.0 | -20.0 | -10.0 | 0 | 10.0 | 20.0 | 30.0 | 40.0 |
|---|---|---|---|---|---|---|---|---|
| 声速/(m·s$^{-1}$) | 313.1 | 318.9 | 325.2 | 332.1 | 337.8 | 344.3 | 349.0 | 385.9 |

超声波的传播速度在相当大的频率范围内是不变的，且在相同的传播介质中，传播速度是一样的。在空气这个传播介质中，声速可近似表示为

$$b \approx 331.4\sqrt{1+\frac{\theta}{273.16}}$$

式中，$\theta$ 为空气温度。

$\Delta t$ 为传感器中控制器记录的超声波从发出到被接收的时间差，通过式（3.7）可计算障碍物和传感器间的距离值 $s$，即

$$s = b\frac{\Delta t}{2} \tag{3.7}$$

车辆在行驶时，超声波传感器对障碍物的测量方式如图 3-24 所示。车辆在一个采样时间内行驶的距离记为 $m$，车辆平均行驶速度记为 $v$，车辆与障碍物的垂直距离记为 $d$，由此可得式（3.8）。

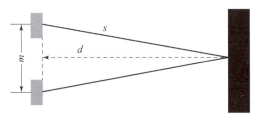

图 3-24 超声波传感器对障碍物的测量方式

$$\begin{cases} m = v \cdot \Delta t \\ d = \sqrt{s^2 - \left(\frac{m}{2}\right)^2} \end{cases} \tag{3.8}$$

因为车辆的行驶速度远低于声波的传播速度，$m$ 的值可忽略不计，所以，

$$d \approx s = \frac{1}{2}c \cdot \Delta t \tag{3.9}$$

### 三、超声波雷达应用场景

常见的超声波雷达有两种。一种安装在汽车前后保险杠上，用于测量汽车前后障碍物的倒车雷达（见图 3-25），这种雷达一般称为 UPA 雷达，探测距离为 15~250 cm。另一种安装在汽车侧面，用于测量侧方障碍物距离的超声波雷达，一般称为 APA 雷达，探测距离为 30~500 cm。由于 APA 雷达的探测范围比 UPA 雷达更大，所以 APA 雷达的成本更高，功率也更大。如图 3-26 所示，图 3-25 中的汽车前后向共配备了 8 个 UPA 雷达，左右侧共配备了 4 个 APA 雷达。

图 3-25 安装在车前部的 UPA 雷达

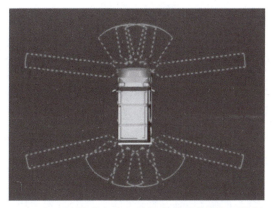
图 3-26 安装在汽车上的超声波雷达的探测范围

# 任务五　视觉环境感知技术与应用

## 一、车载视觉传感器概述

视觉是人类驾驶员获取外界信息的主要来源，同理，视觉传感器也是智能汽车传感器配置中不可缺少的一部分。特斯拉曾表示它们的智能汽车只使用视觉传感器，也可达到多传感器融合的效果。随着人工智能技术的不断进步，涌现出了大量基于图像感知的算法，加之视觉传感器的成本比激光雷达等传感器低很多，所以视觉传感器在智能汽车传感器赛道也占有一席之地。

车载视觉传感器起源于生理视觉，是基于机器视觉的理论知识，并结合光学、微电子技术、计算机技术等知识及车辆运动的特点而形成的。在智能汽车上，车载视觉感知技术是智能汽车技术的重要组成部分，是未来智能汽车技术的发展重点之一。

视觉感知技术的主要功能如下。

1）获取周围的环境信息

图像中包含丰富的环境信息和色彩信息，基于视觉的感知，其主要目的就是从这些图像中发掘出周围的环境信息。

2）使用双目视觉系统获取场景中的深度信息

单目摄像头或相机可以获取丰富的环境信息，但是很难获取图像中的距离信息。双目摄像头的仿造人眼原理可以获取图像中的深度信息，从而帮助智能汽车探索障碍物和可通行区域。

3）进行物体检测与识别

在众多视觉算法的辅助下，视觉传感器可对图像中的物体进行检测和识别，如图片中哪些是车辆，哪些是行人，哪些是信号灯。

4）进行物体追踪

视觉传感器可以利用多帧图像进行物体速度和位置的检测，实现物体的跟踪。

5）同步地图构建和定位技术

同步地图构建和定位（Simultaneous Localization and Mapping，SLAM）技术。可以预见的是，随着机器视觉技术的不断发展，该技术将在智能汽车等领域得到更加广泛的应用。

## 二、视觉传感器分类及使用

**1. 车载视觉传感器分类**

车载视觉传感器通常是指车载摄像头，根据安装位置的不同，可分为前视、环视、侧视、后视和内视五大类。前视摄像头包括单目、双目和多目类型，能够实现前向碰撞预警（FCW）、ACC、AEB、车道偏离预警（LDW）、交通标志识别（TSR）等功能；侧视摄像头又分为前侧视和后侧视两种，其中前侧视摄像头能够参与交通标志识别（TSR）；环视摄像头一般为4个，装配于车辆四周，能够实现道路感知和全景泊车辅助（SVC）；后视摄像头主要用于泊车辅助（PA）；内视摄像头安装于车内驾驶座位前方，实现疲劳预警、乘客监测等功能。

目前各种车载摄像头都已经广泛应用在ADAS中，表3-10所示为车载摄像头在ADAS中的应用。

表3-10　车载摄像头在ADAS中的应用

| ADAS | 使用摄像头种类 | 具体功能介绍 |
| --- | --- | --- |
| 车道偏离预警系统 | 前视 | 当摄像头检测到车辆即将偏离车道发出警报 |
| 全自动泊车辅助系统 | 后视 | 利用后视摄像头将车尾影像显示在驾驶舱内 |
| 全景泊车系统 | 环视、前视、后视 | 利用图像拼接技术将影像组成周边全景图 |
| 驾驶员疲劳驾驶预警系统 | 内视 | 利用内置摄像头检测驾驶员是否疲劳、闭眼等 |
| 行人碰撞预警系统 | 前视 | 当前视摄像头检测到车辆与前方行人可能发生碰撞时发出警报 |
| 车道保持辅助系统 | 前视 | 当前视摄像头检测到车辆偏离车道时发出预警，并纠正行驶方向 |
| 交通标志识别系统 | 前视 | 利用前视摄像头识别前方和两侧的交通标志 |
| 前向碰撞预警系统 | 前视 | 当摄像头检测到与前车距离小于安全车距时预警 |

**2. 车载视觉传感器的特点及要求**

视觉传感器是目前无人驾驶中研究和应用最广泛的传感器，其利用了光学成像原理，光线透过摄像头镜头后，被感光元器件捕获，最后形成图像。相比于雷达类传感器，视觉传感器的主要优势是成本低、成像像素高、刷新频率快，并且能获取图像色彩信息，近年来，基于图像的物体检测和识别技术已经相当成熟。无人驾驶车上一般会安装多个摄像头，以对应不同的视角和任务。

在智能汽车领域，车载视觉传感器需满足车辆的行驶环境和车辆自身行驶状况的要求。影响车载视觉传感器工作的主要因素如下。

1）天气变化

天气变化将直接影响对应场景的光线强度，光线亮度高时，光源角度直射和物体的反光都会引起摄像头的过度曝光。光线过暗时，又会产生摄像头曝光不足，这些都会在摄像头获取的图像中产生无纹理的高光和低光区域。

2）车辆速度

车辆的运动速度和车载视觉图像的质量成反比。当运动速度比较快时，受摄像头拍摄帧频的限制，会在拍摄运动时产生模糊，失去纹理特征或产生错误纹理。而当车辆速度越快时，拍摄的图像质量就会越差，对视觉算法的要求也就越高。

3）车辆运动轨迹

车辆运动轨迹主要分成直线和曲线。当车辆轨迹为曲线时，由于车辆的惯性作用，车辆将会出现侧倾现象，使摄像头水平平面倾斜于水平地面，从而降低匹配重叠率，同时对特征形状造成影响。

4）车辆运动时的随机扰动

车辆在运动时，由于地面不平和高速运动产生的车辆颠簸抖动，也会使视觉图像产生运动模糊。

**3. 车载摄像头的安装**

摄像头的安装位置主要分为车内和车外。车辆一般行驶在室外，安装在车外的摄像头曝光度根据与环境的对照度进行调节即可。而安装在车内的摄像头可能会受到车内阴影的干扰，在拍摄外部环境图像时会产生过度曝光或曝光不足的现象。同时由于环境中的光照强度不均匀，图像中会出现低光或高光区域，如光斑等。

除安装位置外，摄像头的安装角度又可分为仰角和俯角。摄像头俯仰角越朝上，对比度越敏感，越容易出现过度曝光或曝光不足。当摄像头的视角平行于路面时，由于视觉图像中像素精度与距离成反比，容易导致图像的算法精度变低，因此为了保证摄像头尽可能准确地捕捉到道路信息，摒弃环境背景信息的干扰，摄像头在安装时通常与道路呈现一定的倾斜角度。车载摄像头安装和坐标系示意如图3-27所示。

图3-27 车载摄像头安装和坐标系示意

**4. 车载摄像图像的采集流程**

车载摄像头图像采集流程如图3-28所示。摄像头捕获图像后，会依次通过其内置的增益调节、亮度调节、Gamma调节、像素校正白平衡及先进先出（FIFO）队列，从而生成8 B或16 B的图像。

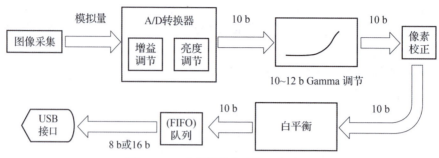

图 3-28　车载摄像头图像采集流程

### 三、彩色空间模型

摄像头采集的视觉信息集中在光线的亮度信息中，即黑白图像。对于彩色图像，可以通过变换彩色空间来进行调整。图像的彩色空间模型主要有三种，即 RGB 彩色空间模型、HSI（色调 Hue，饱和度 Saturation，亮度 Intensity）彩色空间模型和 HSV（色调 Hue，饱和度 Saturation，明度 Value）彩色空间模型。一般摄像头采集原始图像时使用 RGB 彩色空间模型，而在处理图像时则使用 HSI 彩色空间模型或 HSV 彩色空间模型。

1）RGB 彩色空间模型

任何色彩都可以由三种不同的基本色彩按不同的比例混合而得到，其表达式为

$$Y = aR + bG + cB \quad (3.10)$$

式中，$R$ 为红色分量；$G$ 为绿色分量；$B$ 为蓝色分量；$a$，$b$，$c$ 分别为各分量的权值；$Y$ 为合成后的色彩。

RGB 彩色空间模型是基于笛卡儿坐标系统的，其中每种色彩都出现在红、绿、蓝的原色光谱分量中。其彩色空间模型为如图 3-29 所示的立方体。图中，红、绿、蓝位于三个角上，青、品红和黄位于另外三个角上，黑色在原点处，而白色位于离原点最远的角上。灰度等级沿着这两点的连线分布。因此，不同的色彩处在立方体上或其内部，并可用从原点分布的向量来定义。为了方便起见，将色彩值都归一化至 0~1。

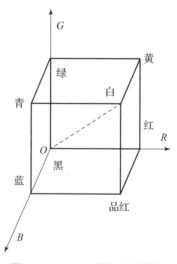

图 3-29　RGB 彩色空间模型

在数字图像处理技术和多媒体计算机技术中，RGB 彩色空间模型使用最多，但在该彩色空间模型中，彩色图像的三个分量不仅代表色彩，还代表着亮度。因此，$R$、$G$、$B$ 各分量间存在着很大的相关性。这种相关性意味着亮度的变化会导致 $R$、$G$、$B$ 各分量的变化，所以 RGB 彩色空间模型并不适用于彩色图像的精确分割。

2）HSI 彩色空间模型

由于亮度会对 RGB 彩色空间模型产生干扰，为了消除亮度的影响，需要对 RGB 模型进行转换，HSI 彩色空间模型就是其中的一种转换模型。HSI 彩色空间模型是从人的视觉系统出发的彩色模型，该模型可在彩色图像中从携带的彩色信息（色调、饱和度）里消除亮度分量的影响，使 HSI 模型成为开发基于彩色图像处理方法的理想工具。其彩色空间模型如图 3-30 所示。

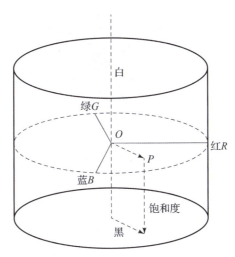

图 3-30　HSI 彩色空间模型

如图 3-30 所示，$P$ 为 HSI 彩色空间模型中任意一点，则该点的色调为原点 $O$（点 $P$ 的色彩横截面与垂直亮度轴的交点）到点 $P$ 的向量与 $R$ 轴的夹角，而饱和度（距垂直亮度轴的距离）为从原点 $O$ 到点 $P$ 的向量长度。HSI 彩色分量可由 RGB 彩色分量经过非线性变换得到。在每个 RGB 像素中，色调的分量都归一化至 0°~360°。其公式如下：

$$H = \begin{cases} \alpha, & B \leq G \\ 360° - \alpha, & B > G \end{cases} \qquad (3.11)$$

式中，$\alpha = \arccos\left(\dfrac{(1/2)[(R-G)+(R-B)]}{[(R-G)^2+(R-G)(G-B)]^{1/2}}\right)$。

将饱和度 $S$ 分量归一化至 0~1，可得

$$S = 1 - \dfrac{3}{R+G+B}[\min(R,G,B)] \qquad (3.12)$$

然后将亮度分量归一化至 0~1，则

$$I = \dfrac{R+G+B}{3} \qquad (3.13)$$

由于色调分量和亮度分量是完全分离的，结合式（3.13）可利用色调和亮度进行彩色识别能够很好地对感兴趣区域进行分割，但从 RGB 彩色空间模型至 HSI 彩色空间模型的转

换是一种非线性变换,会增加一定的系统处理时间;同时,当彩色图像接近于灰度图像时,色调信号是奇异的。另外,在 RGB 彩色空间模型中,将小变化的信号转换到 HSI 彩色空间模型时,色调信号可能会有较大变化,具有不稳定性。

3) HSV 彩色空间模型

HSV 彩色空间模型与 HSI 彩色空间模型类似,其彩色空间模型如图 3-31 所示。所谓色调,就是确定了色彩的种类,回答了是什么颜色的问题。所谓饱和度,就是确定了色彩的纯度。所谓亮度,就是确定了色彩的亮度情况。

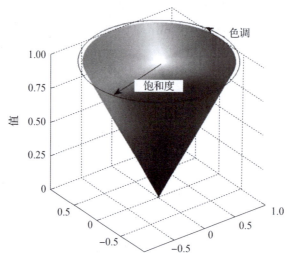

图 3-31　HSV 彩色空间模型

设 RGB 彩色空间中的某一种颜色为 ($r$, $g$, $b$),三个通道中最大值为 max,最小值为 min,该颜色在 HSV 空间中的表示为 ($h$, $s$, $v$),可以通过式(3.14)、式(3.15)计算:

$$v = \max$$

$$s = \begin{cases} 0, & \max = 0 \\ 1 - \dfrac{\min}{\max}, & 其他 \end{cases} \quad (3.14)$$

$$h = \begin{cases} 0, & \max = \min \\ 60° \times \dfrac{g-b}{\max - \min} + 0°, & \max = r, g \geq b \\ 60° \times \dfrac{g-b}{\max - \min} + 360°, & \max = r, b \\ 60° \times \dfrac{b-r}{\max - \min} + 120°, & \max = g \\ 60° \times \dfrac{b-r}{\max - \min} + 240°, & \max = b \end{cases} \quad (3.15)$$

## 四、基于视觉的环境感知技术应用

随着计算机视觉技术的发展,基于视觉的环境感知技术也得到广泛应用,其中主要包括车道线检测技术,交通信号灯检测技术,车辆、标志牌识别技术,多目标跟踪技术等。

**1. 车道线检测技术**

车道线是最基本的交通标志，也是汽车行驶的基本约束。由于车道线的特征比较简单和其在智能汽车中的重要作用，车道线检测技术也是最早研究的环境感知技术之一，目前关于车道线方面的研究成果也比较成熟。

目前车道线检测算法已经形成一套比较成熟的检测算法框架，其模块组成包括图像预处理、特征提取、模型匹配、直线筛选、帧间信息融合、实线与虚线检测。

1）图像预处理

图像预处理的主要目的是尽量消除图像中无关的信息，恢复有用的信息，在简化计算量的同时提升检测的准确性与可靠性。在车道线检测算法中，主要是图像灰度化。

由于人的视觉对颜色的敏感度不同，等量的红、蓝、绿混合不能得到对应亮度相同的灰度值，大量的试验数据表明，当采用 0.3 份红色、0.59 份绿色、0.11 份蓝色混合后可以得到比较符合人类视觉的灰度值，即式（3.16）。

$$灰度值 = R \times 0.3 + G \times 0.59 + B \times 0.11 \tag{3.16}$$

根据式（3.16）可以计算出当前像素对应的灰度值，将其图像中彩色像素所对应的 RGB 值都改为此灰度值，则图像转化为灰度图像。图像预处理效果如图 3 - 32 所示。

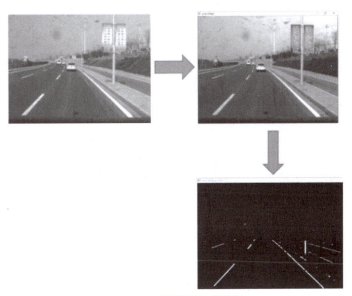

图 3 - 32　图像预处理效果

2）特征提取

特征提取是进行车道线拟合的前提。根据道路标识线标准相关规定，通常车道线为细长的实线或者虚线，车道线的颜色主要为白色、黄色、橘黄色等。由于摄像头的透视效应，近似平行的车道线在图像中通常相交汇于图像中的一点，称为灭点。基于这些颜色和形状等信息，产生了多种不同的车道线特征提取方式。基于梯度的方法是一种重要的车道线特征提取方式，采用图像滤波器对原图像或经过平滑的图像进行滤波操作，在该响应值基础上进行阈值分割，生成二值化的边缘图像。

3）模型匹配

霍夫变换是常用的图像检测手段之一，它可以将图片中具有一定相似特征的图形提取出来,尤其是在直线检测、圆及椭圆的检测中具有较理想的效果。

4)直线筛选

直线筛选在投票空间中得到的直线并不一定就是车道线,可以是建筑、护栏等干扰物形成的直线。因此首先需要将投票空间中投票值较高的多个值保留,并利用一些先验信息(车道线的长度、宽度等)对投票得到的直线进行筛选。

5)帧间信息融合

除极端情况外,车载摄像头捕获的视频应该是连续的,车道线在相邻帧中的位置不会跳动太大。

6)实线与虚线检测

根据投票得到的值可以在二值图像中画出相应的直线,统计直线经过区域中有效点的比例,可以得到车道线的类型。

**2. 交通信号灯检测技术**

在智能汽车的感知系统中,信号灯检测也是必不可少的模块之一。由于交通信号灯的颜色具有极强的分辨性,各个色彩的色品范围小且相互孤立,很容易分辨;加之信号灯在亮度上的稳定性,彩色摄像头对信号灯灯盘颜色的采集,容易得到饱和、准确的结果。这也是色彩特征成为目前交通灯检测算法中最常用的一个特征的原因和基础。

基于颜色特征的信号灯检测系统结构可分为图像下采样、色彩分类器和图像分割三个部分。其系统结构如图3-33所示。

图3-33 信号灯检测系统结构

1)图像下采样

随着摄像头技术的发展,摄像头拍摄照片的像素也越来越高,如果直接使用色彩分类器对原像素图片进行分类,将会耗费大量的计算资源,算法的实时性也会受到很大影响,所以在进行检测之前,首先得对摄像头拍摄的照片进行预处理——利用图像下采样算法降低图像的分辨率。

2)色彩分类器

色彩分类器的主要作用是把图像的像素进行分类,分成红色、黄色、绿色和其他颜色,分别赋予不同的色彩标签,分类后的图像为二值图像。

对于色彩分类问题,在选定特定的色彩空间后,常用的彩色分割算法有直方图阈值分割法、特征空间聚类法、基于区域的方法、基于边缘检测的方法、模糊集合的方法、神经网络的方法、基于物理模型的方法等。其中,阈值分割法具有很强的实时性,而且交通信号灯的色调固定不变,因此基于HSV彩色空间的阈值分割方法适合在交通信号灯识别系统中应用。

阈值分割法通过在HSV彩色特征空间中设定阈值,并与图像像素的实际分量值进行比较,从而使交通信号灯的灯号能很好地从背景图像中提取出来,阈值的选取是在统计了样本像素分布的基础上,根据经验调整后确定的。

图3-34所示为城市中信号灯样例,图3-35中显示了本色彩分类器对图3-34中各幅图像的分类结果,图中圆圈区域是信号灯所在位置,为了将二值化结果显示清楚,矩形框将圆圈区域放大显示。

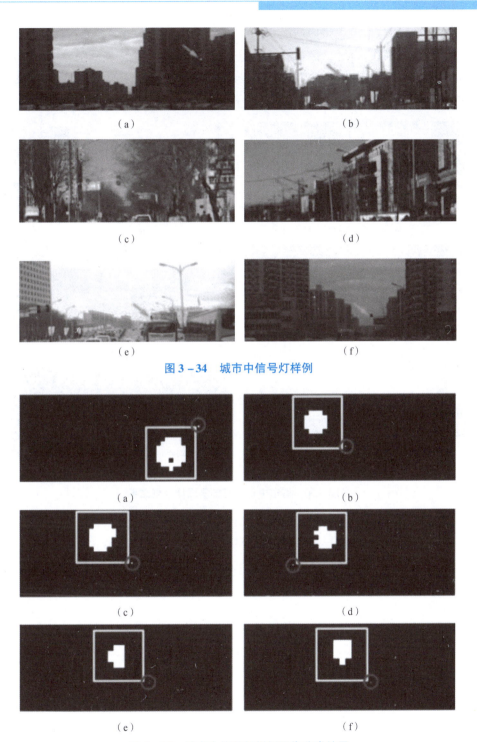

图 3-34 城市中信号灯样例

图 3-35 城市中信号灯样例图像分类结果

3）图像分割

在色彩分类器输出的二值图像基础上，利用图像分割算法对图像进行处理，对同一色彩标签的像素，用矩形框框起来，得到不同的信号灯候选区域。再对候选区域进行筛选，去掉不符合长宽比例、尺寸大小等的矩形区域，余下的矩形框就是信号灯候选区域。

图像分割算法的基本思想是遍历图中的每一个非零像素，如果某像素已经在某"Box"所表示的矩形框中，就不再对该像素进行处理。反之，则在这个像素周围寻找一个新的矩形框，然后扩展这个矩形框的四个边界，直至包含了周围的所有非零像素。将经过算法得到的矩形框绘制在图 3-34 中，就可以得到如图 3-36 所示的结果。

图 3-36　城市中信号灯样例图像分割结果

当前基于视觉传感器的环境感知技术得到较为广泛的应用，但在特征提取阶段所采用的设计模型往往比较简单，针对复杂路况的适应性差，导致系统的应用受限。随着人工智能领域深度学习技术的不断发展，视觉传感器在环境感知中存在的模型简单、适应性差等问题将逐步得以解决。

**3. 深度学习**

深度学习是近年来迅速发展的一种机器学习方法，其模型具有强大的表达能力，目前已在各种计算机视觉任务中获得空前的成功。深度学习技术主要依赖于模型的精巧设计，与计算机技术和人工智能技术高度关联，本任务暂不深入。

# 任务六　多传感器融合技术

## 一、多传感器融合技术概述

多传感器融合技术是一种为解决在一个应用系统中使用多个或多类传感器这一特定问题而提出的新的信息处理方法和技术，在不同场景中又被称为多源信息合成、多源信息关联或传感器融合技术。多传感器融合的处理过程就是利用计算机技术的自动分析和优化综合对按照时序采集的若干传感器的信息在一定的规则下进行融合,以得到需求的结果。

目前智能汽车上使用单一传感器来识别障碍物会存在探测准确性低、检测灵敏度低等问题,而随着多传感器信息融合技术的日益发展成熟,其在数据合成和信息融合过程中具有的冗余性和互补性将极大地提高感知系统的可靠性、准确性和鲁棒性,从而使智能汽车运行更加稳定、安全。

目前,智能汽车上的多传感器融合主要有两种技术方案,一种是基于毫米波雷达和视觉传感器的多传感器融合,主要代表是特斯拉;另一种是基于激光雷达和视觉传感器的融合,主要代表有百度公司的 Apollo、谷歌智能汽车等。

## 二、多传感器融合技术原理

多传感器融合技术的基本原理就像人脑综合处理信息一样,充分利用多个传感器资源,通过对多传感器及其观测信息的合理支配和使用,把多传感器在空间或时间上冗余或互补的信息依据某种准则进行组合,以获得被测对象的一致性解释或描述,如图 3-37 所示。

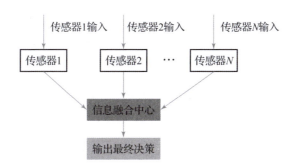

图 3-37 多传感器融合技术的基本原理

在这个过程中要充分利用多源数据进行合理支配与使用,而信息融合的最终目标则是基于各传感器获得的分离观测信息,通过对信息多级别、多方面组合导出更多有用信息。这不仅利用了多个传感器相互协同操作的优势,而且综合处理了其他信息源的数据来提高整个传感器系统的智能化。多传感器融合技术的具体原理如下。

(1) $N$ 个不同类型的传感器(有源或无源的)收集观测目标的数据。

(2) 对传感器的输出数据(离散的或连续的时间函数数据、输出矢量、成像数据或一个直接的属性说明)进行特征提取的变换,提取代表观测数据的特征矢量 $Y_i$。

(3) 对特征矢量 $Y_i$ 进行模式识别处理(如聚类算法、自适应神经网络或其他能将特征矢量 $Y_i$ 变换成目标属性判决的统计模式识别法等),完成各传感器关于目标的说明。

(4) 将各传感器关于目标的说明数据按同一目标进行分组,即关联。

(5) 利用融合算法将每一目标的各传感器数据进行合成,得到该目标的一致性解释与描述。

## 三、车载多传感器融合发展趋势

传感器是汽车的关键基础零部件,随着汽车销量的上升,汽车传感器的需求量增加;同时，智能汽车的快速发展促进了自动驾驶传感器的发展，未来智能汽车的渗透率不断提升，自动驾驶传感器的需求量将呈现快速增长的趋势。智能汽车的技术需求推动了传感器技术的快速升级，车载传感器将向集成化、模块化和互联网方向发展。

（1）集成化趋势：自动驾驶催生了汽车传感器行业的爆发。单一的传感器已无法满足更多的技术需求，而增加传感器的数量，对汽车制造商而言，意味着成本上升，将削弱市场的竞争力。因此，利用 IC 制造技术和精细加工制作技术 IC 式传感器成为当前趋势。

（2）模块化趋势：汽车电子的迅速发展，使汽车上的机械结构及组件都受到电子设备的影响，由于车体内可应用空间狭小，构件系统空间更加受到限制。因此，在理想状况下，电子控制单元应该与控制组件紧密结合，而逐渐形成一个整体。因此，电路和传感器组件的模块化是必然趋势。

（3）互联网趋势：智能网联化技术促使汽车成为万物互联的载体。传感器作为汽车环境感知的核心部件，未来必然是互联互通的发展趋势。通过传感器实现与车外路测设备的互联，实现车与车之间的互联。传感器将收集到的数据与信息通过信号转换传输给控制器，然后进行决策执行；与整车厂商后台实现互联，以便整车厂商能够及时了解汽车动力总成、底盘等各个部件的状况，为车主提供安全、保养、驾驶以及空中固件更新等方面的服务。

# 项目四　智能汽车导航定位技术

（1）了解卫星导航定位系统的类型，掌握 GPS 的工作特点和工作原理，掌握卫星导航定位系统的误差类型和特点，掌握差分定位的工作原理。
（2）掌握惯性元件的类型和特点，了解捷联式惯导的工作原理。
（3）了解 SLAM 定位的工作原理，以及激光 SLAM 和视觉 SLAM 的概念。
（4）了解 UWB 定位和 4G/5G 的工作原理。
（5）了解卡尔曼滤波的工作原理以及 GPS/INS 组合导航定位系统的工作原理。
（6）掌握高精度地图的定义，认识高精度地图在自动驾驶中的应用。

（1）能够正确配置和使用智能汽车安装的卫星定位系统和惯性导航系统，能够处理卫星导航定位系统和惯性导航系统的电路连接故障，能够正确输出智能汽车的定位信息。
（2）能够分析惯性导航系统的误差。
（3）能够分析传统导航地图和高精度地图的差异。

智能汽车定位技术的目的是使智能汽车可以准确地找到自身的位置，是智能汽车核心技术之一。随着 5G 通信、北斗导航等应用的日渐成熟以及自动驾驶对于定位系统的需求，高精度定位市场迎来发展机遇。高等级智能驾驶对定位精度的要求更高，定位精度须达厘米级，从某种意义上也推动了高精度组合定位技术的持续发展。自动驾驶汽车获取准确的自身定位和姿态（简称位姿）是实现其导航功能的前提，而卫星导航定位技术和惯性导航技术则是获取位姿的关键技术，接下来，本项目将对这两种技术以及一些其他的无线通信辅助技术、SLAM 技术和高精度地图技术进行介绍。

## 任务一　卫星导航定位

全球导航卫星系统（Global Navigation Satellite System，GNSS），是基于无线电的支持全球导航定位的卫星导航定位系统。以人造地球卫星为导航台，为全球海陆空的各类军民载体提供位置、速度和时间信息。这些信息都具有全天候且高精度的特征。当前，GNSS 已基本取代地基无线电导航、传统大地测量和天文测量导航定位技术，并推动了大地测量与导航定位领域的全新发展。GNSS 不仅是国家安全和经济的基础设施，也是体现现代化大国地位和国家综合国力的重要标志。由于其在政治、经济、军事等方面具有重要的意义，因此世界上主要军事大国和经济体都在竞相发展独立自主的卫星导航定位系统。

全球四大卫星导航定位系统分别是美国的 GPS、俄罗斯的格洛纳斯卫星导航系统（GLONASS）、欧盟的伽利略（Galileo）卫星定位系统和我国的北斗卫星导航系统（BeiDou Navigation Satellite System，BDS）。除此之外，还有区域系统和增强系统，区域系统的代表有日本的准天顶（QZSS）卫星定位系统和印度的 IRNSS 卫星定位系统，而增强系统的代表则有美国的 WAAS、日本的 MSAS、欧盟的 EGNOS、印度的 GAGAN 以及尼日利亚的 NIG – GOMSAT – 1 等。

丰富的导航信息可以提高卫星导航用户的可用性、精确性、完备性以及可靠性，但同时也得面对频率资源竞争、卫星导航市场竞争、时间频率主导权竞争以及兼容和互操作争论等诸多问题。可以肯定的是，随着相关技术的不断进步，卫星导航定位系统必将进入全新的发展阶段。卫星导航将不仅在普通的地图定位中发挥作用，还会极大地促进自动驾驶技术的进步，为实现完全的自动驾驶做好"高精度"辅助。

**1. GPS 导航定位系统**

1) 系统简介

GPS 也称全球卫星定位系统，是一个中距离圆形轨道的卫星导航系统，如图 4 – 1 所示。GPS 可为地球表面绝大部分地区（98%）提供准确的定位、测速和高精度的时间标准。GPS 由导航卫星、地面监控设备和 GPS 用户组成，包括太空中的 24 颗 GPS 工作卫星（理论上是 24 颗卫星，实际上达 30 多颗卫星）、地面上 1 个主控站、3 个数据注入站和 5 个监测站及作为用户端的 GPS 接收机。在导航卫星方面，最少只需其中 4 颗卫星，就能迅速确定用户端在地球上所处的位置及海拔高度。而用户端所能接收到的卫星数越多，解码出来的位置就越精确。GPS 用户端主要来接收导航、定位和授时服务，这些服务具有广阔的应用前景。

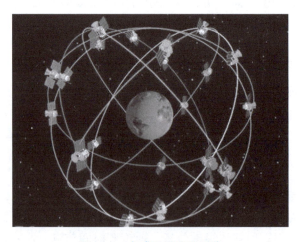

图 4 – 1　全球卫星定位系统

GPS 由美国政府于 20 世纪 70 年代开始进行研制并于 1994 年全面建成。GPS 可满足位于全球任何地方或近地空间的用户连续精确地确定三维位置、三维运动和时间的需要。使用者只需拥有 GPS 接收机即可使用该服务，无须另外付费。

GPS 信号分为民用的标准定位服务（Standard Positioning Service，SPS）和军用的精确定位服务（Precise Positioning Service，PPS）。因为 SPS 无须任何授权即可任意使用，所以美国担心敌对国家或组织会利用 SPS 对美国发动攻击，故在民用信号中人为加入了选择性误差（Selective Availability，SA）以降低其精确度，使其最终定位精度在 100 m 左右。2000 年以后，克林顿政府决定取消对民用 GPS 服务的干扰。至此，民用 GPS 也可以达到 10 m 左右的定位精度。

2）系统特点

作为全球领先的卫星导航定位系统，GPS 拥有不少优势。

（1）信号穿透性好。GPS 使用低频信号，即使天气不佳仍能保持相当的信号穿透性。

（2）支持全球全天候定位。GPS 卫星数目多且分布均匀，除了部分高纬度区域外的大部分区域都可以至少观测到 4 颗 GPS 卫星，可实现全天候全球范围的连续导航定位。

（3）全球覆盖高。GPS 全球覆盖率高达 98%，可满足全球各地或近地空间的用户连续精准确定三维位置、三维运动状态和时间的需要。

（4）定位精度高。GPS 相对定位精度在 50 km 以内可达 6~10 m，在 100~500 km 范围内可达 7~8 m，在 1 000 km 以内可达 9~10 m；观测时间短，20 km 以内的相对静态定位仅需 15~20 min；快速静态相对定位测量时，每个流动站与基准站相距 15 km 以内时，流动站观测时间仅需 1~2 min。

（5）三维地心坐标统一。GPS 可以提供全球范围内统一的三维坐标，同时精确测定测站的平面位置和大地高程（以大地水准面为起算面的称为正高系统，以似大地水准面为起算面的称为正常高系统，以椭球面为起算面的称为大地高程系统）。

尽管 GPS 拥有上述多种优势，但在智能汽车领域仅依赖 GPS 根本无法应对智能驾驶过程中所面临的各种复杂环境。这是因为 GPS 的抗干扰能力差，在很多高楼、树木茂密、地下车库等地方，因为遮挡的问题，导致搜到的卫星数据低于 4 颗，此时 GPS 将无法提供定位服务。此外，在信噪声比低时，GPS 的测量误差也相应变大。较大的误差会导致智能汽车无法导航至正确的目的地。

3）定位原理

GPS 定位原理是三球交会定位原理。接收机测量出自身到三颗卫星的距离；卫星的位置精确已知，通过电文播发给接收机；以卫星为球心，距离为半径画球面，三个球面相交得两个点；根据地理常识排除一个不合理的点即可得接收机的位置，如图 4-2 所示。在实际应用中，接收机都是利用 4 个及以上的卫星信号来定位出接收机所在的位置及高度。

GPS 接收机利用相关技术获取卫星和用户接收机的距离。在信号接收过程中，导航卫星上的原子钟用来控制卫星发射的伪随机信号，用户端接收机的本地时钟则用来控制用户接收机的伪随机信号。将两种时钟的时差作为未知量，使未知量和观测点坐标共同组成一个四元方程组，所得的解就是观测值。因为这个观测值是以地表和卫星之间的距离为变量的函数，且与实际距离存在偏差，所以也称伪距观测量。

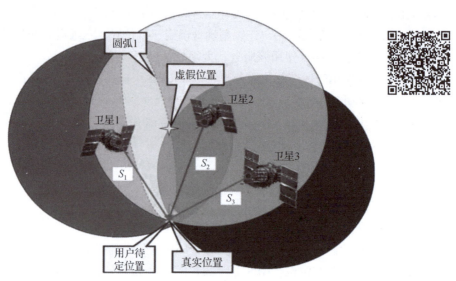

图 4-2 三球交会定位原理

如图 4-3 所示,设地面点 $p$ 到卫星 $i$ 的距离矢量为 $S_i$,地心圆点 $O$ 到卫星 $i$ 的距离矢量为 $S_0$,地心圆点 $O$ 到地面点 $p$ 的距离矢量为 $S_p$。假设卫星钟和地面钟不存在任何时间差,说明此时伪距观测量代表了 $p$ 与卫星之间的真实距离 $S_i$,其值如式(4.1)所示。

$$S_i = c(t_i - t_j) - c\tau \tag{4.1}$$

式中,$c$ 为光的传播速度;$t_i$ 为地面接收机已同步的观测时刻;$t_j$ 为卫星已同步的发射时刻;$\tau$ 为传播过程中的附加时延。

然而,卫星钟和地面钟之间的完全同步仅在理论层面可能实现,实际情况是两者间一定存在时钟差,所以实际测量的并非真实距离,而是伪距,如式(4.2)所示。

$$\rho_{pi} = c(t_{pi} - t_{pj}) \tag{4.2}$$

式中,$\rho_{pi}$ 为地面点 $p$ 到卫星 $i$ 的伪距;$t_{pi}$ 为含有时钟差的地面站接收时刻;$t_{pj}$ 为含有时钟差的卫星发射时刻。

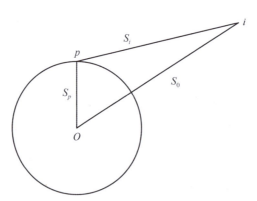

图 4-3 地面与卫星的几何关系示意

实际接收时,用户接收机的接收时刻要与 GPS 时间同步。因此,可将时钟差看作两个微小量 $\Delta t_i$ 和 $\Delta t_j$,如式(4.3)~式(4.5)所示。

$$t_{pi} = t_i + \Delta t_i \tag{4.3}$$

$$t_{pj} = t_j + \Delta t_j \tag{4.4}$$

$$\rho_{pi} = c(t_i - t_j) + c(\Delta t_i - \Delta t_j) = S_i + c\tau + c(\Delta t_i - \Delta t_j) \tag{4.5}$$

当接收机跟踪锁定卫星信号后，可以从接收信号中提取导航电文和伪距观测量。导航电文一般分为电离层修正数、卫星钟改正数和卫星星历参数三个部分。通过对卫星星历的进一步计算，可求出发射时刻卫星在地心坐标系中的三维坐标值 $X_i$、$Y_i$ 和 $Z_i$。关于卫星时钟差的修正，可利用卫星钟改正数据的公式进行适当的调整，如式（4.6）、式（4.7）所示。

$$\Delta t_j = a_0 + a_1(t - t_0) + a_2(t - t_0)^2 \tag{4.6}$$

$$t = t_{pj} - \Delta t_j \tag{4.7}$$

式中，$t$ 为观测时间；$t_0$ 为卫星钟基准时间。

假设点 $p$ 的地心坐标为 $X_p$、$Y_p$ 和 $Z_p$，则点 $p$ 至卫星 $i$ 的实际距离如式（4.8）所示。

$$S_i = \sqrt{(X_i - X_p)^2 + (Y_i - Y_p)^2 + (Z_i - Z_p)^2} \tag{4.8}$$

将式（4.8）代入式（4.5），可得式（4.9）：

$$\rho_{pi} = \sqrt{(X_i - X_p)^2 + (Y_i - Y_p)^2 + (Z_i - Z_p)^2} + c\tau + c(\Delta t_i - \Delta t_j) \tag{4.9}$$

式中，$\tau$ 是大气传播延时，可参考空间大气模型进行修正。这时，式（4.9）中就只有 4 个未知量，分别是 $X_p$、$Y_p$、$Z_p$ 和 $\Delta t_i - \Delta t_j$。需要同时观测 4 颗卫星，即可得到关于式（4.9）的 4 个方程。这些非线性方程可以通过线性化方法或卡尔曼滤波技术进行求解，得到点 $p$ 的坐标 $X_p$、$Y_p$ 和 $Z_p$。

以上就是 GPS 定位原理的简析，通常情况下，可以对基于上述公式获得的定位数据进行差分处理，减少 GPS 的定位误差，从而获得更为准确的定位信息。

**2. 北斗卫星导航系统**

中国北斗卫星导航系统是中国自行研制的全球卫星导航系统，是继美国 GPS、俄罗斯 GLONASS 之后第三个成熟的卫星导航系统。BDS 和美国 GPS、俄罗斯 GLONASS、欧盟 Galileo，是联合国卫星导航委员会已认定的供应商。

北斗卫星导航系统由空面段、地面段和用户段三部分组成，可在全球范围内全天候、全天时为各类用户提供高精度、高可靠定位、导航授时服务。同时支持短报文通信能力，已具备全球区域导航、定位和授时能力，定位精度可达 10 m，测速精度为 0.2 m/s，授时精度为 10 ns。

北斗卫星导航系统是全球第一个提供三频信号服务的卫星导航系统，GPS 使用的是双频信号，这是北斗卫星导航系统的后发优势。使用双频信号可以减弱电离层延迟的影响，而使用三频信号可以构建更复杂模型消除电离层延迟的高阶误差。同时，使用三频信号可提高载波相位模糊度的解算效率，理论上还可以提高载波相位定位求解的收敛速度。正因为如此，GPS 也在扩展成三频信号系统。

在亚太地区，北斗卫星导航系统比 GPS 更有优势。因为在亚太地区，北斗卫星导航系统远多于其他的导航系统，卫星分布最密处在中国上空。卫星数的提升，使卫星更加密集，卫星定位也更加稳定可靠，完全支持高精度定位。截至目前，北斗卫星导航系统已经发展到第三代。

（1）北斗一号。1994 年，启动北斗一号系统建设。2000 年发射两颗地球静止轨道

（GEO）卫星，建成系统并投入使用，采用有源定位体制，为中国用户提供定位、授时、广域差分和短报文通信服务。2003年，发射第三颗地球静止轨道卫星，进一步增强系统性能。北斗一号的出现，实现了中国卫星导航系统的从无到有，初步满足中国及周边区域的定位导航授时需求。北斗一号巧妙地设计了双向短报文通信功能，其是北斗系统独创的通导一体化设计。

（2）北斗二号。2004年，启动北斗二号系统建设。2012年，完成14颗卫星，即5颗地球静止轨道卫星，5颗倾斜地球轨道（IGSO）卫星和4颗中圆地球轨道（MEO）卫星的发射组网。北斗二号在兼容北斗一号技术体制基础上，增加无源定位体制，为亚太地区提供定位、测速、授时和短报文通信服务。

北斗二号创新性构建的5GEO+5IGSO+4MEO中高轨混合星座架构，为全球卫星导航系统发展提出了新的思路。

（3）北斗三号。2009年，启动北斗三号系统建设。2020年，全面建成北斗三号系统。北斗三号系统是由3颗GEO卫星、3颗IGSO卫星、24颗MEO卫星构成的混合导航星座，该布局的最大优点是可以保证在地球上任意地点、任意时刻均能接收来自4颗及以上导航卫星发射的信号，观测条件良好时甚至可以接收到10余颗卫星的信号。系统继承有源服务和无源服务两种技术体制，为全球用户提供基本导航（定位、测速、授时）、全球短报文通信和国际搜救服务，同时可为中国及周边地区用户提供区域短报文通信、星基增强和精密单点定位等服务。

相比早期建成的GPS，北斗三号使用三频信号，而GPS使用双频信号，三频要比双频有更高的可靠性和抗干扰能力，同时北斗兼容GPS和其他导航系统，可以辅助提高定位精度。与其他卫星导航系统相比，北斗三号高轨卫星更多，因此抗遮挡能力更强，尤其是在低纬度地区性能特点更为明显。

研究表明，北斗三号的信噪比优于北斗二号，在兼容互操作频点上也比GPS和Galileo高；北斗三号B1C的伪距多路径误差比GPS大10 cm左右；北斗三号的数据完整率要比Galileo高，略低于GPS；在数据饱满度和连续性方面，北斗三号优于GPS和Galileo。

**3. 卫星导航定位系统的定位精度及误差**

卫星导航定位系统的定位精度通常采用圆概率误差（CEP）表示，CEP是定位准确度（又称精度）单位，是误差概率单位。如2.5 m CEP，就是指以2.5 m为半径画圆，有50%的点能落在圆内，也就是说，定位精度在2.5 m以内的概率是50%。

卫星导航定位系统的定位误差包括与信号传播有关的误差、与卫星有关的误差、与接收机有关的误差以及与地球转动有关的误差。GPS分为民用版和军用版两个版本，民用版没有使用门槛，精度可达10 m。而军用版则不对外公开，仅限于美国以及军方认可的盟国使用，精度可达1 m。北斗三号全球范围定位精度优于10 m，测速精度优于0.2 m/s，授时精度优于20 ns，服务可用性优于99%，亚太地区性能更优。

与信号传播有关的误差包括电离层延迟误差、对流层延迟误差及多路径效应误差。与卫星有关的误差包括卫星星历误差、卫星时钟误差、相对论效应等，与接收机有关的误差包括接收机时钟误差、（接收机天线相位中心相对于测站标识中心的）位置误差和天线相位中心位置的偏差。与地球转动有关的误差包括来自地球潮汐、地球自转的影响。

卫星导航定位的误差分析如表 4-1 所示。

表 4-1 卫星导航定位的误差分析

| 误差来源 | | 对测距的影响/m |
|---|---|---|
| 与信号传播有关的误差 | 电离层延迟误差 | 1.5~15.0 |
| | 对流层延迟误差 | |
| | 多路径误差 | |
| 与卫星有关的误差 | 卫星星历误差 | 1.5~15.0 |
| | 卫星时钟误差 | |
| | 相对论效应 | |
| 与接收机有关的误差 | 接收机时钟误差 | 1.5~5.0 |
| | 位置误差 | |
| | 天线相位中心变化 | |
| 与地球转动有关的误差 | 地球潮汐 | 1.0 |
| | 地球自转 | |

1)卫星星历误差

卫星星历误差是指由广播星历参数或其他轨道信息所给出的卫星位置与卫星的实际位置之差。即只有精准地获得卫星的位置信息，接收机才能精确地解算当前位置信息。但星历是人为测定的，因此本身就存在测量偏差。如果星历在信息传输中报错，就更加无法避免产生偏差。这种卫星星历误差在时域上会有误差的叠加效应，并体现在解算的接收机信息上。消除卫星星历误差的主要方法有建立卫星观测网独立定位法、同步求差法、轨道松弛法等。

2)卫星时钟误差

卫星时钟误差是指安装在卫星上的原子钟时间与标准时间之间的偏差。主控站可通过导航电文或差分定位等方法对误差值进行修正，修正后卫星时钟误差引起的距离偏差将不超过 2.5 m。

3)多路径误差

接收机在接收正常卫星信号时，也会接收周围物体反射的卫星信号（见图 4-4），这样二者就会产生干涉，从而产生测距误差。多路径误差是卫星导航定位系统中的一种主要误差源，会影响卫星定位精确度，严重时还会引起信号的失锁。多路径效应是一种时空环境效应，具有周期性，要减弱或消除多路径效应的影响，可通过以下几种方法：选择较好的测试环境，避免有较强的反射面；尽量选择能抑制多路径效应的天线；由于多路径误差的大小和符号会随着卫星高度角的变化而变化，因此在静态定位中可通过延长观测时间来减小多路径效应对解算结果的影响。

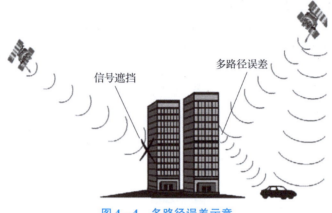

图 4-4 多路径误差示意

4）电离层延迟误差

电离层是处于地球上空 50~1 000 km 高度的大气层。该大气层中的中性分子受到太阳辐射的影响发生电离，产生大量的正离子与电子。由于电离层中自由离子分布不均匀，卫星信号在电离层中的传播速度并不完全相同，而在计算时却被认为传播速度相同，因此会带来测距误差，这种测距误差会使得计算得到的距离与卫星至接收机间的真实几何距离不相等，这种误差是定位误差中主要的误差来源，一般在白天可以达到 15 m 的误差，在夜间可以达到 3 m 的误差。减弱电离层影响的主要措施有利用电离层改正模型、利用同步观测值求差、选择有利时段观测等。

5）对流层延迟误差

对流层是中性的区域，卫星信号在其内传播时会受到压力、温度和湿度等因素的影响，使信号传播滞后。相关研究发现，对流层在物理状态等相近的区域内其相关性质一致，故可采取相应的方法对此部分误差进行补偿。减少对流层对电磁波延迟影响的措施主要有采用对流层模型加以改正，气象参数在观测站直接获得；引入描述对流层有影响的附加待估参数；利用同步观测量求差；利用水汽辐射计直接测定信号传播的影响。目前常采用的对流层折射模型有霍普菲尔德膜模型、萨斯塔莫宁模型、勃兰克模型等。

**4. 差分定位**

卫星导航技术的发展如今已经渗透进人类世界的方方面面，影响着人们的日常生活。在卫星定位过程中，定位精度受到各方面因素的影响。为解决这一问题，差分定位技术出现并迅速发展，其利用卫星轨道误差、卫星时钟误差、信号传播电离层延迟误差和对流层延迟误差的相关性，通过建立差分系统，削弱误差的影响，从而获得移动站的精确位置。

差分定位的工作原理是当两个接收机所在位置十分接近时，两者的信号将具有几乎相同的误差，如果能精确地计算出其中一个接收机的误差，就可以对另一个接收机的定位结果进行修正，如图 4-5 所示。

如何精确地计算出第一个接收机的误差呢？可在已知精准的地点安置参考接收机基准站。首先通过安装在基准站上的接收机观测 4 颗卫星后可进行三维定位，解算出基准站的测量坐标。然后通过测量坐标与已知坐标对比计算出误差，基准站再把误差值发送给附近区域内的接收机，去纠正它们的测量数据。

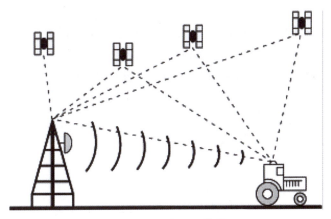

图 4-5　差分定位工作原理

流动站与差分基准站的距离直接影响差分 GNSS 的效果，流动站与差分基准站的距离越近，两站点之间测量误差的相关性就越强，差分 GNSS 性能就越好。

根据差分校正的目标参量不同，常见的差分定位方法有三种，分别是位置差分、伪距差分和载波相位差分。

1）位置差分

位置差分是最简单的差分方法，适用于所有卫星导航定位系统接收机。位置差分要求基准站与移动站观测完全相同的一组卫星，改正数为位置改正数，即基准站上的接收机对卫星进行观测，确定出测站的观测坐标，测站的已知坐标与观测坐标之差就是位置改正数。位置差分是一种最简单的差分方法，其传输的差分改正数少，计算简单，并且任何一种 GNSS 接收机均可改装和组成这种差分系统。但由于流动站与基准站必须观测同一组卫星，因此位置差分法的应用范围受到距离的限制，通常流动站与基准站间距离不超过 100 km。

2）伪距差分

伪距差分是目前用途最广的一种技术。改正数为距离改正数，利用基准站坐标和卫星星历可计算出基准站与卫星之间的计算距离，计算距离减去观测距离，即得到距离改正数。首先，设置一个或多个安装 GNSS 接收机的已知点作为基准站，连续跟踪、观测所有在信号接收范围内的 GNSS 卫星伪距，在基准站上利用已知坐标求出卫星到基准站的真实几何距离，并将其与观测所得的伪距比较，然后通过滤波器对此差值进行滤波并获得其伪距修正值。接下来，基准站将所有的伪距修正值发送给流动站，流动站利用这些误差值来改正 GNSS 卫星传输测量伪距。最后，用户利用修正后的伪距进行定位。伪距差分的基准站与流动站的测量误差与距离存在很强的相关性，在一定区域范围内，流动站与基准站的距离越小，使用 GNSS 差分得到的定位精度就会越高。

3）载波相位差分

载波相位差分，又称实时动态（Real Time Kinematic，RTK）定位技术，是建立在实时处理两个测站的载波相位基础上的差分方法。实现载波相位差分的方法分为修正法和差分法。修正法与伪距差分相同，基准站将载波相位修正量发送给移动站，以改正其载波相位，然后求解坐标。差分法将基准站采集的载波相位发送给移动站进行求差解算坐标。修正法为准 RTK 技术，差分法为真正的 RTK 技术。

RTK 是一种利用接收机实时观测卫星信号载波相位的技术，结合了数据通信技术与卫星定位技术，采用实时解算和数据处理的方式，能够为流动站提供在指定坐标系中的实时三维坐标点，在极短的时间内实现高精度的位置定位。

差分定位中基准站和流动站结构如图 4-6 与图 4-7 所示。

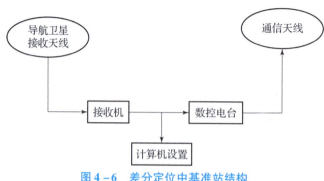

图 4-6　差分定位中基准站结构

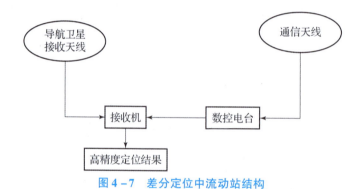

图 4-7　差分定位中流动站结构

## 任务二　惯性导航定位

惯性导航系统（Inertial Navigation System，INS），简称惯导系统，是一种利用惯性传感器测量载体的加速度及角速度信息，并结合给定的初始条件实时推算速度、位置、姿态等参数的自主式导航系统。其工作环境包括空中、地面和水下。惯导的基本工作原理是以牛顿力学定律为基础，通过测量载体在惯性参考系的加速度，将其进行时间积分，并变换到导航坐标系中，从而得到载体在导航坐标系中的速度、偏航角和位置等信息。

具体来说，惯性导航系统属于一种推算导航方式。即从一个已知点的位置根据连续测得的运载体航向角和速度推算出下一点的位置，因而可连续测出运动体的当前位置。其优点是输出频率非常高，短时精度高，缺点是误差将随着时间累积。

高定位精度是惯性导航系统最主要的指标，是性能试验中不可或缺的考核项目。受多种随机误差源的影响，惯性导航系统对目标点的定位误差具有不确定性，因此常常用被试品对给定目的地位置的不确定度来衡量惯性导航系统的精度，通常用圆概率误差（CEP）来表示。

**1. 惯性元件**

惯性技术的发展史，本质上就是惯性器件的发展史。惯性导航系统的每一次突破，都是从惯性器件的突破开始的。惯性器件包括陀螺仪和加速度计，其中陀螺仪的发展占主要地位，惯性技术发展根据陀螺仪的发展可划分为四个阶段。

第一阶段，20 世纪 60 年代以前的陀螺仪都是基于牛顿力学的，具体来讲就是陀螺的定轴性，这一代的惯性导航系统也被称为"平台式惯性导航系统"。

第二阶段，又称为光学陀螺时代。光学陀螺自身可以敏感角度变化，所以不需要随动平台，因此惯性导航系统可以直接固连在载体上，利用陀螺输出的角度变化量直接计算姿态。这种和载体固连的惯性导航系统被叫作"捷联式惯性导航系统"。在随后的几十年里，"捷联式惯性导航系统"逐步成为惯性导航系统的主流方式，而第一阶段的"平台式惯性导航系统"则被逐渐限制在极高精度领域。

第三阶段，微电子机械系统（MEMS）技术的应用极大拉宽了陀螺仪的精度范围，高精度光学陀螺和低精度 MEMS 陀螺的精度甚至可以差 7~8 个数量级，这使导航算法发生了从量变到质变的转化。

第四阶段，也就是以量子陀螺等新生事物为主的时代，目前仍处于基础研究阶段。

常规惯性导航系统采用加速度计和陀螺仪传感器来测量载体参数，惯导中的陀螺仪用来形成一个导航坐标系，使加速度计的测量轴稳定在该坐标系中，并给出航向和姿态角。加速度计用来测量运动体的加速度，通过对时间的一次积分得到速度，速度再对时间一次积分即可得到距离。

一个惯性测量单元包括三个相互正交的单轴加速度计（Accelerometer）和三个相互正交的单轴陀螺仪（Gyroscope）。惯性测量单元结构如图 4-8 所示。信号预处理部分对惯性测量单元输出信号进行信号调理、误差补偿并检查输出量范围等，以确保惯性测量单元正常工作。

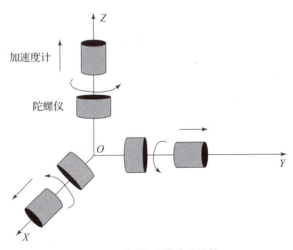

图 4-8 惯性测量单元结构

加速度传感器利用重力加速度，可以检测设备的倾斜角度，但由于会受到运动加速度的影响，导致倾角测量不够准确，所以通常需利用陀螺仪和磁传感器进行补偿。同样，磁传感器测量方位角时需利用地磁场，当系统中电流变化或周围有导磁材料以及当设备倾斜时，测量出的方位角也不准确，这时需要用加速度传感器（倾角传感器）和陀螺仪进行补偿。某公司生产的陀螺仪实物如图4-9所示。

### 2. 捷联式惯导的原理

惯性导航系统根据机械力学编排形式的不同，可分为平台式惯性导航系统（Gimbaled Inertial Navigation System，GINS）和捷联式惯性导航系统（Strap-down Inertial Navigation System，SINS）。平台式惯性导航系统（简称平台式惯导系统）是将陀螺仪和加速度计等惯性测量单元通过支架平台与载体固连的惯性导航系统。惯性测量单元固定在平台台体上。系统的敏感轴能直接模拟导航坐标系，这就保证了敏感轴的准确指向，并且隔离了载体的角运动，给惯性测量单元提供了较好的工作环境，使系统的精度较高，但也导致了平台台体的系统结构复杂、体积大、制造成本高等不足。捷联式惯性导航系统（简称捷联式惯导系统）是把惯性测量单元直接固连在载体上，用计算机来完成导航平台功能的惯性导航系统，载体转动时系统的敏感轴也跟随转动，通过计算载体的姿态角就能确定出惯性测量单元敏感轴的指向，然后将惯性测量单元测量得到的载体运动信息变换到导航坐标系上即可进行航迹递推。基于成本控制考虑，当前自动驾驶领域常用捷联式惯性导航系统。

图4-9 某公司生产的陀螺仪实物

捷联式惯性导航系统是在平台式惯性导航系统基础上发展而来的，是把惯性仪表直接固连在载体上，用计算机来完成导航平台功能的惯性导航系统，如图4-10所示。它是一种无框架系统，由3个速率陀螺、3个线加速度计和微型计算机组成。陀螺仪和加速度计直接固连在运载体上。陀螺仪和加速度计分别用来测量运载体的角运动信息和线运动信息，微型计算机根据这些测量信息解算出运载体的航向、姿态、速度和位置。

图4-10 一种光纤捷联式惯导系统

如图4-11所示，对捷联惯导系统而言，陀螺和加速度计直接固连在载体上作为测量基准，不再采用机电平台，惯性平台的功能由计算机完成，即在计算机内建立一个数学平台取代机电平台的功能。直接安装在载体上的惯性元件测得相对惯性空间的加速度和角加速度是沿载体轴的分量，将这些分量经过一个坐标转换方向余弦阵，可以转换到要求的计算机坐标系内的分量。如果这个矩阵可以描述载体和地理坐标系之间的关系，那么载体坐标系测得的相对惯性空间的加速度和角速度，经过转换后便可得到沿地理坐标系的加速度和角速度分量，有了已知方位的加速度和角速度分量之后，导航计算机便可根据相应的力学方程解出要求的导航和姿态参数。

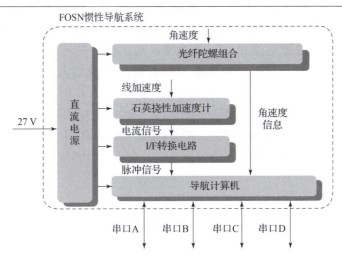

图 4-11　捷联式惯性导航系统的工作原理示意

捷联式惯性导航系统的优势和劣势都显而易见，优势如下。

（1）降低了整个系统的体积、质量和成本，使陀螺仪和加速度计仅占导航平台整体成本投入的 1/7。

（2）便于安装维护，便于更换。

（3）捷联式惯性导航系统可以提供控制系统所需的轴向线加速度和角速度，与平台式系统相比，可提供更多的导航和制导信息。

（4）便于采用余度配置，提高系统的可靠性。

捷联式惯性导航系统的劣势如下。

（1）固连在载体上，直接承受载体的振动和冲击，工作环境恶劣。

（2）陀螺仪直接测量载体的角运动，高性能歼击机角速度可达 400 °/s，陀螺的测量范围就是 0.01~400 °/s。若采用机械捷联式惯性导航系统，就要求捷联陀螺有大的施矩速度和高性能的再平衡回路。

（3）平台式惯性导航系统的陀螺仪安装在平台上，可以用相对于重力加速度和地球自转加速度的任意定向来进行测试，便于误差标定；而捷联陀螺则不具备这个条件，因而系统标定比较困难，要求捷联陀螺有更高的参数稳定性。

**3. 惯性导航系统误差分析**

惯性导航系统不与外界发生任何光电联系，仅靠系统本身就能对汽车进行连续三维定位和定向，其通过在内部所感知到的情况来推断外面的情况，因此惯性导航也称为"在盒子里导航"或"黑盒导航"。惯性导航系统中既有电子设备，又有机械结构，在外部冲击、振动等力学环境中，除了加速度和角速度之外，还有很多误差源。

1）随机误差

（1）传感器白噪声误差。该噪声通常与电子噪声合在一起，可能是来自电源、半导体设备内部的噪声或数字化过程中的量化误差。

（2）变温误差。传感器偏差的变温误差类似时变的加性噪声源，是由外部环境温度变化或内部热分布变化引起的。

（3）传感器随机游动误差。在惯性测量单元中，对随机游动噪声有具体要求，但大多数都针对其输出的积分，而不是输出本身。例如，来自速率陀螺仪的"角度随机游走"等同于角速度输出白噪声的积分。类似地，加速度计的"速度随机游走"等同于加速度计输出白噪声的积分。随机游动误差随着时间线性增大，其功率谱密度也随之下降。

（4）谐波误差。由于热量传输延迟，因此温度控制方法（如通风与空调系统）经常引入循环误差，这些都可在传感器输出中引入谐波误差，谐波周期取决于设备的尺寸大小。同样，主载体的悬挂和结构共振也引入了谐波加速度，它会对传感器中的加速度敏感误差源产生影响。

（5）闪烁噪声误差。闪烁噪声是陀螺仪零偏随时间漂移的主要因素。多数电子设备中都存在这种噪声，该噪声通常模型化为白噪声和随机游动的组合。

2）固定误差

与随机误差不同，固定误差是可重复的传感器输出误差。常见的传感器误差模型包括：偏差，即输入为零时传感器的任何非零的输出；尺度因子误差，常来自标定偏差，非线性、不同程度地存在于多种传感器中；尺度因子符号不对称性，来自不匹配的推挽式放大器；死区误差，通常由机械静摩擦力或死锁引起；量化误差，这在所有数字系统中是固有的。由于它可能存在于标准化环境中，因此当输入不变时它可能不是零均值的。

# 任务三　SLAM 定位

SLAM 又称并发建图与定位（Concurrent Mapping and Localization，CML），即实时定位与地图构建或并发建图与定位。SLAM 技术最早用在机器人定位中，其目的是使机器人能够清楚地分辨自己的位置。

无论是激光 SLAM，还是视觉 SLAM，都存在着一个经典框架，SLAM 系统框架示意图如图 4-12 所示，一般分为 5 个模块，包括传感器数据、前端（视觉里程计）、后端、回环检测及地图构建。

下面介绍各模块的功能。

（1）传感器数据。传感器数据在视觉 SLAM 中主要为摄像头图像信息的读取和预处理；而在激光 SLAM 中则主要为激光点云数据的读取与预处理。

（2）前端（视觉里程计）。视觉 SLAM 中，前端相当于视觉里程计（Visual Odometry，VO），主要研究帧与帧之间的变换关系。首先提取每帧图像特征点，利用相邻帧图像进行特征点粗配准，然后利用算法去除错误匹配，进一步进行精配准得到一个位姿信息，同时可以将其与 IMU 提供的姿态信息进行融合。视觉里程计每次估计两帧图像之间的运动时会出现误差，这个误差将不断累积导致漂移现象。漂移现象可以通过回环检测和后端优化来解决。

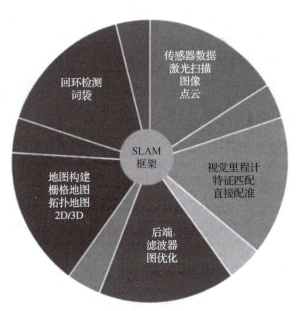

图 4-12 SLAM 系统框架

对于激光 SLAM，前端扫描匹配是其核心步骤，工作内容是提取前一帧位姿并利用相邻帧之间的关系估计当前帧的位姿。当前激光 SLAM 中主流的前端扫描匹配算法主要有迭代最邻近点算法及其变种、相关性扫描匹配（Correlative Scan Matching, CSM）算法、正态分布变换算法、基于特征的匹配（Feature – Based Matching, FBM）算法等。

（3）后端优化（Optimizotion）。后端优化则主要是对前端输出结果进行优化，利用滤波理论或者优化理论进行树或者图的优化，最终得到最优的位姿估计。其主要方法有基于贝叶斯滤波器的卡尔曼滤波、扩展卡尔曼滤波（Extended Kalman Filter, EKF）和粒子滤波（PF）等滤波理论方法，以及基于图优化的光流法、密集跟踪与映射（Dense Tracking and Mapping, DTAM）、大范围单目（Large – Scale Direct Monocular SLAM, LSDSLAM）法和半直接（Semi – Direct Monocular Visual Odometry, SVO）法等优化理论方法。

（4）回环检测（Loop Closing）。回环检测主要解决位置估计随时间漂移的问题，这要求机器人或者任何使用 SLAM 技术的设备具备识别曾经到过的位置的能力，主要通过判断图像间的相似性来完成回环检测。如果检测成功，则把检测结果传给后端，后端根据这些信息重新调整行进轨迹和已构建的地图。

（5）地图构建（Mapping）。SLAM 系统框架里前端、后端和回环检测已经联合完成了建图工作，最后一步的地图构建从某种意义上来说是作为地图的输出窗口，是对环境的描述或重建，但描述或重建的方式视具体场景和应用而定。地图输出形式大体可以分为度量地图和拓扑地图两种。度量地图强调精确地表示地图中物体的位置关系，根据点云数据量主要分为稀疏地图和稠密地图。稀疏地图会有选择性地忽略一部分信息，将所有物体进行一定程度的抽象，从而只保留具有代表意义的部分。相对地，稠密地图更偏向于保留所有信息，将所有看到的东西进行建模。因此使用稀疏地图能满足自动驾驶汽车的定位，但要进行导航就需要稠密地图。稠密地图通常按照一定分辨率，由许多小块组成。2D 度量地图由小格子（Grid）组成，3D 度量地图则由小方块组成。每个栅格通过占据、空闲和未知三种状态来表达该栅格内是否有物体。相对于度量地图，拓扑地图更强调地图内物体之间的相对关系，去掉了细节问题。目前应用拓扑地图来完成导航和路径规划还有待发展。

不同方式创建地图的差异如图 4-13 所示。

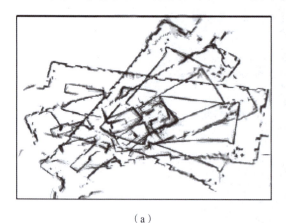 

(a)　　　　　　　　　　　　　　(b)

图 4-13　不同方式创建地图的差异

图 4-13 (a) 所示为独立利用里程计定位、独立利用激光传感器感知环境所创建的地图，由于没有进行里程计误差补偿，因此几次创建的地图差异很大，与实际环境也不符；图 4-13 (b) 所示为采用 SLAM 创建的地图，基于 SLAM 可以利用已创建的地图修正里程计的误差，这样智能汽车的位置误差就不会随着智能汽车行驶距离的增大而无限制增长，因此可以创建精度更高的地图，也同时解决了未知环境中的定位问题。

目前，SLAM 技术被广泛用于机器人、无人机、无人驾驶、AR、VR 等领域，依靠传感器可实现机器的自主定位、建图、路径规划等功能。由于传感器不同，SLAM 的实现方式也有所不同，按传感器来分，SLAM 主要包括激光 SLAM 和视觉 SLAM 两大类，表 4-2 所示为两种 SLAM 的优劣势对比。

表 4-2　激光 SLAM 和视觉 SLAM 优劣势对比

| 优/劣势 | 激光 SLAM | 视觉 SLAM |
| --- | --- | --- |
| 优势 | 可靠性高，技术稳定 | 结构简单，安装的方式多元化 |
| | 建图直观，精度高，不存在累积误差 | 无传感器探测距离限制，成本低 |
| | 地图可用于路径规划 | 可提取语义信息 |
| 劣势 | 受雷达探测范围限制 | 环境光影响大、暗处（无纹理区域）无法工作 |
| | 安装有结构要求 | 运算负荷大，构建的地图本身难以直接用于路径规划和导航 |
| | 地图缺乏语义信息 | 传感器动态性能还需提高，地图构建时还存在累积误差 |

## 1. 激光 SLAM

激光 SLAM 是目前最稳定、最主流的定位导航方法，一般采用 2D（单线）或 3D（多线）激光雷达。2D 激光雷达一般用于室内定位（如扫地机器人等），而 3D 激光雷达一般用于智能汽车领域。激光雷达的出现和普及使得测量更快、更准，信息更丰富。激光雷达采集到的物体信息呈现出一系列分散的、具有准确角度和距离信息的点，这些点的集合被称为点云。通常，激光 SLAM 系统通过对不同时刻两片点云的比对，计算激光雷达相对运动的距离和姿态的改变，也就完成了对智能汽车自身的定位。

图 4-14 所示为激光 SLAM 系统框架。导航包则利用这个栅格地图、里程计数据和激光雷达数据做出适合的路径规划和定位，最后转换为机器人的速度指令。其中，方框里为传感器获得的数据或者生成的数据，椭圆里为 ROS 节点。

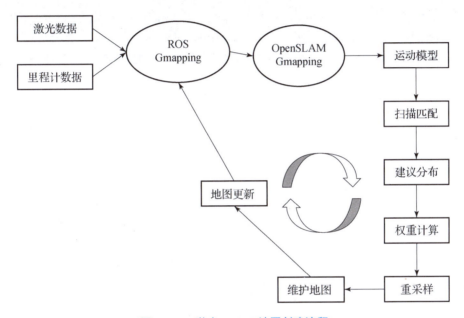

图 4-14　激光 SLAM 地图创建流程

图 4-15 所示为激光 SLAM 创建地图界面示意图和建图点云。

## 2. 视觉 SLAM

视觉 SLAM 是 21 世纪 SLAM 研究热点之一，硬件水平的提高促进了视觉 SLAM 的发展。根据采用的视觉传感器不同，视觉 SLAM 大致可分为三类：使用一个摄像头作为外部传感器的称为单目视觉 SLAM；使用多个摄像头的称为立体视觉 SLAM，其中双目视觉 SLAM 应用最为广泛；使用深度摄像头的称为 RGB-D SLAM。根据利用图像信息的方式不同，视觉 SLAM 也可以分为基于特征的视觉 SLAM 和直接法视觉 SLAM。

经典的视觉 SLAM 框架由传感器数据、视觉里程计、后端优化、回环检测和构建地图 5 个部分组成，如图 4-16 所示。

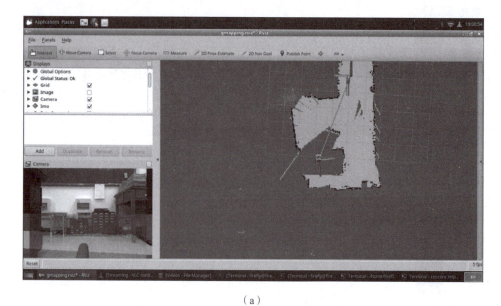

(a)

(b)

图 4-15 激光 SLAM 创建地图界面示意和建图点云

(a) 激光 SLAM 创建地图界面示意; (b) 建图点云

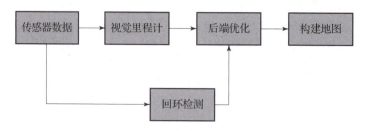

图 4-16 经典的视觉 SLAM 框架

1)视觉里程计

视觉里程计是通过估计序列摄像头相邻两帧图像间的位姿变换来得到摄像头运动的过程,在视觉 SLAM 中又被称为前端。视觉里程计的实现方法,按是否需要提取特征又分为特征点法和直接法。基于特征点法的前端因运行稳定,对光照、动态物体不敏感,长期以来是视觉里程计的主流方法。而基于特征点的视觉里程计主要工作是提取和匹配特征点,然后根据匹配的特征点估计摄像头运动。直接法构建一个优化问题,根据像素信息(通常是灰度值)来估计摄像头的运动。这种方法省去了提取特征的时间,而代价是利用了所有信息,使优化问题的规模远远大于使用特征点的规模。因此,基于直接法的视觉里程计多数需要图形处理单元(GPU)加速达到实时化。此外,直接法假设摄像头运动是连续、缓慢的,只有在图像足够相似时才有效,而特征点方法在图像差异较大时也能继续工作。

2)后端优化

后端主要是对前端的结果进行优化,利用扩展卡尔曼滤波、无迹卡尔曼滤波(UKF)、粒子滤波等滤波理论或者优化理论进行树或图的优化,最终得到最优的位姿估计。基于优化的 SLAM,通常以关键帧为基础建立多个节点和节点之间的相对变换关系,并不断地进行关键节点的维护,保证图的容量,在保证精度的同时降低了计算量。

3)回环检测

回环检测又称闭环检测,是指机器人识别曾到达位置的能力。如果检测成功,可以显著地减小累积误差。回环检测实质上是一种检测观测数据相似性的算法。对于视觉 SLAM,多数系统采用目前较为成熟的词袋(Bag of Words,BoW)模型。词袋模型把图像中的视觉特征聚类,然后建立词典,进而寻找每个图中含有哪些"单词"。也有研究者使用传统模式识别的方法,把回环检测建构成一个分类问题,训练分类器进行分类。

4)构建地图

构建地图主要是根据估计的轨迹建立与任务要求对应的地图,在机器人学中,地图的表示主要有栅格地图、直接表征法、拓扑地图以及特征点地图 4 种。而特征点地图是用有关的几何特征(如点、直线、面)表示环境,常见于视觉 SLAM 技术中。这种地图一般通过如 GPS、UWB 以及摄像头配合稀疏方式的 VSLAM 算法产生,优点是相对数据存储量和运算量比较小,多见于最早的 SLAM 算法中。

# 任务四 无线通信辅助定位

## 一、超宽带定位

超宽带(Ultra Wide band,UWB)是一种利用了报文到达时间差的新型无线通信技术,具有高速、低成本和低功耗的特点。1989 年,UWB 的概念首先由美国军方提出,UWB 信号是带宽大于 500 MHz 或基带带宽和载波频率的比值大于 0.2 的脉冲信号(UWBWG,2001),具有很宽的频带范围。因此 UWB 定位具有抗多路径干扰、穿透能力强的优势,可以应用于静止或者移动物体以及人的定位跟踪,具有较高的定位精度,目前广泛应用在工业自动化、传感器网络、家庭/办公自动化、机器人运动跟踪等领域。

为了保证 UWB 与其他信号互不干扰，许多国家都对 UWB 的信号功率进行了规定。中国规定 UWB 的功率谱密度小于 -41.0 dB/MHz，可用范围为 6~9 GHz 频段。美国规定 UWB 的功率谱密度小于 -41.3 dB/MHz，可用范围为 3.1~10.6 GHz 频段。

UWB 采用超宽带通信，与普通的宽带、窄带通信系统相比，具有以下特点。

1) 系统容量大、传输速率高

UWB 采用纳秒至微秒的非正弦波窄脉冲传输数据，其传输速率可达每秒几十兆到几百兆，而 IEEE 802.11a 的最高速率也只有 54 Mb/s，蓝牙 2.0 + EDR 最高频率不过 3 Mb/s，UWB 通信速率是无线局域网、蓝牙传输速率的 10~1 000 倍。

2) 系统功耗低

一般来说，无线通信系统在通信时需要连续传输载波，因此需要消耗大量的电能。但是 UWB 系统不使用载波，而只发射瞬时脉冲，即直接发送 0 和 1 脉冲。由于只在需要时发送脉冲，因此消耗的电能较少。

3) 保密性好

UWB 的保密性体现在两个方面。一方面，传统接收机无法接收系统的发射功率谱密度；另一方面，采用跳时扩频，接收机只能在发送端的扩频码已知时计算发送数据。

4) 抗干扰性能好

UWB 因为使用跳时扩频信号，系统具有较大的处理增益，发射时将无线电信号分布在宽频带中，所以输出功率甚至比普通设备产生的噪声还低。接收的过程中将信号能量还原出来，解扩时产生扩频增益。所以，与蓝牙、IEEE 802.11a、IEEE 802.11b 相比，在同等码速下 UWB 抗干扰性能更强。

5) 系统复杂度小、成本低

UWB 通信又称无载波基带通信，基本是一种数字通信系统，需要较少的微波和射频，大大降低了系统的成本和复杂性。

6) 多路径分辨率高，定位精度高

UWB 信号的定位精度与其宽度成反比，窄带脉冲使 IR 信号具有高分辨率，使通信系统能够充分利用多路径能量解调数据。

## 二、4G/5G 定位

随着 5G 技术和网络的不断涌现及持续扩大，蜂窝联网（一种移动通信硬件架构，分为模拟蜂窝网络和数字蜂窝网络。由于构成网络覆盖的各通信基地台的信号覆盖呈六边形，从而使整个网络像一个蜂窝而得名。）无疑将改变人们的生活方式，并为各个行业开创全新的用例。位置和定位技术是 5G 技术发展的重要领域之一。从智能汽车到实时远程控制等，5G 技术的应用正推动定位信息在精度、速度和可用性方面产生巨大进步。5G 技术不仅增强了 A-GNSS 和观测到达时间差（OTDOA）等现有的 4G 定位技术，还引入了一些全新的技术，如使用波束塑型信息来确定垂直位置等。

传统的移动通信网支持定时提前量定位、增强观察时间差定位、上行到达时间差定位，但定位精度无法满足相关需求。因此，自 2016 年起，3GPP 在 R13、R14 版本持续开展针对 3G 和 4G 定位技术增强的研究，增强了无线电技术（Radio Technology，RAT）定位方法，完善了非 RAT 的室内定位方法等。

5G 技术是一种宽带技术，其更高的带宽可以实现设备与 gNodeB 基站之间交换更多定位信息（定位参考信号，缩写为 PRS）。

利用 5G 技术可以进行异构融合，如图 4-17 所示。定位异构融合定位系统不是简单地对各种定位网络叠加，而是需要研究各种定位技术的智能融合技术，综合实现最优的定位性能。

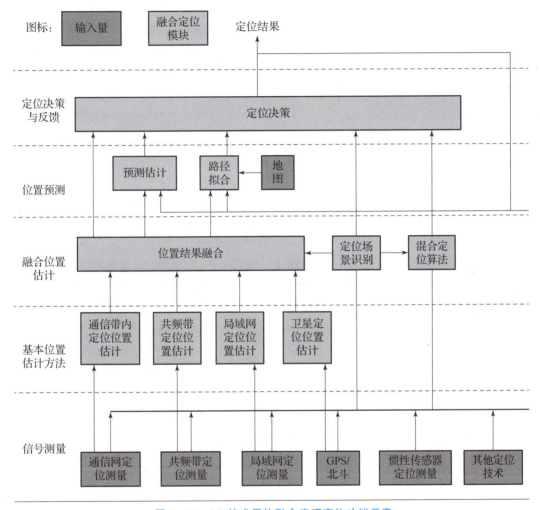

图 4-17　5G 技术异构融合实现定位功能示意

5G 技术同时还引入了大规模 MIMO 和波束塑型技术的组合。在 LTE 中，基站在最好的情况下也只可能知道用户所在的扇区（通常为 120°水平范围）。波束塑型切分基站可以发射出许多空间组成部分，而且只有几度的范围，因此可以提供更高的位置精度。5G 波束塑型天线不仅涵盖水平范围，而且是一种二维天线组件阵列，这就使 5G 技术能够查明用户所占用的垂直波束，从而实现垂直 $Z$ 轴定位。

更高的频率能够实现分辨率更高的波束塑型。当 5G 技术部署到毫米波频率（28 GHz 或更高）时，"无线空间"将被切分为许多波束，且波束之间的夹角只有几度，因此能在水平和垂直空间上实现高得多的精度。

毫米波频率下的无线电确实存在自身问题，如传输距离不会太远，而且很容易受到树叶、雨滴、墙壁，甚至人的头部和手部等阻碍物的阻挡。业界将通过密集化的方式来克服 RF 传播的问题。通过每隔几百米安装一个小蜂窝，5G 移动设备将在无线电路径上具备更好的访问能力。同样，蜂窝（包括微微蜂窝和毫微微蜂窝）和"分布式天线"（Distributed Antenna System，DAS）将安装到各类公共和部分私有空间中，实现室内和地下的信号全覆盖。室外密集化和室内覆盖的一项有益的副产品就是位置精度得到了大幅提高，包括最初的室外环境以及后来的室内和地下环境。

为了处理所有这些定位数据的新来源，LTE 蜂窝网络中所用到的主体协议将升级至未来的 3GPP 版本。随着无线通信技术的发展，新兴的无线网络技术，如 Wi-Fi、WiMax、ZigBee 等在办公室、家庭、工厂、公园等大众生活的方方面面得到了广泛应用，基于无线网络的定位技术也将会有更广阔的发展空间。

## 任务五　多传感器融合定位

### 一、卡尔曼滤波

对智能汽车进行定位，通常要对车辆周围事物的状态进行估计。智能汽车需要先知道自己所处的位置，才能决定自己下一步该往哪走。在做出决策之前，它通常无法精确地知道事物当前的状态。为了估计一个事物的状态，需要先去测量它，但是不能完全相信测量结果，因为测量是不精准的，往往会存在一定的噪声，这个时候就要去估计系统的状态。卡尔曼滤波就是一种结合预测（先验分布）和测量更新（似然）的状态估计算法。

卡尔曼滤波是一种很重要且很常见的估值算法。在任意一个信息不确定的动态系统中，都可以使用卡尔曼滤波对下一时刻进行预测。卡尔曼滤波基于不准确的测量值来估计隐藏变量的值。同时，卡尔曼滤波基于历史的估计值提供对系统的未来状态的预测。

卡尔曼滤波的应用已有超过 30 年的历史，包括机器人导航及传感器数据的融合、在军事方面的雷达系统和导弹追踪等。近年来更被应用于计算机图像处理，如人脸识别、图像分割、图像边缘检测等。基于卡尔曼滤波器的跟踪过程是估计目标当前时刻和未来任一时刻状态的过程。将运动目标的运行状态模型作为一个卡尔曼滤波器模型，根据目标的运动历史预测它在下一图像序列中的位置信息，减小目标的搜索区域，加快目标跟踪的速度，适用于与其他跟踪方法结合使用。

卡尔曼滤波及其扩展算法能够应用于目标状态估计，如果这个目标是行人，那么就是行人状态估计（或者说行人追踪）；如果这个目标是车辆自身，那么就是车辆自身的追踪（结合一些地图的先验信息如 GPS 数据可以实现自身的定位）。卡尔曼滤波及其扩展算法（如 EKF、UKF 等）在智能汽车定位中得到大量应用。

卡尔曼滤波有以下特点。

（1）卡尔曼滤波处理的对象是随机信号。

（2）被处理的信号分为有用信号、无用信号和干扰信号，滤波的目的是要估计出所有被处理的信号。

（3）系统的白噪声激励和量测噪声并不是需要滤波的对象，它们的统计特性正是估计过程中需要利用的信息。

## 二、GPS/INS 组合导航系统

常用的导航系统如 GNSS、惯性导航系统、激光雷达等，各自都具有一些优缺点。全球导航卫星系统，可以提供良好的长期高精度导航结果，但 GNSS 信号的输出频率相比于惯性导航系统会低很多，同时当信号被遮挡以及干扰时，GNSS 就会停止工作，没有输出的结果。而惯性导航系统是目前智能驾驶汽车上应用比较广的一种传感器，是一种基于加速度计和陀螺仪的自主导航系统。它不依赖于任何外部信息，受外界环境变化的影响较小，能够提供车辆实时的位置、航向、速度和姿态角的信息，数据更新频率高，稳定性较好。但是由于其导航信息是通过积分产生的，因此定位误差随时间的增加而增大，长期精度差，易产生温漂、零漂等问题。

由 GNSS 和惯性导航系统的导航原理可知，惯性导航系统和 GNSS 在提供定位信息的功能上可互补优缺点，组合导航可提供高精度的同时可靠性也得到保证，因此惯性导航系统/GNSS 组合广泛用于智能汽车的导航和定位。

惯性导航系统与 GNSS 组合进行导航定位，主要是通过利用一定的数据融合方式将两系统的数据进行一定程度的结合，一方面可以得到组合系统中的状态变量相应状态下的最优解；另一方面，可以使系统中某些信息得到互相补充，从而得到一定的修正。惯性导航系统/GNSS 组合导航系统根据其信息交换、组合结构可以分为松耦合（客户端和服务之间的通信由消息的架构支配。只要消息符合协商的架构，客户端或服务的实现就可以根据需要进行更改，而不必担心会破坏对方）和紧耦合（模块或者系统之间关系太紧密，存在相互调用。其缺点在于更新一个模块的结果导致其他模块的结果变化，难以重用特定的关联模块）两种。

在惯性导航系统/GNSS 组合模式中，松耦合是最简单的一种组合方式，其原理如图 4 - 18 所示。

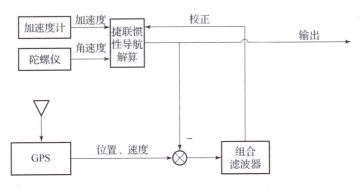

图 4 - 18 INS/GNSS 松耦合原理

在该组合模式下，惯性导航系统与 GNSS 在工作过程中相互独立，通过利用组合滤波器对两子系统的数据进行融合并得到最优的估计结果，最终将该结果反馈给惯性导航系统中对其进行修正。这一组合方式比单一的惯性导航系统或者 GNSS 进行导航定位时的效果都要好。但是，采用这种组合方式的前提是惯性测量单元 IMU 具有很高的精度，以确保系统达到较好的工作状态。

## 任务六　高精度地图

高精度地图是指相比传统地图精度更高的地图，其精度达到厘米级别，可以区分车道。在数据精度上，相比传统电子地图米级的数据误差，高精度地图的相对精度误差不超过 20 cm。相比传统电子地图中简单的道路模型，高精度地图包含了道路的几何结构、道路标志、道路标示线的位置、车道边界、车道坡度、弯道曲率等多维度的丰富信息。未来，高精度地图不仅包含很高精度的道路静态信息，还可能包含交通事件以及道路施工等动态信息，如信号灯的位置和当前指示，提示哪些道路正在施工、交通管制、封路、拥堵、发生交通事故等。总的来说，高精度地图是高精度、高维度的地图数据综合。

**1. 高精度地图的定义**

与传统电子地图不同，高精度地图的主要服务对象是智能汽车，或者说是机器驾驶员。和人类驾驶员不同，机器驾驶员缺乏与生俱来的视觉识别、逻辑分析能力。例如，人类驾驶员可以很轻松、准确地利用图像定位当前的相对位置，鉴别障碍物、人、交通信号灯等，但这对当前的机器驾驶员来说都是非常困难的任务。因此，高精度地图是当前智能汽车技术中必不可少的一个组成部分。

相比服务于驾驶员导航系统的传统地图而言，高精度地图最显著的特点是对路面特征精准性的呈现。

高精度地图作为普通导航地图的延伸，在精度、使用对象、时效性及数据维度等方面与传统电子地图有以下不同。

（1）精度：传统电子地图精度一般达到米级；高精度地图精度达到厘米级。

（2）使用对象：传统电子地图面向人类驾驶员；高精度地图面向机器驾驶员。

（3）时效性：对于静态数据，传统电子地图更新要求一般在月度或季度级别；高精度地图为保证自动驾驶的安全性，一般要求每周或每天更新。对于动态数据，传统电子地图不作要求；高精度地图要求车道级路况或交通事件等信息实时更新。

（4）数据维度：传统电子地图只记录道路级别的数据，如道路等级、几何形状、坡度、曲率、方向等；高精度地图在传统电子地图基础上不仅增加了车道及车道线类型、宽度等属性，更有诸如护栏、路沿、交通标志牌、信号灯和路灯等详细信息。

高精度地图的特性包括以下方面。

1）精准性

高精度地图是智能驾驶核心技术之一，精准的地图对智能汽车定位、导航与控制，以及安全至关重要。首先，道路上车道线的宽度大约在 10 cm，如果让行驶的车辆在完全智能行驶的情况下同时避免压线，就需要地图的定位精准度到 10 cm，甚至达到 10 cm 以内。其次，在车辆行驶时，高精度地图应当准确地反馈路况信息，只有在信息准确的情况下，才能帮助车辆判断道路前方的道路指示线是实或虚，判断限高、禁行等，从而保证车辆安全、正常地行驶。最后，高精度地图包含大量的行车辅助信息，如路面的几何结构、标识线位置、周边道路环境的点云模型等。有了这些高精度的三维表征，智能汽车就可以通过比对车载 GPS、IMU、LiDAR 或摄像头的数据来精确确认自己当前的位置，并进行实时导航。

2) 实时性

由于路网每天都有变化，如整修、道路标识线磨损及重漆、交通标识改变等。这些变化需要及时反映在高精度地图上以确保智能汽车行驶安全。实时更新高精度地图有很高的难度，但随着越来越多载有多种传感器的智能汽车行驶在路网中，一旦有一辆或几辆智能汽车发现了路网的变化，通过与云端通信，就可以把路网更新信息告诉其他智能汽车，使其他智能汽车能及时察觉路况变化，从而做出更好的判断确保行车的安全。

3) 稳定性

对于智能汽车而言，高精度地图不受光照、雾霾和雷雨等天气影响，也不受昼夜影响，更不受传感器安装位置及车型影响，能够对道路进行安全及方向指引。

**2. 高精度地图对自动驾驶的价值**

高精度地图作为自动驾驶的必备构件，能够满足自动驾驶汽车在行驶过程中地图精确计算匹配、实时路径规划导航、辅助环境感知、驾驶决策辅助和智能汽车控制的需要，并在每个环节都发挥着至关重要的作用。其主要功能如图 4-19 所示。

图 4-19 高精度地图在自动驾驶中的主要功能

(a) 辅助环境感知；(b) 辅助定位；(c) 辅助路径规划；(d) 辅助控制

1) 辅助环境感知

传感器作为自动驾驶的"眼睛"，有其局限性，如易受恶劣天气的影响等。高精度地图可以对传感器无法探测或探测精度不够的部分进行补充，实现实时状况的监测及外部信息的反馈，进而获取当前位置精准的交通状况。

通过对高精度地图模型的提取，可以将汽车周边的道路、交通设施、基础设施等元素和元素之间的拓扑结构提取出来。如果自动驾驶汽车在行驶过程中检测到高精度地图中不存在的元素，则一定程度上可将这些元素视为障碍物。通过这一方式，可以帮助感知系统识别周围环境，提高检测精确度和检测速度，并节约计算资源。

2）辅助定位

由于存在各种定位误差，地图上的移动汽车并不能与周围环境始终保持正确的位置关系，在汽车行驶过程中，利用地图可精确定位汽车在车道上的具体位置，从而提高汽车定位的精度。相比更多地依赖于 GNSS 提供定位信息的传统电子地图，高精度地图更多地依靠其准确且丰富的先验信息（如车道形状、曲率和标志牌等），通过结合高维度的数据与高效率的匹配算法，能够实现更高精度的匹配与定位。

3）辅助路径规划

传统电子地图仅能给出道路级的路径规划，而高精度地图的路径规划导航能力则提高到了车道级，例如，高精度地图能够确定车道的中心线，可以提醒汽车尽可能地靠近车道中心行驶。在人行横道、低速限制或减速带等区域，高精度地图可使汽车提前查看并预先减速。对于汽车附近的障碍物，高精度地图可帮助智能汽车缩小路径选择范围，以便选择最佳避障方案。

4）辅助控制

高精度地图是对物理环境和道路信息的精准还原，可为汽车加减速、并道和转弯等驾驶决策控制提供关键道路信息。而且，高精度地图能给汽车提供超视距信息，与其他传感器形成互补，对汽车进行辅助系统控制。

高精度地图能为汽车提供精准的预判信息，具有提前辅助其控制系统选择合适的行驶策略等功能，有利于减少车载计算压力和突破计算性能"瓶颈"，使控制系统更多地关注突发状况，为自动驾驶提供辅助控制能力。因此，在提升汽车安全性的同时，有效降低了车载传感器和控制系统的成本。

# 项目五　智能汽车规划决策与控制技术

(1) 了解智能汽车规划决策模块的框架和作用。
(2) 了解地图的表示方法。
(3) 掌握智能汽车的 Dijkstra 算法、A*算法、RRT 算法等规划算法的原理。
(4) 了解智能汽车行为决策算法的分类。
(5) 了解车辆运动学模型的构建，建立纯跟踪算法的基本认知。

(1) 能够分析 Dijkstra 算法、A*算法、RRT 算法的优缺点。
(2) 能够分析预瞄距离参数对纯跟踪算法和斯坦利算法性能的影响。

## 任务一　基本框架简介

当人类驾驶员获取了周围的环境信息并确认自己所在位置后，将根据目的地规划车辆的行驶路线，并通过相关操作完成具体的行车控制。智能汽车的驾驶过程与人类驾驶员的操作逻辑大致相同，由"我在哪儿？""要去哪儿？""怎么去？"三大步骤组成。环境感知技术帮助智能汽车获取当前状态下的周边环境，定位导航技术帮助智能汽车了解当前状态下自身所在的位置，完成上述工作后，智能汽车就可以进行路径的规划及具体的执行。智能汽车规划决策模块具有承上启下的作用，上接环境感知模块，下接运动控制模块。而控制技术则是智能时代汽车自动化进程中的基石，更多的信息在先进控制技术的赋能下将衍生出更多的新功能与新系统，从而实现智能汽车安全性、经济性以及舒适性等各方面的提升。

典型的智能汽车系统框架如图 5-1 所示，主要由感知、规划决策和控制三大模块组成，各模块发挥着不同的作用并相互影响。感知模块基于传感器输入来提供关于周围车辆的信息，规划决策模块则根据周围其他车辆的信息决策出该车所需要的动作，控制模块则根据规划决策模块制定的动作方案进行具体的车辆控制。

具体来说，三大模块分别对应智能汽车驾驶系统中的感知系统、规划决策系统和控制系统。感知系统的主要目的是处理并提取车身周围的环境信息，利用多传感器目标检测和融合技术，获取障碍物以及车身姿态，为规划决策系统提供周围环境关键信息。定位系统为智能汽车提供位姿信息，包括车辆经纬度、航向、俯仰角和翻滚角等，并融合惯导和 GPS 为智能汽车提供综合定位,保障定位系统的可靠性和稳定性。规划决策系统将综合环境信息和车身信息,规划出安全的行驶轨迹和合理的驾驶行为。而控制系统则根据接收的决策规划指令,针对目标速度和目标位置,调整速度及目标转角等参数。然后将这些参数信息传递给执行机构,从而使智能汽车进行路径跟踪。

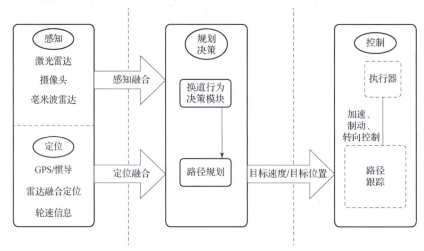

图 5-1　典型的智能汽车系统框架

在智能汽车驾驶系统中,规划决策系统是中枢指挥系统,相当于车辆的大脑。规划决策系统在接收到各种感知信息后,结合对当前环境和车辆状态的分析,对底层执行控制系统下达指令。规划决策一般分为路径规划、行为决策、运动规划三个层次,无论是哪个层次,都离不开环境地图的辅助。环境地图的作用就是使智能汽车更好地理解周围环境。根据不同的表现形式,环境地图表示法主要分为度量地图表示法、拓扑地图表示法和混合地图表示法,如图 5-2 所示。

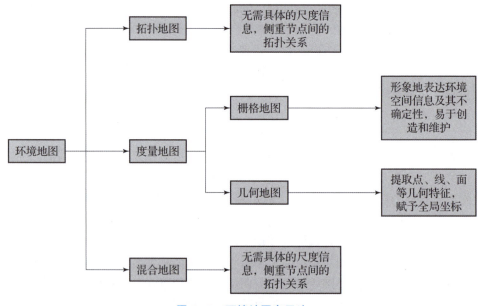

图 5-2　环境地图表示法

## 一、度量地图表示法

度量地图表示法采用坐标系中栅格是否被障碍物占据的方式来描述环境特征，分为几何表示法和空间分解法。

百度百科
环境地图

### 1. 几何表示法

几何表示法利用包括点、线、面在内的几何图元来表示环境信息，因而可以用数值来表示物体在全局坐标中的位置。图 5 – 3 所示为利用几何表示法对环境进行建模所得到的结果。

图 5 – 3　几何表示法建模结果

相比于其他环境地图表示方式，几何特征地图更为紧凑，有利于位置估计和目标识别。但缺点是环境几何特征提取困难，如圆形特征等。几何特征地图适合于在环境已知的室内提取一些简单几何特征，而室外环境因运动受限，几何特征提取十分困难。几何地图的典型代表有可视图、Voronoi 图和概率图等。

### 2. 空间分解法

空间分解法是指把环境分解为类似于栅格的局部单元，依据它们是否被障碍物占据来进行描述。如果栅格单元被障碍物占据，则为障碍物栅格；反之，则为自由栅格。空间分解法通常采用基于栅格大小的均匀分解法和递阶分解法。均匀分解法中栅格大小均匀分布，占据栅格用数值表示。均匀分解法能够快速融合传感器信息，但是均匀分解法采用相同大小栅格会导致存储空间巨大，大规模环境下路径规划计算的复杂度也随之增高。为了克服均匀分解法中存储空间巨大的问题，递阶分解法把环境空间分解成大小不同的矩形区域，从而减少环境模型所占内存。递阶分解法的常用表示方法为四叉树分解法。图 5 – 4（b）和图 5 – 4（c）分别用均匀分解法和四叉树分解法表示同一环境所得到的环境模型。

均匀栅格地图是度量地图路径规划中最常用的表达方式。它把环境分解为一系列离散的栅格节点。所有栅格节点大小统一、均匀分布。栅格用值占据方式来表达障碍物信息。如在最简单的二值表示法中，1 表示障碍栅格，禁止通行；0 表示自由栅格，可通行。图 5 – 5 所示为均匀栅格地图表示法，黑色区域不可通行，白色区域可通行。起始栅格与目标栅格都是自由栅格。每个栅格都对应相应坐标值，而坐标值就表示智能汽车在栅格地图内的当前位置。环境信息用均匀栅格地图表示后，栅格节点只有建立一定的连接关系，才能保证能从起点搜索到目标点的有效路径。

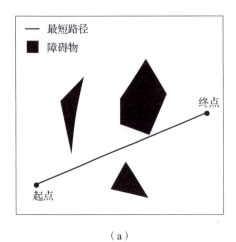
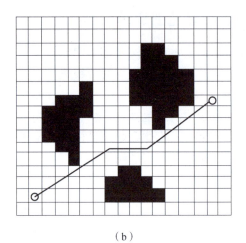

(a)                                              (b)

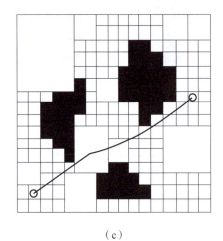

(c)

图 5-4　度量地图表示法

(a) 几何表示法；(b) 均匀分解法；(c) 四叉树分解法

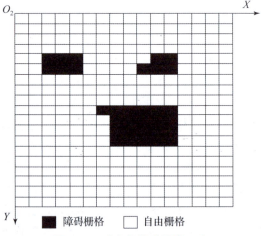

图 5-5　均匀栅格地图表示法

将环境信息表示成均匀栅格地图时，规划出的最优路径仅为栅格内最优。也就是说，只要障碍栅格内有障碍物，即使障碍物尺寸小于栅格状态大小，也认为该栅格为障碍栅格，因此规划出的最优路径也就为栅格内最优。

## 二、拓扑地图表示法

拓扑地图表示法侧重于对环境中的可行路径进行表示。该方法将现实环境路网离散成点和线。点代表道路的关键节点，如不同道路之间的交汇点、道路转折点或者关键地标等。线则是点与点之间的连接通道，表示了实际中两个关键节点的可通行道路。线或边可增加附加属性来表示更多的道路信息，如道路方向、宽度、限速、特殊交通规则和地形特点等。

对于较大的地图而言，若采用栅格地图表示环境，不仅会占用非常多的内存，增大栅格数学分析的计算量，同时也显得有些"多此一举"，因为某些很少到达区域的障碍物状态并不被人所关心。在同类情况下更多会选用拓扑地图去表示环境。

拓扑结构对环境路网结构表示清晰，相比于栅格地图来说该类地图形式简单，方便存储，数学分析效率也比较高。但与此对应的缺点是，基于拓扑地图搜索出来的路径结果直接受拓扑地图构建质量影响，若构建的拓扑地图没有充分反映实际道路通行情况，那么基于拓扑地图的路径搜索解的质量就会降低，往往不是最优解，甚至是无解。

## 三、混合地图表示法

综上所述，栅格地图表示法和拓扑地图表示法都各有优势与不足，很多研究者尝试将上述地图表示法的优势集中起来，于是逐渐有了如今的混合地图表示法。Yeap等提出了一种基于局部栅格地图构建全局拓扑地图关系的算法，其将多个已存在的局部栅格地图通过拓扑关系连接起来，构成由局部栅格地图组成的栅格拓扑地图。通过这种方法可以在全局采用拓扑地图时搜索全局最优路径，在局部则采用局部栅格地图进行局部路径跟踪以及躲避障碍物等操作，实现两个层次的路径规划。贺勇等提出一个分层的车道级高精度地图，主要有道路层、车道网络层、车道线层以及交通标志层等，通过叠加多层地图信息可以构建完整的拓扑关系以及全方位的交通信息。

混合地图表示法综合了度量地图表示法与拓扑地图表示法的特点，将度量地图的高精度与拓扑地图的高效率结合起来，如图5-6所示。模型建立后，在不同层次采用适当搜索的算法，可以最大限度上节约计算机资源。Yeap和Jefferies提出一种从局部度量地图中提取全局拓扑结构的方法。局部地图采用栅格表示，全局地图采用类似拓扑结构的边集连接已经存在的多个局部地图表示，而在路径规划中采用基于占据栅格的局部规划和基于拓扑连接关系的全局规划。

然而无论选用上述哪种地图表示法，智能汽车的规划决策都不存在绝对正确或失败的策略，决策选择的策略往往也不需要全局最优解，而仅需保证在一定范围内次优即可。

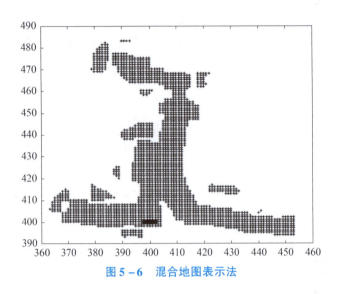

图 5-6　混合地图表示法

## 任务二　路径规划

### 一、路径规划分类

路径规划是指在具有障碍物的环境中，按照一定的评价标准，如路径长度最短或能量消耗最少等原则，通过搜索策略寻找一条从起始点到目标终点的无碰撞路径。路径规划是基于环境系统给出的可通行区域，规划出一条从起始点到目的地的安全的、无碰撞的、符合车辆运动学约束的路径轨迹，再将此轨迹发送给控制系统予以执行。在现实生活中，驾驶员在驾驶车辆时，往往分为以下步骤：

（1）凭借自身经验或者导航地图，确定大致的方向，这相当于全局规划；

（2）根据周身动态环境，如其他的行人、车辆等需要避障的物体，确定车辆的行驶轨迹，这相当于局部规划；

（3）控制车辆沿规划轨迹行驶。

智能汽车的路径规划分为全局规划和局部规划，如图 5-7 所示。

**1. 全局路径规划**

全局路径规划指在环境已知的情况下规划出一条智能汽车从起始点至目标点的路径，这是一种事前规划，类似于日常生活中常用的"导航"功能；输入出发地与目的地，导航地图就会自动规划出一条最优路径。

全局路径规划不需要考虑车辆周围的环境约束以及车辆系统的非完整性约束，利用先验地图、车辆状态信息以及其他相关模块信息规划一条全局引导路径。由于车载传感器识别能力有限，局部规划很容易根据已知车身周围信息规划出局部最优解，也就容易规划进入环境死角，这时就需要全局路径引导为智能汽车提供方向，防止车辆陷入局部最优解。也可将全局路径规划理解为局部路径规划提供全局引导信息的辅助规划。

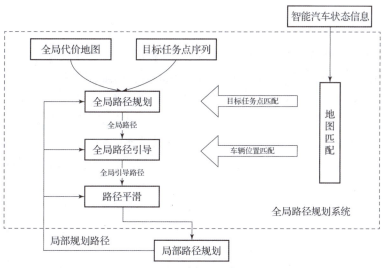

图 5-7 路径规划框架

## 2. 局部路径规划

局部路径规划指在完全未知的环境下,侧重对智能汽车周围局部的环境做出反应,使智能汽车具有较好的避障能力。局部路径规划依赖车载传感器精度,要求感知传感器具有较高的精度和处理信息的能力,对环境噪声和误差具有较高的鲁棒性。

局部规划出的路径是局部最优的,不是全局最优,所以局部路径要和全局路径协同工作,才能使智能汽车安全、高效地达到目标点。图 5-8 同时显示了全局规划和局部规划的结果,中间由红色的点组成的一条线是全局路径,全局路径的生成是通过提前采集路网或者在地图软件上标记出的路径实现的。智能汽车如采用 RTK 定位,定位精度可达厘米级,图 5-8 中的全局路径就是采用实车定位提前采集的路线。白色边框代表的是车辆,白色边框的中点就是车辆后轴中心,也就是坐标系原点。两条向外扩张的触须是在此时的实际车速下的转角最大值。梯形框代表局部路径,从图 5-8 中可以看出,局部路径是跟随全局路径的,即全局路径是局部路径的一种引导,全局路径上的点是目标点,定好局部路径的长度。智能汽车的行驶就是从当前位置,行驶至全局路径目标点的一个过程。当然图中所示的是一种比较理想的情况,多数情况下,车辆的实际位置并不在全局路径上,也就是说车辆的实际位置与预定位置是存在偏差的,这时就需要根据偏差量来调整方向盘角度,使智能汽车跟随全局路径。

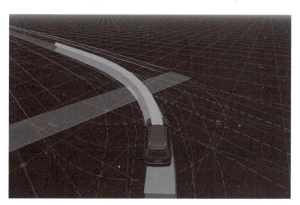

图 5-8 全局规划与局部规划的结果

## 二、路径规划算法

目前常用的路径规划算法有 Dijkstra 算法、A* 算法、D* 算法、蚁群算法（Ant Colony Algorithm，ACA）、快速探索随机树（Rapidly – exploring Random Tree（RRT）算法等。A* 算法发源于 Dijkstra 算法，是具有启发性的路径搜索算法，其算法的核心在于从当前目标点搜索下一最小代价函数值，作为下一目标起点，循环往复以达到最优路径规划的目的。蚁群算法虽然求得的路径相对较短，但其耗时较多，不利于智能汽车的路径规划。RRT 算法适用于多自由度路径规划问题，但随机分布特点会引起算法计算时间较长、路径规划非最优等不足。

### 1. Dijkstra 算法

Dijkstra 算法是最经典的路径搜索算法，寻找解的质量稳定。Dijkstra 算法使用全局搜索，不仅能保证在一个区域中找到两个点之间的最短路径，而且能够找到区域中某一点到其他点的最短路径。

Dijkstra 算法的基本思路是假设每个点都有一个坐标 $(d_j, p_j)$，其中 $d_j$ 是原点 $O$ 到某一点 $j$ 的一条长度最短的路径；$p_j$ 则是 $d_j$ 的前一个点。此时，求解从原点 $O$ 到某一点 $j$ 长度最短的路径，计算步骤如下。

（1）判断路径规划的可行性，即起始点和终点的选择是否可行和存储节点的容器是否正确。将存放节点的容器初始化，之后将所有节点存放在临时缓存。

（2）查找离第一个节点最近的相关节点和两者间的道路信息，把这些信息都存储起来，然后查找与之距离最短的一个节点是不是终点。假如这个节点是终点，则把节点存储并返回。如果这个节点不是终点，则从临时缓存中删除第一个节点，执行下一步操作。

（3）寻找离目前中间点最近的一个节点，将这个节点存储起来。

（4）再次判断当前节点是不是路径规划的终点，若是，则返回节点；若不是，则删除临时缓存中的已分析节点，并重复步骤（3）。

简单来说，Dijkstra 算法就是对当前网络中存在的所有节点进行查找，找到第一个节点和任意一个节点间的最短路线。Dijkstra 算法并不考虑任何节点是否存在方向性，因此具有较好的计算可靠性、稳定性，但在大规模的路径规划中，Dijkstra 算法的计算效率低。

### 2. A* 算法

A* 算法是静态路径规划下最常用的算法。其是一种通过启发函数来搜索路径，每次确定当前起点，重新计算代价函数，循环搜索下一目标点的路径搜索算法。这种搜索策略针对问题本身特点进行，因此比完全搜索的方法效率更高，只需要搜索一部分状态空间，就可以到达目的地。启发函数常用式（5.1）描述。

$$f(n) = g(n) + h(n) \tag{5.1}$$

式中，$f(n)$ 为路径搜索总的代价函数估计值；$g(n)$ 为实际移动代价值；$h(n)$ 为目标点到终点的估算成本，其值是估算来的。$f(n)$ 是 $g(n)$ 和 $h(n)$ 的和，表示智能车辆在搜索算法中总的估算成本。

A* 算法流程如图 5 – 9 所示。

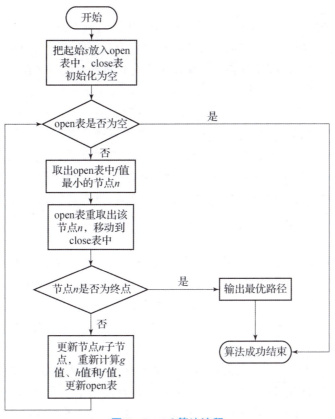

图 5-9 A*算法流程

A*算法的具体实现方式：初始化 open 集和 close 集，将智能车辆起点 s 放入 open 集，同时将 s 加入 path 集，判断 open 集是否为空，若为空则算法结束；否则更新 open 集，重新计算 open 集中对应的 g 值、h 值、f 值，选出代价值 f 的最小值，将对应的节点 n 加入 path 集，移除 open 集中的 n 节点，同时将 n 移动到 close 集中，表示已经成功的节点或者遍历过的节点，若节点 n 为终点则表示寻路成功，则输出最优路径退出算法规划；否则，更新 open 集重新计算 g 值、h 值、f 值，重复循环直至找到最优路径，找到最优路径时则退出算法搜索。

**3. D*算法**

在实际环境下，各种动态障碍物如行人、非机动车、路障等都可能影响车辆的行径，因此有必要进行路径的动态规划，而 D*算法则是典型的动态规划算法，其计算步骤如下。

（1）利用 A*算法对地图上给定的起始点和目标点进行路径规划，建立 open 和 close 表，存储规划路径上的每一路点到目标路点的最短路径信息。

（2）在车辆对规划路径进行跟踪时，当下一个路点没有障碍能够通行时，则对上面规划出的路径从起始点向后追溯到目标路点，直至车辆到达目的地。当跟踪到某一路点 Y，检测到在下一个路点处有障碍存在时，则在当前路点处重新建立对后续路点的规划，保存障碍物之前的路点在 open 和 close 表里的信息和后续指针。

（3）利用 A*算法从当前路点 Y 开始向目标路点进行规划，重新规划得到最短路径。之后不断从步骤（2）开始重复。

### 4. 蚁群算法

蚁群算法是一种用来寻找优化路径的概率型算法。它由 Marco Dorigo 于 1992 年在他的博士论文中提出，其灵感来源于蚂蚁在寻找食物过程中发现路径的行为。这种算法具有分布计算、信息正反馈和启发式搜索的特征，本质上是进化算法中的一种启发式全局优化算法。

### 5. RRT 算法

RRT 算法是一种基于随机采样的规划算法，将起始节点作为根节点，像一棵生长的树一样逐渐向外扩展，直到树中的叶子节点包含了目标节点，则遍历完成。RRT 算法最早由 LaVelle 于 1998 年提出，RRT 采用一种特殊的增量式方法进行随机树的构造，这种方式能够迅速缩短随机树和一个随机状态点的距离。RRT 算法的应用范围很广，可以在复杂的环境进行搜索，相较于其他传统的路径规划算法，RRT 算法具有建模耗时较少、很强的搜索和扩展能力、适应于添加非完整性约束等特点，但是 RRT 算法的节点利用率比较低、得到的路径不稳定。

RRT 算法通过对状态空间中的采样点进行碰撞检测，避免了在状态空间中显示构造障碍物模型，能够有效地用于解决复杂约束下和高维空间内的路径规划问题。原始的 RRT 算法是通过将一个初始点作为随机树的根节点，通过随机采样，增加叶子节点的方式，构造一个随机扩展树，当随机扩展树中的叶节点距离目标点较近时，便可以在随机树中找到一条由树节点组成的连接初始点和目标点的路径。

RRT 算法属于一种基于采样的运动规划方法，这类方法不具备完整性，只具备概率完备性，即当采样点的数量趋近无穷时，规划算法返回解的概率接近于 1。RRT 算法具备倾向于向状态空间中未探索的区域进行采样并扩展树的性质，这意味着在状态空间中均匀地挑选一个采样点，在 RRT 扩展树上找到距离最近的节点并进行扩展，空间探索倾向于向着 RRT 扩展树上所有节点中拥有最大 Voronoi 区域的节点的方向。该性质背后的原因是节点被选作扩展节点的概率和节点所拥有的 Voronoi 区域大小成正比。从这个角度上来说，RRT 构造随机树是不断将大的 Voronoi 区域分割成小的 Voronoi 区域的过程。

# 任务三　行为决策

## 一、行为决策简介

行为决策又称行为规划，是智能汽车规划模块中三层体系（任务、行为、动作）的中间层，本节将主要介绍行为规划的基本概念和核心设计思路，同时对智能汽车行为规划方法——分层有限状态机进行描述。

行为规划层处于智能汽车规划模块的中间层（见图 5-10），位于上层的任务规划层和底层的动作规划层之间，驾驶行为规划又称为驾驶行为决策，这一层的主要作用是基于来自上层的（任务规划层）的全局最优行驶路线轨迹，以及根据对当前的交通和环境感知信息的理解，来确定自身当前的驾驶状态，在交通规则和驾驶经验的指导下规划出合理的行为。

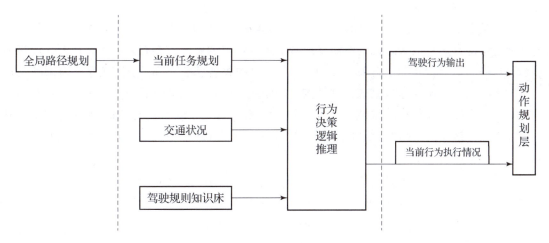

图 5-10　行为规划层在智能汽车规划模块中的位置

行为规划的内容直接关系到智能汽车行驶的可靠性和安全性，要设计出完全符合人类驾驶员的驾驶习惯和交通规则的行为规划系统在目前看来仍是一大难点，实现行为规划的方法有很多，但其设计的要求大致可以总结为两点。

**1. 合理性**

智能汽车驾驶的合理性建立在两个基础之上，即交通法规和驾驶经验。其中交通法规的优先级要高于驾驶经验，交通法规需要考虑的内容包括靠右侧车道行驶、不能超速、换道超车时应该提前开启转向灯、对于感知到的交通信号灯和交通标志应按照其指示内容行驶、出现任何危险情况应当能够果断地执行紧急制动等。驾驶经验需要考虑的内容主要包括尽量保持在原车道，不应该随心所欲地变道。城市路段行驶时不应该随意加速，确保行驶的舒适性。对于前车行驶缓慢时，在条件允许的情况下可以果断超车。因此，在行为规划的系统设计上必须酌情考虑这两方面因素。

**2. 实时性**

任何智能汽车的行为规划都是实时的，行为规划应该能够处理复杂的实时动态场景，并且能够根据环境的变化快速调整驾驶行为以避免危险发生。

行为决策和路径规划两个系统的功能不同，但是两者之间有着密切的联系。规划是在一定的环境下规划出一条无碰撞的、安全的最优路径。而决策系统负责在交通法规的约束下，为智能汽车提供合理的驾驶行为，如跟车还是超车，换道还是不换道，在路口遇到多个车辆冲突时，谁先走谁后走，这里面有很多细小的问题都可以去研究。可以说，决策系统为路径规划系统的运作指明了方向。

## 二、行为决策算法

行为决策算法主要分为基于规则的决策算法、基于监督学习的决策算法和基于强化学习的决策算法。

**1. 基于规则的决策算法**

基于规则的决策算法利用专家示范、交通规则等经验数据构建规则库，车辆根据行驶场景匹配驾驶决策，通常分为基于有限状态机的决策模型、基于决策树的决策模型等。

1) 基于有限状态机的决策模型

有限状态机（Finite State Machine）是一种典型的基于规则行为的决策方法，其具有实用、稳定等特点。有限状态机的本质是离散输入、输出的系统，在有限状态集合内，由当前状态收到输入信息，并产生有关行动和新的状态。根据各状态之间的转移关系，有限状态机可分为串联式、并联式和混联式三种结构。串联式有限状态机的显著特点就是各子状态遵照串联方式，不出现环路式的联结（见图 5-11）。麻省理工学院研发的 Talos 无人驾驶车辆基于串联式结构搭建决策模型，其优点是逻辑明确、规划推理能力强。但其对复杂交通环境适应性差，决策链易瘫痪。

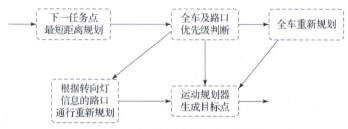

图 5-11 Talos 无人驾驶车辆串联式结构示意

并联式有限状态机对所有状态独立区分，使得状态机可以灵活且迅速地反映差异性输入。斯坦福大学和大众汽车公司联合开发的 Junior（参加 2007 年 Urban Challenge 比赛）无人驾驶车辆采用的并联式结构如图 5-12 所示。并联式结构具有对庞杂复杂功能的易实现性、系统的拓展性和模块性强等优点，但缺乏时序性，对状态划分的没有覆盖的工况缺少有效处理，场景辨识准确率不高导致决策失误等。

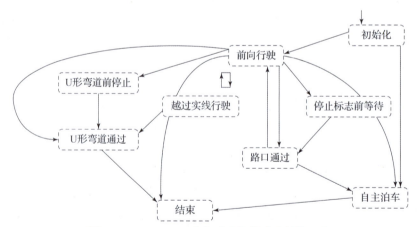

图 5-12 Junior 无人驾驶车辆并联式结构示意

混联式结构综合了串联和并联两种结构，卡耐基梅隆大学开发的 Boss（参加 2007 年 Urban Challenge 比赛）无人驾驶车辆决策模型采用的混联式结构如图 5-13 所示。该系统顶层和底层分别基于场景和行为划分，确保不同任务可以被细化执行。

无人驾驶车辆最开始的决策模型为有限状态机模型，车辆根据当前环境选择合适的驾驶行为，如停车、换道、超车、避让、缓慢行驶等模式，状态机模型通过构建有限的有向连通图来描述不同的驾驶状态以及状态之间的转移关系，从而根据驾驶状态的迁移反应式地生成驾驶动作。

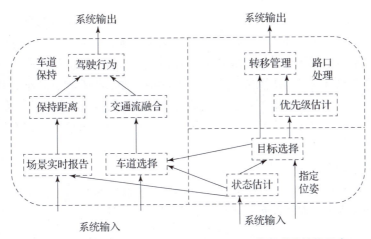

图 5-13　Boss 无人驾驶车辆决策模型采用的混联式结构示意

有限状态机模型因为简单、易行,是无人驾驶领域目前使用最广泛的行为决策模型,但该类模型忽略了环境的动态性和不确定性,此外,当驾驶场景特征较多时,状态的划分和管理比较烦琐,多适用于简单场景,很难胜任具有复杂结构化特征的城区道路环境下的行为决策任务。

2) 基于决策树的决策模型

决策树的模型采用树形结构进行表达决策,通过当前驾驶状态的属性值反应式地选择不同的驾驶动作,该类模型将驾驶状态和控制逻辑固化到树形结构中,通过自顶向下的"轮询"机制进行驾驶策略搜索。决策树的节点根据其是否包含子节点分为叶子节点和非叶子节点,叶子节点不包含子节点,非叶子节点包含子节点。在决策树模型中,每个非叶子节点代表一个判断条件,每个叶子节点代表一个结论。

在采用决策树进行行为决策时,通常每一个非叶子节点代表一个驾驶状态所对应的判断,每一个叶子节点代表一个驾驶行为,从根节点沿着其子节点直到一个叶子节点,代表选择一个驾驶行为的判断逻辑规则。

决策树模型具备可视化的控制逻辑,并且控制节点可复用,但需要针对每个驾驶场景离线定义决策网络,当状态空间、行为空间较大时,控制逻辑将比较复杂。另外,该类模型同样无法考虑交通环境中存在的不确定性因素。

**2. 基于监督学习的决策算法**

随着人工智能和机器学习的快速发展,监督学习针对专家数据(熟练驾驶员驾驶操纵数据)对智能汽车进行训练,能够使其具备更多的智慧属性,以应对基于规则的传统算法在行为决策层的巨大挑战。

监督学习是一种基于专家示教过程的学习方法,其目的是通过学习尽量逼近专家经验的状态-动作轨迹。行为克隆方法是最传统且应用最广的监督学习方法,该方法通过对监督样本的离线学习,不断逼近专家轨迹,无须与环境交互。英伟达公司利用数据聚合技术对模仿数据集进行扩展,在车载视觉传感器采集的图像数据的基础上,利用卷积神经网络模型对驾驶决策进行监督学习,并且在不同的驾驶环境中对行为克隆方法的有效性进行了验证。基于监督学习的自动驾驶决策算法利用历史数据训练模型,能够自动做出决策。在训练数据足够丰富时,可以获得很高的准确性。随着不断收集和整理的数据量的增加,可以不断优化和扩展该模型,使其逐渐适应更广泛的场景和情况。然而,基于监督学习的算法需要大量标注数据以训练模型,数据的质量和数量对模型性能有重要影响,对数据的依赖性强。如果模型过于复杂或训练数据不够多样化,容易导致模型过拟合,对新数据的泛化能力较差。相反,当模型面对没有见过的情况时,决策能力也会受到影响。如熟练驾驶员开车通常不会包含跟车距离过近、偏离车道角度过大等情况,因此在模型学习时这些危险情况(负样本)不会被覆盖。但当测试环境中出现异常状态导致训练域偏离时,模型可能无法正常预测结果,从而导致事故的发生。

**3. 基于强化学习的决策算法**

随着强化学习的兴起,智能体的自主学习能力能够较好地应对不同路况而做出最适合的安全决策,并具备强大的智能性和普适性。强化学习是一种智能体在实现状态到动作映射的同时最大化奖励信号的学习方式。强化学习的基本思想是在智能体与环境不断交互过程中实现一个既定目标,即寻找最优策略。与机器学习不同的是,强化学习中的训练数据通过智能体与环境不断交互,以试错的方式收集,而不是直接得到大量数据。如图 5-14 所示,智能体根据当前状态生成行为决策,通过作用于周围环境得到回报奖励。其学习指标是最大化回合累积回报,利用不断交互的方式更新策略。

图 5-14 强化学习示意图

强化学习属于多领域的交叉学科。在机器学习领域,监督学习是通过对有标签的数据进行分析,找到数据的表达模型,无监督学习是为了从无标签数据中找到隐藏的模型,而强化学习独立于监督学习和无监督学习。在最优控制领域,强化学习属于逼近动态规划方法。此外,强化学习的奖惩机制还类似于人脑与神经科学领域。强化学习具有以下 5 个特点。

(1)强化学习中没有监督者,只有奖励信号。监督学习要基于大量的标注数据进行,而在强化学习中没有监督者,这意味着强化学习不能使用已经标注好的样本数据来告诉智能体什么是最佳动作。智能体只能从环境的反馈中获得奖励。换言之,智能体不能马上获得监督信号,只能从环境中获得一个奖励信号。

(2)反馈延迟。反馈延迟实际上指的是延迟奖励。环境可能不会在每一步的动作上都获得奖励,有时需要完成一连串的动作,甚至是当完成整个任务时才能获得奖励。

(3)试错学习。由于没有监督,因此无法获得直接的指导信息,智能体要不断与环境进行交互,通过试错的方式来逐步改进现有策略以获得最优策略。

(4)智能体的动作会影响其后续数据。智能体选择并执行不同的动作后,会进入不同的状态。由于强化学习基于马尔科夫决策过程,因此下一个时间步所获得的状态发生变化,环境的反馈也会随之发生变化。

(5)时间序列很重要。机器学习的其他范式可以接受随机的输入,而强化学习更加注重输入数据的序列性,下一个时间步的输入经常依赖于前一个时间步的状态。

强化学习彻底引发工业界注意的事件是，2016 年 AlphaGo 4∶1 战胜世界围棋冠军李世石，3∶0 战胜柯洁。此后，强化学习方法一直是国内外诸多学者和公众关注的焦点。在 AlphaGo 的设计框架中，不仅包括强化学习，而且包括由强化学习与深度学习结合形成的深度强化学习框架。AlphaGo 的出现证明了强化学习模型在某些方面能达到人类的水平，甚至超越人类。由于强化学习具有普适性，因而它能被应用到许多领域中，如无人驾驶、金融贸易、自然语言处理、医疗保健等。

# 任务四　运动学模型

在智能汽车领域，要实现合理的路径规划以及精准的运动控制，掌握车辆的运动学与动力学基础知识非常必要。运动学是从几何学的角度研究物体的运动规律，包括物体在空间的位置、速度等随时间而产生的变化。因此，车辆运动学模型需要能反映车辆位置、速度、加速度等与时间的关系。在车辆轨迹规划过程中应用运动学模型，可以使规划出的轨迹更切合实际，满足行驶过程中的运动学几何约束，且基于运动学模型设计出的控制器也能具有更可靠的控制性能。

智能汽车有多种横向运动学模型，如差分驱动转向模型、麦克纳姆轮（Mecanum Wheel）全向驱动转向模型、自行车模型（Bicycle Model）等。自行车模型是当前较常见的车辆运动学模型，该模型被广泛应用于运动规划研究中，并且在实际表现中令人满意。通常情况下，由于城市道路驾驶路面情况较好，车辆的运动在局部空间内可以近似为平面运动，中低速情况下行驶，车辆无横向和纵向的滑移，轮胎侧偏角可忽略不计。

## 一、以质心为中心的车辆运动学模型

如图 5-15 所示，$A$ 为前轮中心；$B$ 为后轮中心；$C$ 为车辆质心点；$O$ 为 $OA$、$OB$ 的交点，是智能汽车的瞬时滚动中心，线段 $OA$、$OB$ 分别垂直于两个滚动轮的方向；$l_r$ 为后悬长度；$l_f$ 为前悬长度；$V$ 为质心速度；$R$ 为转向半径；$\beta$ 为质心侧偏角，即智能汽车质心速度方向和车辆纵轴线两者间所形成的角度；$\psi$ 为航向角，即车身与 $X$ 轴的夹角；$\delta_r$ 为后轮偏角；$\delta_f$ 为前轮偏角。具体关系如式（5.2）、式（5.3）所示。

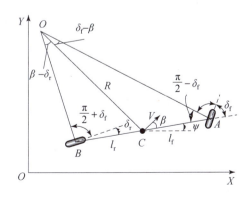

图 5-15　以质心为中心的车辆运动学模型

$$\frac{\sin(\delta_f - \beta)}{l_f} = \frac{\sin\left(\frac{\pi}{2} - \delta_f\right)}{R} \tag{5.2}$$

$$\frac{\sin(\beta - \delta_r)}{l_r} = \frac{\sin\left(\frac{\pi}{2} + \delta_r\right)}{R} \tag{5.3}$$

将式（5.2）、式（5.3）进一步展开，可得式（5.4）、式（5.5）。

$$\frac{\sin\delta_f\cos\beta - \sin\beta\cos\delta_f}{l_f} = \frac{\cos\delta_f}{R} \tag{5.4}$$

$$\frac{\sin\delta_r\cos\beta - \sin\beta\cos\delta_r}{l_r} = \frac{\cos\delta_r}{R} \tag{5.5}$$

联立式（5.4）、式（5.5）可得式（5.6）。

$$(\tan\delta_f - \tan\delta_r)\cos\beta = \frac{l_f + l_r}{R} \tag{5.6}$$

在低速环境下，智能汽车行驶路径的转弯半径变化较为缓慢，此时可假设车辆的方向变化率等于车辆的角速度，车辆的角速度为

$$\dot{\psi} = \frac{V}{R} \tag{5.7}$$

联立式（5.6）、式（5.7）可得式（5.8）

$$\dot{\psi} = \frac{V\cos\beta}{l_f + l_r}(\tan\delta_f - \tan\delta_r) \tag{5.8}$$

结合上述公式，在惯性坐标 $XY$ 下，即可得以质心为中心的车辆运动学模型为

$$\begin{cases} \dot{X} = V\cos(\psi + \beta) \\ \dot{Y} = V\sin(\psi + \beta) \\ \dot{\psi} = \dfrac{V\cos\beta}{l_f + l_r}(\tan\delta_f - \tan\delta_r) \end{cases} \tag{5.9}$$

在式（5.9）中输入 $\delta_f$、$\delta_r$ 和 $V$，通过式（5.4）、式（5.5）可得侧偏角 $\beta$ 为

$$\beta = \tan^{-1}\left(\frac{l_f\tan\delta_r + l_r\tan\delta_f}{l_f + l_r}\right) \tag{5.10}$$

假设将智能汽车简化为一辆自行车，那么整个汽车的控制量可简化为 $(a, \delta_f)$，其中，$a$ 为车辆的加速度，踩下油门踏板意味着加速度，踩下制动踏板则为负的加速度，$\delta_f$ 为方向盘的转角。

## 二、以后轴为原点的车辆运动模型

阿克曼转向系统由于采用精密、精巧的机械结构实现车辆的转向机制，能够对车辆进行更好的控制，实现更好的车辆稳定性、转向时更小的滑移和更小的能量消耗，而被广泛应用于高速乘用车上。但其缺点也较明显，如有最小转弯半径限制，不能进行原地转向。更重要的是，其特殊的结构，在运动规划中引入了非完整性约束，而使智能汽车运动规划算法设计难度大大增加。阿克曼转向机制中，为了尽量减少滑移，采用特殊的转向梯形结构，使得两轮的转向角不一致，内侧转向角比外侧转向角大，但各车轮的法向都指向同一瞬时转动中

心,并且实际对应的转向控制量只有一维控制量,即方向盘转角。为了便于建立控制量和运动学模型之间的联系,通常会将转向轮集合成参考点在前轴中心的虚拟转向轮,将两后轮合并成中心在后轴中心的虚拟轮,虚拟轮的速度和角度关系可以通过图 5-16 所示几何关系求得。为了更清楚地描述车辆的运动,本节引入两个常用坐标系,全局笛卡儿坐标系和以车辆后轴中心为原点的车体局部坐标系(右手直角坐标系,该坐标系下 $x$ 轴表示车轴的纵向运动,$y$ 轴表示车辆的横向运动),以五元组表示车辆的通用状态向量$(x,y,\theta,\phi,v)$,其中,$x$ 和 $y$ 表示车辆局部坐标原点在全局笛卡儿坐标系里的位置;$\theta$ 表示车辆在全局坐标系里的航向;$\phi$ 表示半车模型的虚拟转向角;$v$ 表示车辆的纵向速度。

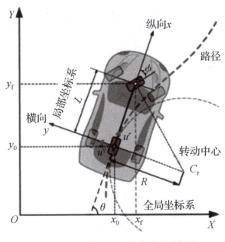

图 5-16 车辆运动学半车模型

由于与车轮滚动方向的垂直方向的速度为零,因此在全局坐标系下可得前轮运动学约束状态方程为

$$\dot{x}_f \sin(\theta+\phi) - \dot{y}_f \cos(\theta+\phi) = 0 \tag{5.11}$$

后轮运动学约束状态方程为

$$\dot{x}_0 \sin\theta - \dot{y}_0 \cos\theta = 0 \tag{5.12}$$

式中,$(x_f, y_f)$ 为前轴中心位置;$(x_0, y_0)$ 为后轴中心位置,根据几何关系可得前后虚拟轮在全局坐标系下的位置关系

$$\begin{aligned} x_f &= x_0 + L\cos\theta \\ y_f &= y_0 + L\sin\theta \end{aligned} \tag{5.13}$$

式中,$L$ 为前后轴距,将式(5.13)代入式(5.11)消除$(x_f, y_f)$ 得

$$(\dot{x}_0 - L\dot{\theta}\sin\theta)\sin(\theta+\phi) - (\dot{y}_0 + L\dot{\theta}\sin\theta)\cos(\theta+\phi) = 0$$

$$\dot{x}_0 \sin[(\theta+\phi)] - \dot{y}_0 \cos[(\theta+\phi)] -$$

$$L\dot{\theta}(\sin^2\theta\cos\phi + \sin\theta\cos\theta\sin\phi + \cos^2\theta\cos\phi - \cos\theta\sin\phi\sin\theta) = 0$$

$$\dot{x}_0 \sin(\theta+\phi) - \dot{y}_0 \cos(\theta+\phi) - L\dot{\theta}\cos\theta = 0 \tag{5.14}$$

通常情况下车辆局部坐标系的原点处于后轴中心,为了简化符号表达,采用$(x,y)$ 代替后轴中心$(x_0, y_0)$,表示车辆在全局坐标系的位置,车辆运动学模型可用矩阵形式表达为

$$\begin{bmatrix} \dot{x} \\ \dot{y} \\ \dot{\theta} \\ \dot{\phi} \\ \dot{y} \\ a \end{bmatrix} = \begin{bmatrix} 0 & 0 & 0 & 0 & \cos\theta \\ 0 & 0 & 0 & 0 & \sin\theta \\ 0 & 0 & 0 & 0 & \tan\phi/L \\ 0 & 0 & 0 & 0 & 0 \\ 0 & 0 & 0 & 0 & 0 \end{bmatrix} \begin{bmatrix} x \\ y \\ \theta \\ \phi \\ y \\ a \end{bmatrix} + \begin{bmatrix} 0 & 0 \\ 0 & 0 \\ 0 & 0 \\ 1 & 0 \\ 0 & 1 \end{bmatrix} \begin{bmatrix} \omega \\ a^{\mathrm{T}} \end{bmatrix} \qquad (5.15)$$

式中，$\omega$ 为方向盘转动速率；$a^{\mathrm{T}}$ 为车辆纵向加速度，取决于控制算法选择的控制参考输入。该车辆运动学模型的横向控制输入可以是方向盘转角 $\varphi$ 或是方向盘转动速率 $\omega$，车辆纵向控制量可以是纵向速度 $v$ 或是纵向加速度 $a^{\mathrm{T}}$。同时，根据图 5-16 中几何关系可得方向盘转角 $\varphi$ 与车辆转弯半径 $R$ 和曲线曲率 $K$ 的关系为

$$K = \frac{1}{R} = \frac{\tan\varphi}{L} \qquad (5.16)$$

上述模型描述了车辆在时间维度下横纵向运动耦合情况下的运动约束。很多场景中，将车辆的横向运动和纵向运动解耦，进行分别描述，在某些场景下也被证明是行之有效的方法。该方法通常将车辆的纵向运动描述成一维的非线性方程为

$$s = f(t) \qquad (5.17)$$

同时有

$$\dot{s} = \dot{f} = v$$
$$\mathrm{d}s = v\mathrm{d}t \qquad (5.18)$$

根据式（5.16）、式（5.17）和式（5.18）可得用弧长 $s$ 表示的 $x$ 坐标为

$$x = x_0 + \int_t^0 \dot{x}\mathrm{d}t = x_0 + \int_s^0 v\cos\theta \frac{\mathrm{d}s}{v} = x_0 + \int_s^0 \cos\theta\mathrm{d}s \qquad (5.19)$$

同理可得

$$y = y_0 + \int_s^0 \sin\theta\mathrm{d}s \qquad (5.20)$$

航向角为

$$\theta = \theta_0 + \int_t^0 \dot{\theta}\mathrm{d}t = \theta_0 + \int_s^0 v\frac{\tan\phi}{L}\frac{\mathrm{d}s}{v} = \theta_0 + \int_s^0 \frac{1}{R}\mathrm{d}s = \theta_0 + \int_s^0 k\mathrm{d}s \qquad (5.21)$$

实际上，曲线的曲率可表示为参数为 $s$ 的非线性函数。综上，关于弧长 $s$ 的运动学模型为

$$\begin{aligned} x' &= \cos\theta(s) \\ y' &= \sin\theta(s) \\ \theta' &= k(s), k(s) \in \left[-\frac{1}{R_{\min}}, \frac{1}{R_{\min}}\right] \end{aligned} \qquad (5.22)$$

## 任务五　车辆纵向控制

由于汽车是强耦合的非线性系统，故在控制研究过程中，常把汽车的运动解耦成纵向与横向分别进行分析。纵向控制作为智能汽车运动控制的重要

组成部分,是智能驾驶研究领域的核心难题之一。纵向控制主要通过对油门和制动之间的协调控制,达到对期望速度的精确跟随,要求在智能驾驶过程中保证纵向安全性、舒适性和横向稳定性的同时实现加速、减速、制动和车速保持等自动纵向控制功能。纵向控制系统具有参数不确定性、时滞性和高度非线性动态特性等特征,为典型的多输入-多输出复杂耦合动力学系统。如何构建可处理其参数不确定及高度非线性的控制模型是智能驾驶的难点,也是智能车辆研究领域的热点。

纵向控制是一个典型的混合动力系统,不仅包含连续的动态过程,而且包含离散的切换过程。在不同场景下,智能汽车必须将速度调整为与前方目标车辆相同的速度,同时与其保持一定的安全车距。车辆纵向控制策略分为直接式纵向控制和分层式纵向控制两种,其中分层式纵向控制具有更好的适应性。

## 一、车辆系统模型

智能汽车纵向控制主要分为匀速、加速和减速三种。加速要经过动力系统、传动系统才能传递到车轮,减速则需要有制动执行器建压、保压,完成减速动作。和横向控制不同的是,速度并不是纵向控制量本身,加速度才是纵向控制速度变化的原因。因此,纵向控制大部分情况下需要考虑加速度的控制,而加速度的控制需要考虑到动力系统、传动系统、车轮与地面的接触条件等,较为复杂。为实现该目标,需要建立一系列动力学模型。

智能汽车的纵向动力学模型由车辆整车动力学模型(轮胎纵向力、空气阻力、滚动阻力、车辆重力)和动力传动系统模型(发动机、传动系统、制动系统)两部分组成。在纵向动力学模型建立过程中,往往可以做出如下假设:

(1)假设道路状况良好,车辆横向运动与纵向运动相互解耦,无干扰;
(2)忽略俯仰、侧偏和垂向运动;
(3)地面有足够的附着力,轮胎与地面接触良好,忽略轮胎的滑移等非线性因素;
(4)假设传动轴与传动齿轮为刚性。

车辆整车动力学模型通过分别计算轮胎纵向力、空气阻力、坡道阻力和法向载荷等,并建立汽车行驶方程式而得到汽车动力学模型、动力传动系统模型以及制动系统模型等。

## 二、直接式纵向控制

直接式纵向控制是通过纵向控制器直接控制期望制动压力和节气门开度,从而实现对跟随速度和跟随减速度的直接控制,具有快速响应等特点。直接式纵向控制结构如图5-17所示。

图5-17 直接式纵向控制结构

常使用的直接式纵向控制有加速度开闭环PID控制方法。加速度开环控制算法即直接利用车辆系统模型,由期望加速度计算得到油门量和制动量。由车辆理论知识可知,智能汽车行驶方程为

$$F_t - F_b = F_w + F_i + F_f + F_a \quad (5.23)$$

式中,$F_t$ 为车轮纵向驱动力;$F_b$ 为车轮纵向制动力;$F_w$ 为空气阻力;$F_i$ 为坡道阻力;$F_f$ 为滚动阻力;$F_a$ 为加速度阻力。

将智能汽车行驶方程左侧合并,可得

$$F_D = F_t - F_b \quad (5.24)$$

其正负表示驱动或制动,整理后得

$$F_D = F_w + F_i + F_f + F_a \quad (5.25)$$

若为发动机控制,则在制动时仍然会存在发动机怠速输出扭矩 $F_{t0}$,此时所需制动力 $F_b = F_{t0} - F_D$。

加速度闭环控制是在上述基于模型的开环控制量基础上,添加增量式 PID 补偿项。

针对开环控制系统,存在坡道起步、坑中起步及石块抵挡起步等(起步困难)环境下车辆无法起步加速,上坡过程中加速度跟踪精度较差,添加增量式 PID 闭环控制能够有效解决这些问题。此外,开环的执行精度会由于路面颠簸或者大坑等恶劣情况而降低。此次所添加增量式 PID 闭环系统,其目的在于,使加速度控制更加稳定可靠,在存在一定干扰的情况下,加速度执行效果依然能够满足一定要求。增量式 PID 表达如下:

$$a_{PID} = k_P(\Delta u_0 - \Delta u_1) + k_I \Delta u_0 + k_D(\Delta u_0 - 2\Delta u_1 + \Delta u_2) \quad (5.26)$$

$$a_c = a_c + a_{PID} \quad (5.27)$$

$$F_D = F_w + F_i + F_f + F_a + \delta m a_c \quad (5.28)$$

式中,$a_{PID}$ 为当前周期计算得到的加速度增量;$a_c$ 为加速度闭环补偿量(初始化时为 0);$k_P$、$k_I$、$k_D$ 为增量式 PID 控制参数;$\Delta u_0$、$\Delta u_1$、$\Delta u_2$ 为当前周期、上个周期、上上个周期期望加速度与实际加速度之差;$\delta$ 为汽车旋转质量换算系数;$m$ 为汽车质量。

## 三、分层式纵向控制

智能汽车纵向动力学模型是一个复杂多变的非线性系统,且存在较大的参数不确定性及测量不精确性,通过设计单个控制器来实现多个性能的控制具有一定开发难度。针对这一问题,采用多层控制系统结构来建立控制系统模型的方法受到设计人员的青睐。

分层式纵向控制根据控制目标的不同设计上层控制器和下层控制器。上层控制器根据前车距离、相对速度、前车加速度等信息确定期望速度或加速度,下层控制器由期望速度或加速度与实际速度或加速度的偏差决定节气门开度或制动压力。由于分层式控制模式上、下层控制器分离,车辆动力学特性只对下层控制器有影响,而上层控制器可脱离车辆动力学模型独立设计,这一优点使其相对于直接式纵向控制应用更广泛。

分层式纵向控制结构如图 5-18 所示。

图 5-18 分层式纵向控制结构

上层控制器主要根据环境变量确定期望速度或加速度,控制思想主要包括以模型预测控制为代表的控制方法和以局部纵向规划为代表的规划方法。

下层控制器接收上层控制器发出的期望速度或期望加速度信息，进行处理后输出期望节气门开度或期望制动压力。控制方法主要包括 PID 控制、模糊控制等。以模糊控制为例，由于运用模糊控制算法无须建立精确的控制对象模型，尤其是对于车辆而言，即使在第一节已建立车辆相关模型，但是发动机系统和制动系统存在的不确定性会使建立模型的精确度下降，故使用模糊控制来进行直接式纵向控制系统设计就更为合适。直接式纵向控制系统一般分别设计油门踏板模糊控制器和制动踏板模糊控制器，并设计油门—制动切换控制逻辑来完成对期望目标车速的跟踪。

# 任务六　车辆横向控制

智能汽车的横向控制可使车辆沿期望轨迹行驶，并在行驶过程中保持车辆的稳定性和舒适性。智能汽车横向控制系统主要包含两部分：上位机和下位机。上位机为控制单元，是整个系统的核心部位；下位机包含执行控制装置，两者有机结合构成智能汽车的横向控制系统。横向控制技术主要基于对环境感知来实现汽车自主循迹控制与预瞄跟踪控制，同时最大限度提高汽车的安全性。

横向控制技术最初被应用于自动化公路系统中，从前期的经典控制理论，到后来的现代控制理论，再到如今的智能控制理论，逐渐衍生出更多的控制方法，如最优控制方法需要在限制的条件下进行，要想达到预期的控制效果比较难；神经网络控制方法能够处理非线性系统，但是控制算法比较复杂，尽管有较强的鲁棒性，但是应用范围受限；鲁棒性控制方法需要建立精确的模型，虽然稳定性好，但是做不到精确的建模。

智能汽车的横向控制算法按是否为优化形式可分成基于优化的控制方法和非优化的控制方法两类。其中基于优化的控制方法主要包含线性二次型调节器（LQR）和模型预测控制（MPC）。常用的非优化的控制方法主要有 PID 控制、纯跟踪算法、Stanley 算法、模糊控制、滑模变结构控制等。

## 一、PID 控制

PID 控制作为一种反馈控制方法，因其简单、易实现而被大量使用。PID 控制器不需要建立系统模型，只需要根据实验确定控制参数。

横向 PID 控制一般选择转角为输出量，其输出函数为

$$\text{steering\_angle} = K_p e(t) + K_d \frac{de(t)}{dt} + K_i \int_0^t e(t) dt \qquad (5.29)$$

式中，PID 控制器中的 $K_p$ 决定车辆向轨迹方向运动的倾向。在合理的数值范围内 $K_p$ 越大，控制效果越好（即越快地回到参考线附近）。但是当车辆自身位置和参考线相距很远且 $K_p$ 较大时，会出现车辆失控的情况。

$K_d$ 决定车辆转角快速变化的"阻力"。$K_d$ 越大，路径跟踪时的转向越缓慢。对于使用过大 $K_p$ 系数、过小 $K_d$ 系数的系统称为欠阻尼系统，这种情况下智能汽车将沿着参考线振荡前进；对于使用过小 $K_p$ 系数、过大 $K_d$ 系数的系统称为过阻尼系统，这种情况下车辆需要很长时间才能纠正其偏差；合适的 $K_p$ 系数和 $K_d$ 系数选择会使车辆快速回到参考路径上并很好

地完成路径跟踪功能。

$K_i$ 是积分项系数,积分项本质是车的实际路线到参考线的图形面积,引入积分项后控制器会使车辆路线和实际运动参考线之间形成的形状的面积尽可能小,从而避免稳态误差情况。积分项系数还会影响整个控制系统的稳定性,过大的 $K_i$ 使系统"振荡"运行,过小的 $K_i$ 会使受控模型在遇到扰动后需要很长时间再回到参考路径上。

PID 控制器的实现非常简单,其问题在于参数较难调节,而且车速、车辆状态参数、道路形状与曲率都会影响车辆路径跟踪效果。

## 二、纯跟踪算法

纯跟踪算法是基于车辆的几何学模型,由卡耐基梅隆大学的 Dong Hun Shin 等人首次提出,并经过了大量研究人员的拓展和实验,纯跟踪算法原理如图 5-19 所示。

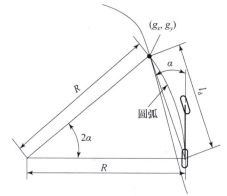

图 5-19 纯跟踪算法原理

根据三角形正弦定理可得

$$\frac{l_d}{\sin(2\alpha)} = \frac{R}{\sin\left(\frac{\pi}{2} - \alpha\right)} \tag{5.30}$$

整理可得

$$\frac{l_d}{\sin\alpha} = 2R \tag{5.31}$$

式中,$l_d$ 为预瞄距离;$R$ 为车辆转向半径;$\alpha$ 为航向偏差角。路径曲率为

$$K = \frac{1}{R} = \frac{2\sin\alpha}{l_d} \tag{5.32}$$

由车辆几何学模型可得车轮转向角

$$\delta = \arctan\left(\frac{L}{R}\right) = \arctan\left(\frac{2L\sin\alpha}{l_d}\right) \tag{5.33}$$

引入时间变量后,可得

$$\delta(t) = \arctan\left\{\frac{2L\sin[\alpha(t)]}{l_d}\right\} \tag{5.34}$$

由式(5.34)可以看出,应用纯跟踪算法的控制效果主要由预瞄距离决定。预瞄距离的选取是纯跟踪算法中相对困难的一环且具体选取方法并不明确,将预瞄距离表示为速度的函数是一种常见的方法。但是,预瞄距离也可能是路径曲率的函数,甚至可能和纵向速度以

外的偏离航迹误差有关。预瞄距离选取过大，会使跟踪效果变差，但车辆相对稳定；预瞄距离选取过小，跟踪效果变好，但车辆振荡会增加，稳定性变差。因此，当存在显著的速度改变时，控制器的跟踪效果也会出现"瓶颈"。

由于纯跟踪算法具有较好的鲁棒性，在低速情况下几乎不受路径形状的影响，且跟踪轨迹可通过动力学特性补偿提高精度，故而受到众多设计人员的青睐。

### 三、斯坦利算法

斯坦利（Stanley）算法由斯坦福大学首次提出，其曾被用于参加 DARPA 无人驾驶挑战赛，该方法本质是一种与跟踪误差和航向偏差有关的非线性反馈函数。其示意如图 5 – 20 所示。

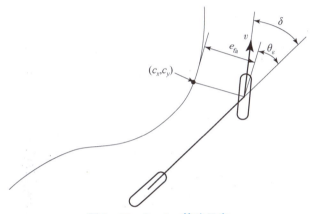

图 5 – 20　Stanley 算法示意

根据对路径偏差与航向角偏差的分别计算可得到两个车轮转角控制量，再将其叠加可得到最终的控制量，从而实现车辆对期望路径的跟踪。

如式（5.35）所示，根据路径误差计算可得车辆的转角控制量

$$\delta_d = \arctan\left(\frac{k e_{\mathrm{fa}}}{v}\right) \tag{5.35}$$

式中，$k$ 为增益参数；$e_{\mathrm{fa}}$ 为横向路径偏差；$v$ 为车辆速度。根据航向误差计算得到的车辆转角控制量

$$\delta_\psi = \theta_\varepsilon \tag{5.36}$$

式中，$\theta_\varepsilon$ 为航向偏差。将上述两控制量求和，可得车辆转角的控制量

$$\delta = \arctan\left(\frac{k e_{\mathrm{fa}}}{v}\right) + \theta_\varepsilon \tag{5.37}$$

# 项目六　智能汽车先进驾驶辅助技术

(1) 了解 ADAS 的发展。
(2) 掌握 ADAS 的定义和分类。
(3) 了解 ADAS 的标准。
(4) 掌握典型 ADAS 的类型，熟悉自动紧急制动系统、车道偏离预警系统和车道保持系统、自适应巡航系统、自动泊车系统、驾驶疲劳预警系统的工作原理。

(1) 能够阐述量产车配置的 ADAS 的类型和结构组成。
(2) 能够分析 ADAS 的关键传感器的特点。

## 任务一　ADAS 的发展及趋势

随着智能汽车产业的不断发展，紧急制动、车道保持等先进驾驶辅助技术已成为智能汽车的标配。拥有这些功能的智能汽车的自动化等级仅达到 L2 级，ADAS 更多的是作为一种营销手段来吸引用户为新科技买单。即便如此，随着各国政府关于汽车安全标准法规的要求越来越严，ADAS 仍得到极大的发展。毋庸置疑，ADAS 是智能汽车实现大规模商业化的一大助力，是世界各国发展智能汽车不可或缺的一环。

先进驾驶辅助系统

ADAS 是智能汽车的重要组成部分，在不断优化驾驶行为的同时，也大幅度提升了智能汽车行驶过程中的安全性和舒适性。2021 年 6 月 1 日实施的《信息安全技术移动智能终端的移动互联网应用程序（App）个人信息处理活动管理指南》（GB/T 39263—2020）这样定义先进驾驶辅助系统：利用安装在车辆上的传感、通信、决策及执行等装置，实时监测驾驶员、车辆及其行驶环境，并通过信息和/或运动控制等方式辅助驾驶员执行驾驶任务或主动避免/减轻碰撞危害的各类系统的总称。如图 6-1 所示，ADAS 采用的传感器主要有摄像头、毫米波雷达、激光雷达和超声波雷达等，可以探测光、热、压力及其他用于监测汽车状态的变量，通常布置在车辆的前后保险杠、后视镜或者挡风玻璃上。先进驾驶辅助系统技术是智能汽车发展过程中至关重要的技术之一，其成熟程度和使用频率代表了智能汽车的技术水平。

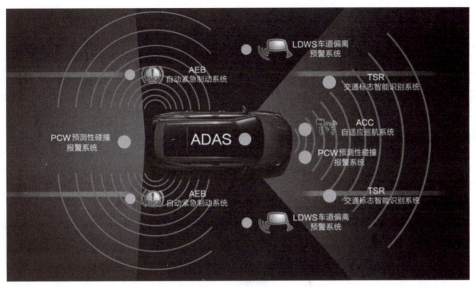

图 6-1 智能汽车 ADAS

从 20 世纪 50 年代的电动车窗，到 70 年代初防抱死制动系统（ABS），ADAS 技术发展中最重要的一步是电控技术在车辆中的应用及推广。随着传感器、芯片的升级和算法的优化，ADAS 能够实现越来越多的安全防护功能。同时随着汽车保有量的急剧增加和驾驶安全问题的突出，各国政府和消费者都把减少事故频率、减轻事故伤害作为评价汽车的重要因素，这极大地推动了 ADAS 技术的发展应用。一方面，各国政府出台相关标准法规要求汽车厂商强制安装得到实践验证的 ADAS；另一方面，消费者主观上对行车安全性的高度重视也使得市场需求越来越旺盛。

## 一、ADAS 技术国外发展现状

ADAS 技术近年来呈快速发展趋势，世界上主要的发达国家都制订和实施了车辆安全技术开发计划。其中欧盟在 2003 年推出了包含车载安全系统、交通信息服务以及基础设施管理的相关研究项目"eSafety 车辆安全技术开发计划"，并将该项目纳入整个欧洲智能交通系统发展计划。美国于 2005 年推出了"整合式车辆自身感知安全系统项目"，旨在开发一套整合型车辆防碰撞安全系统。日本自 1991 年起开始实施"先进安全汽车计划"，旨在推动车辆驾驶辅助系统技术的开发与应用。

各大汽车厂商也紧跟形势，大力投资发展 ADAS 技术。奥迪公司发布了基于 ADAS 技术的 TJA（Traffic Jam Assistant）辅助驾驶系统。通用公司旗下的高端车型凯迪拉克系列 SUV 凯雷德，搭载了其最新开发的侧盲区警示（Side Blind Zone Alert，SBZA）和安吉星信息通信系统 OnStar。

## 二、ADAS 国内发展现状

在国外市场上，ADAS 已进入大众普及阶段，中国正处在快速发展阶段，《中国制造 2025 重点领域发展路线图》强调，制定中国版智能驾驶辅助标准，基于车载传感器实现智能驾驶辅助，可提醒驾驶员、干预车辆，突出安全性、舒适性和便利性，驾驶员对车辆应保持持续控制；到2025年，交通事故数减少30%，交通死亡数减少10%，驾驶辅助智能化装备率达40%，自主系统装备率达50%。

ADAS技术在国内起步较晚，市场推广率低，相关技术薄弱。ADAS的硬件核心是传感器和芯片处理器，目前国内ADAS生产厂商也开始奋力追赶，传感器和芯片处理器已开始逐步量产。以ADAS常用的毫米波雷达传感器为例，虽然国外的产品仍占据主导地位，但目前国内厂商已经掌握了24 GHz、77 GHz雷达产品的生产技术。

虽然面临发达国家汽车行业的技术壁垒和生产研发成本的压力，但国产汽车装备ADAS的比例越来越高，国产汽车自主研发的ADAS也越来越多，同时在互联网跨界竞争者倒逼和大量资金的涌入下，国内ADAS已呈现出蓬勃发展的态势。

### 三、ADAS市场发展趋势

ADAS技术最初只应用于奥迪和奔驰等豪华车，如今已快速进入中级甚至入门级乘用车，并成为车型亮点和卖点。许多ADAS驾驶风险提示类基础应用在入门级乘用车领域更加常见。《机动车运行安全技术条件》（GB 7258—2022）中规定，车长大于11 m的客车必须装配向前碰撞预警系统（FCW）和车道偏离预警系统（LDW）。国家发展和改革委员会（下称发改委）、科技部、工信部于2017年4月联合发布了《汽车产业中长期发展规划》，要求到2025年，汽车驾驶辅助、部分自动驾驶、有条件自动驾驶系统新车装配率达80%，其中驾驶辅助、部分自动驾驶辅助级新车装配率达25%，高度和完全自动驾驶汽车开始进入市场。2018年C-NCAP中主动安全的评分权重占到15%，并增加了关于AEB系统与车身稳定系统（ESC）的评分项目；并且在C-NCAP2018计划中指出，到2018年所有新车必须装配ADAS。

据统计，2022年1～2月中国市场（不含进出口）乘用车新车前装标配搭载L2级智能驾驶上险量为76.39万辆，同比增长68.82%，继续保持高速增长态势。总体上，随着人们对辅助驾驶功能认可度的提升，选购新车时，是否支持辅助驾驶功能已经成为重要的考量因素，车企顺应市场需要，及时调整新车配置项，由于市场认可度持续走高，新车ADAS装配率呈大幅走高趋势，但消费者差异化需求难以统一，因此在不同功能件的装配率上略有差异。随着5G逐步落地，主机厂纷纷推出搭载ADAS的新车型，ADAS各功能渗透率加速提升，预计到2025年市场规模达2 250亿元。

# 任务二　ADAS的定义及分类

早期的ADAS技术主要以被动式报警为主，当车辆检测到潜在危险时，会发出报警，提醒驾驶员注意异常的车辆或道路情况。对于最新的ADAS技术来说，主动式干预也很常见，目前已开发出十多项功能，技术比较成熟，多数已经装备量产车型。

ADAS按照功能可分为信息辅助类和控制辅助类两大类。

**1. 信息辅助类**

信息辅助类ADAS是指自动监测车辆可能发生的危险并提醒，从而防止发生危险或减轻事故伤害的ADAS。信息辅助类ADAS如表6-1所示。

表 6-1 信息辅助类 ADAS

| 系统名称 | 图示 | 定义 |
|---|---|---|
| 疲劳驾驶预警系统（DFM） |  | 实时监测驾驶员状态并在确认其疲劳时发出提示信息 |
| 驾驶员注意力监测（DAM） |  | 实时监测驾驶员状态并在确认其注意力分散时发出提示信息 |
| 交通标志识别 | 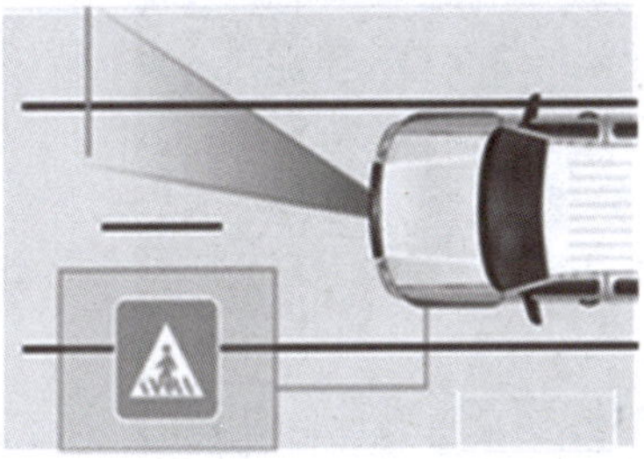 | 自动识别车辆行驶路段的交通标志并发出提示信息 |
| 智能限速提示（ISLI） |  | 自动获取车辆当前条件下所应遵守的限速信息并实时监测车辆行驶速度，在车辆行驶速度不符合或即将超出限速范围的情况下适时发出提示信息 |
| 弯道速度预警（CSW） |  | 对车辆状态和前方弯道进行监测，当行驶速度超过弯道的安全通行车速时发出报警信息 |

续表

| 系统名称 | 图示 | 定义 |
|---|---|---|
| 抬头显示系统（HUD） |  | 将信息显示在驾驶员正常驾驶时的视野范围内，使驾驶员不必低头就可以看到相应的信息 |
| 全景影像监测（AVM） | 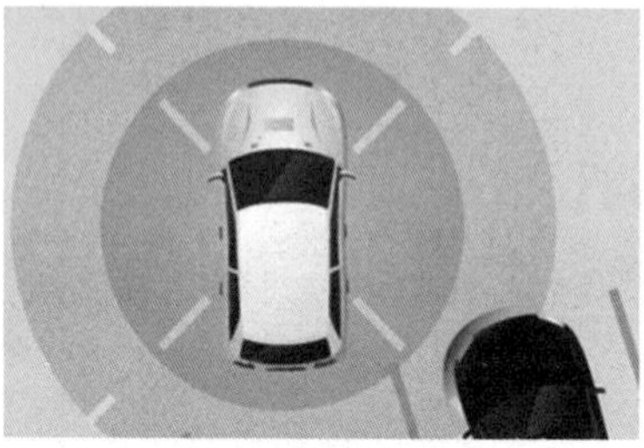 | 向驾驶员提供车辆周围360°范围内环境的实时影像信息 |
| 夜视（NV） |  | 在夜间或其他弱光行驶环境中为驾驶员提供视觉辅助或报警信息 |
| 前向车距监测（FDM） | 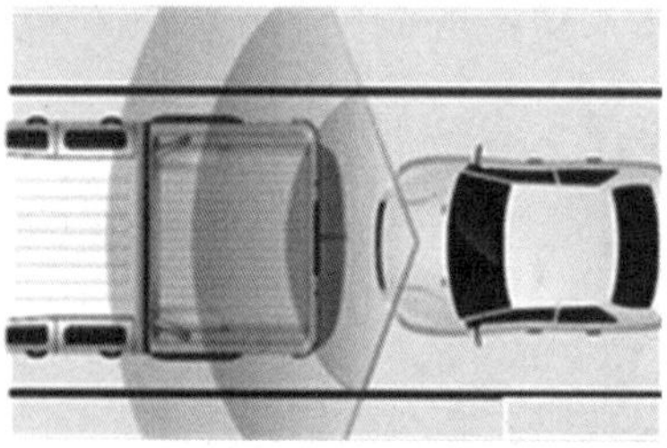 | 实时监测本车与前方车辆车距，并以空间或时间距离等方式显示车距信息 |
| 前向碰撞预警 | 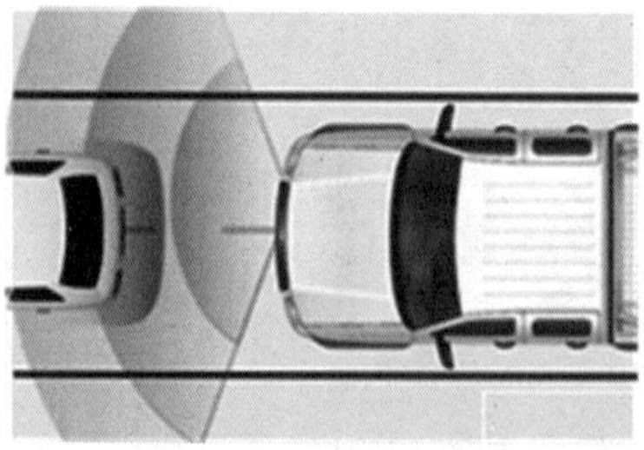 | 实时监测车辆前方行驶环境，并在可能发生前向碰撞危险时发出报警信息 |

续表

| 系统名称 | 图示 | 定义 |
|---|---|---|
| 后向碰撞预警（RCW） |  | 实时监测车辆后方环境，并在可能受到后方碰撞危险时发出报警信息 |
| 车辆偏离预警 | 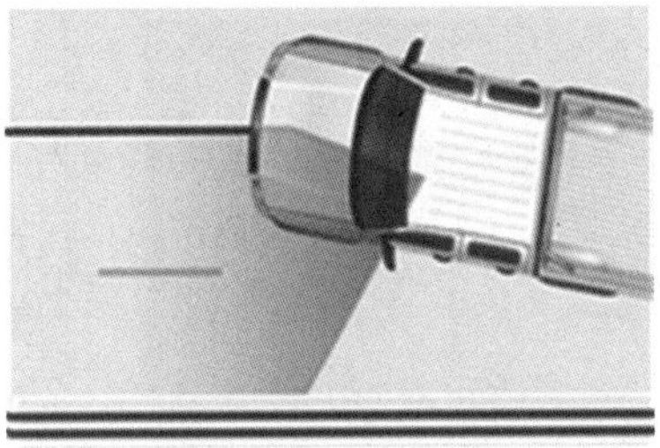 | 实时监测车辆在本车道的行驶状态，并在出现或即将出现非驾驶意愿的车道偏离时发出报警信息 |
| 变道碰撞预警 |  | 在车辆变道过程中，实时监测相邻车道，并在车辆侧方或侧后方出现可能与本车发生碰撞危险的其他道路使用者时发出报警信息 |
| 盲区监测（BSD） | 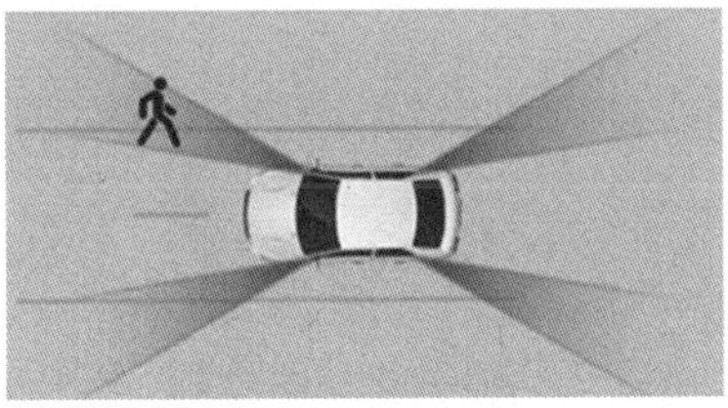 | 实时监测驾驶员视野盲区，并在其盲区内出现其他道路使用者时发出提示或报警信息 |
| 侧向盲区监测（SBSD） | 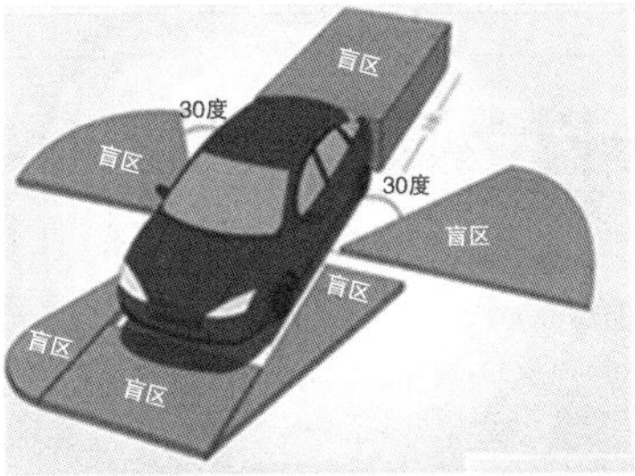 | 实时监测驾驶员视野的侧方及侧后方盲区，并在其盲区内出现其他道路使用者时发出提示或报警信息 |

续表

| 系统名称 | 图示 | 定义 |
|---|---|---|
| 转向盲区监测（STBSD） |  | 在车辆转向过程中，实时监测驾驶员转向盲区，并在其盲区内出现其他道路使用者时发出报警信息 |
| 后方交通穿行提示（RCTA） | 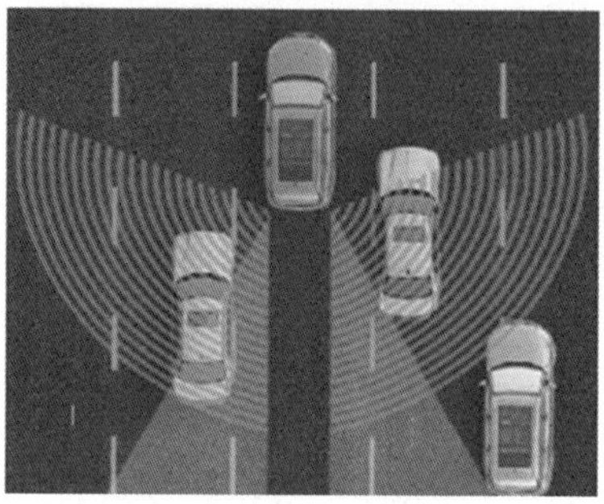 | 在车辆倒车时，实时监测车辆后部横向接近的其他道路使用者，并在可能发生碰撞危险时发出报警信息 |
| 前方交通穿行提示（FCTA） |  | 在车辆低速前进时，实时监测车辆前部横向接近的其他道路使用者，并在可能发生碰撞危险时发出报警信息 |
| 车门开启预警（DOW） |  | 在停车状态即将开启车门时，监测车辆侧方及侧后方的其他道路使用者，并在可能因车门开启而发生碰撞危险时发出报警信息 |
| 倒车辅助 |  | 在车辆倒车时，实时监测车辆后方环境，并为驾驶员提供影像或报警信息 |

## 2. 控制辅助类

控制辅助类是指自动监测车辆可能发生的危险并提醒，必要时系统会主动介入，从而防止发生危险或减轻事故伤害。控制辅助类 ADAS 如表 6-2 所示。

表 6-2　控制辅助类 ADAS

| 系统名称 | 图示 | 定义 |
| --- | --- | --- |
| AEB |   | 实时监测车辆前方行驶环境，并在可能发生碰撞危险时自动启动车辆制动系统使车辆减速，以避免碰撞或减轻碰撞后果 |
| 紧急制动辅助（EBA） |   | 实时监测车辆前方行驶环境，在可能发生碰撞危险时提前采取措施以减少制动响应时间并在驾驶员采取制动操作时辅助增加制动压力，以避免或减轻碰撞后果 |
| 自动紧急转向（AES） |   | 实时监测车辆前方、侧方及侧后方行驶环境，在可能发生碰撞危险时自动控制车辆转向，以避免碰撞或减轻碰撞后果 |
| 紧急转向辅助（ESA） |   | 实时监测车辆前方、侧方及侧后方行驶环境，在可能发生碰撞危险且驾驶员有明确的转向意图时辅助驾驶员进行转向操作 |

续表

| 系统名称 | 图示 | 定义 |
|---|---|---|
| 智能限速控制（ISLC） |  | 自动获取车辆当前条件下所应遵守的限速信息，实时监测并辅助控制车辆行驶速度，以使其保持在限速范围之内 |
| LKA |  | 实时监测车辆与车道边线的相对位置，持续或在必要情况下控制车辆横向运动，使车辆保持在原车道内行驶 |
| 车道居中控制（LCC） |  | 实时监测车道与车道边线的相对位置，持续自动控制车辆横向运动，使车辆始终在车道中央区域行驶 |
| 车道偏离抑制（LDP） | 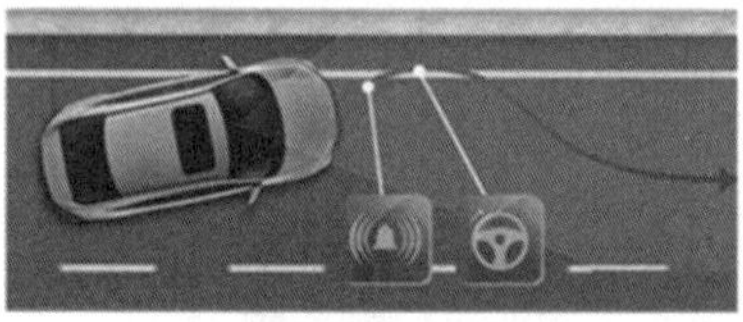 | 实时监测车道与车道边线的相对位置，在车辆将发生车道偏离时控制车辆横向运动，辅助驾驶员将车辆保持在原车道内行驶 |
| 智能泊车辅助（IPA） |  | 在车辆泊车时，自动检测泊车空间并为驾驶员提供泊车指示或方向控制等辅助功能 |
| 自适应巡航控制 ACC |  | 实时监测车辆前方行驶环境，在设定的速度范围内自动调整行驶速度，以适应前方车辆或道路条件等引起的驾驶环境变化 |

续表

| 系统名称 | 图示 | 定义 |
| --- | --- | --- |
| 全速自适应巡航控制（FSRA） |  | 实时监测车辆前方行驶环境，在设定的速度范围内自动调整行驶速度并具有减速至停止及从停止状态自动起步的功能，以适应前方车辆或道路条件等引起的驾驶环境变化 |
| 交通拥堵辅助（TJA） |  | 在车辆低速通过交通拥堵路段时，实时监测车辆前方及相邻车道行驶环境，并自动对车辆进行横向和纵向控制，其中部分功能的使用须经过驾驶员的确认 |
| 加速踏板防误踩（AMAP） |  | 在车辆起步或低速行驶时，因驾驶员误踩加速踏板产生紧急加速而可能与周边障碍物发生碰撞时，自动抑制车辆加速 |
| 自适应远光灯（ADB） |  | 能够自动调整投射范围，以减少对前方或对向其他车辆驾驶员眩目干扰的远光灯 |

## 任务三　ADAS 标准

随着信息技术的迅速发展，越来越多的智能化车辆开始配置 ADAS 功能，国内外汽车行业开始对先进驾驶辅助系统进行一系列相关标准的制定，从而规范及推进汽车产业的稳健发展。

**1. ADAS 相关测试规范的发展**

ADAS 相关测试规范的发展历程如表 6-3 所示。

表 6-3 ADAS 相关测试规范的发展历程

| 地区 | 机构 | 颁布年份 | 法规主要内容 |
| --- | --- | --- | --- |
| 美国 | NHTSA | 2011 | 车辆安全评分中列入前撞预警（FCW） |
| | | 2015 | 自 2018 年开始，五星安全标准必须配备 AEB |
| | | 2016 | 占美国汽车市场份额 99% 以上的 20 家汽车制造商已同意 |
| | | | 自 2022 年 9 月 1 日起，车辆总重在 3 856 kg 之下的乘用车和轻型卡车标配 AEB |
| | | | 自 2025 年 9 月 1 日起，车辆总重在 3 856 ~ 4 536 kg 的卡车标配 AEB |
| 欧洲 | NCAP | 2013 | 大型商用车必须配备 AEB |
| | | 2014 | 乘用车要获得 5 星评分必须有至少一项主动安全技术 |
| | | | 包括 AEB、ACC、LDW、LKA 等 |
| 日本 | MLIT | 2014 | 将 AEB 纳入安全评分体系 |
| 中国 | C-NCAP | 2021 | 将基于毫米波雷达和摄像头等传感技术的智能驾驶辅助功能作为考察重点，新增测试项目包括自动紧急制动系统（AEB，包括 AEB 车对车、AEB 车对行人、AEB 车对二轮车），车辆偏离预警系统，车道保持辅助系统，盲区监测系统（车对车、车对二轮车），汽车安全辅助系统（限速识别）等 |

**2. ADAS 的国际标准**

ADAS 的相关国际标准如表 6-4 所示。

表 6-4 ADAS 的相关国际标准

| 序号 | 标准代号 | 标准名称 |
| --- | --- | --- |
| 1 | ISO 15623：2013 | 智能交通系统 – 前方车辆碰撞警告系统 – 性能要求和试验程序 |
| 2 | ISO 22839：2013 | 智能交通系统 – 前方车辆碰撞缓解系统 – 性能要求和试验程序 |
| 3 | ISO 11270：2014 | 智能交通系统 – 车道保持辅助系统 – 性能要求和测试程序 |
| 4 | ISO 11067：2015 | 智能交通系统 – 弯道车速报警系统 – 性能要求和测试程序 |
| 5 | ISO 17361：2017 | 智能交通系统 – 车道偏离预警系统 – 性能要求和测试程序 |
| 6 | ISO 16787：2017 | 智能交通系统 – 辅助停车系统 – 性能要求和测试程序 |
| 7 | ISO 19237：2017 | 智能交通系统 – 行人检测和碰撞缓解系统 – 性能要求和测试程序 |
| 8 | ISO 15622：2018 | 智能交通系统 – 自适应巡航控制系统 – 性能要求和测试程序 |

## 3. ADAS 的国家标准

2019 年 5 月，工业和信息化部提出稳步推动 ADAS 标准制定。2020 年，汽车标准化研究所牵头的国家推荐性标准项目有道路车辆 ADAS 术语及定义、道路车辆盲区监测（BSD）系统性能要求及试验方法、乘用车 LKA 系统性能要求及试验方法等标准。

2021 年 3 月 22 日，交通运输部、工业和信息化部、国家标准化管理委员会联合印发了《国家车联网产业标准体系建设指南（智能交通相关）》，推进先进技术在智能交通领域的应用，促进自动驾驶和车路协同技术应用和产业健康发展。该指南提出，到 2022 年年底，制修订智能交通基础设施、交通信息辅助等领域智能交通急需标准 20 项以上，初步构建起支撑车联网应用和产业发展的标准体系；到 2025 年，制修订智能管理和服务、车路协同等领域智能交通关键标准 20 项以上，系统形成能够支撑车联网应用、满足交通运输管理和服务需求的标准体系。国内 ADAS 标准如表 6-5 所示。

表 6-5 国内 ADAS 标准

| 序号 | 标准代号 | 标准名称 | 发布状态 | 标准主要内容 |
| --- | --- | --- | --- | --- |
| 1 | GB/T 20608—2006 | 智能运输系统自适应巡航控制系统性能要求与检测方法 | 已发布 | 本标准规定了 ACC 系统的基本控制策略、最低的功能要求、分类、功能、人机界面以及检测方法等，适用于 ACC 系统的性能检测 |
| 2 | GB/T 26773—2011 | 智能运输系统车道偏离报警系统性能要求与检测方法 | 已发布 | 本标准规定了车道偏离报警系统的定义、分类、功能、人机界面以及检测方法等，适用于乘用车和商用车 |
| 3 | GB/T 30036—2013 | 汽车用自适应前照明系统 | 已发布 | 本标准规定了汽车用自适应前照明系统的技术要求、安装、试验方法和检验规则。本标准适用于 M 类、N 类汽车 |
| 4 | GB/T 37471—2019 | 智能运输系统换道决策辅助系统性能要求与检测方法 | 已发布 | 本标准规定了换道决策辅助系统的分类、功能和性能要求及测试要求。本标准适用于前向行驶情况下的 M 类、N 类车辆 |
| 5 | GB/T 33577—2017 | 智能运输系统车辆前向碰撞预警系统性能要求和测试规程 | 已发布 | 本标准规定了车辆前向碰撞预警系统的性能要求和测试规程。本标准适用于曲率半径大于 125 m 的道路和机动车辆，包括轿车、卡车、客车与摩托车 |
| 6 | GB/T 39265—2020 | 道路车辆盲区监测（BSD）系统性能要求及试验方法 | 已发布 | 本标准规定了汽车盲区监测系统的一般要求、性能要求和试验方法。本标准适用于安装有盲区监测系统的 M 类和 N 类车辆 |

续表

| 序号 | 标准代号 | 标准名称 | 发布状态 | 标准主要内容 |
|---|---|---|---|---|
| 7 | GB/T 39323—2020 | 乘用车车道保持辅助（LKA）系统性能要求及试验方法 | 已发布 | 本标准规定了乘用车车道保持辅助系统的术语和定义、要求、试验条件和试验方法。本标准适用于安装有 LKA 的 $M_1$ 类汽车 |
| 8 | GB/T 39263—2020 | 道路车辆 先进驾驶辅助系统（ADAS）术语及定义 | 已发布 | 本标准规定了道路车辆先进驾驶辅助系统（ADAS）相关的术语及定义。本标准适用于 M 类、N 类和 O 类车辆 |

# 任务四 车载典型 ADAS 介绍

## 一、AEB 系统

### 1. 概述

前向碰撞（车辆追尾碰撞）是最常见的道路交通事故形态，据统计，前向碰撞占所有交通事故的 60% 以上。有关资料表明，中国的高速公路碰撞发生起数约占总事故起数的 33.4%，其造成的经济损失约占总数的 40%。FCW 系统的工作原理是利用毫米波雷达、视觉传感器等检测车辆前方的车辆或障碍物及其与本车的距离。当实际距离小于安全距离时，系统会发出报警提醒车辆驾驶员，防止追尾碰撞事故的发生。AEB 系统则是在车辆遇到突发危险情况且驾驶员没有制动的情况下，自动启动制动系统使车辆减速，以避免或减轻碰撞后果。

FCW 系统（见图 6-2）与 AEB 系统的不同之处在于，组成后者的部分系统会在车辆遇险时自动采取紧急制动措施，而前者不会采取任何制动措施去避免危险，只会发出预警信息，目前欧美等国都已立法强制要求车辆安装 AEB 系统。

图 6-2 FCW 系统

### 2. 系统构成

AEB 系统主要由环境感知、决策和控制执行三个模块组成，如图 6-3 所示。

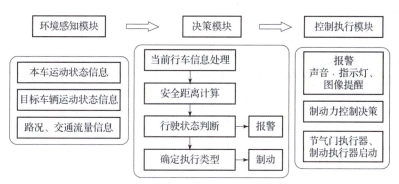

图 6-3　典型汽车 AEB 系统主要模块

1) 环境感知模块

通常情况下,环境感知模块利用毫米波雷达采集前向车辆或障碍物的运动参数和方位角的数据信息,以及行驶路况、交通流量等信息;利用视觉传感器(摄像头)采集前向车辆或者障碍物的图像信息;利用速度、加速度传感器采集本车速度、加速度等运动参数。

2) 决策模块

决策模块主要对感知模块采集的信息进行融合,确定障碍物的类型、距离及有关参数。结合车辆自身运动参数信息,采用一定的决策算法,计算出安全距离,并且评估是否存在碰撞风险。若存在碰撞风险,则向控制、执行模块发出报警指令,进一步确定是否采取自动制动措施。

3) 控制执行模块

控制执行模块主要接收决策模块传来的指令,对不同报警程度发出不同指令信息,以此来提醒驾驶员采取措施避免碰撞。类似日常乘车时,安全带未系紧则报警灯会亮起,车门未关上会发出"嘀嘀"的声音提醒乘车人等。驾驶员收到防撞报警指示后一般对本车采取制动行为,若碰撞危险消失,则报警也随之消失。

**3. 工作原理**

AEB 系统通过视觉传感器、毫米波雷达和激光雷达等感知道路环境,利用图像捕获或对目标物发送电磁波并接收回波来获得目标物体的距离、速度和角度等物理量,分析碰撞危险并向驾驶员发出报警,同时利用 CAN 总线通信,触发制动信号,开启制动尾灯。若驾驶员未给出反应,则在碰撞前系统会自动紧急制动以减少或避免车辆碰撞带来的损失。AEB 系统工作原理如图 6-4 所示。

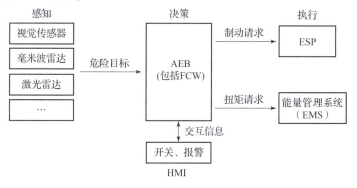

图 6-4　AEB 系统工作原理

**4. 应用实例**

AEB 系统的前身源于博世公司在 1999 年推出的量产毫米波雷达项目，该项目具备前车距离提醒功能，可以根据雷达计算与前车的碰撞时间（Time to Collision，TTC），发现潜在的追尾风险，对驾驶员进行相应的警示，以防追尾发生。

随着毫米波雷达技术的进步，以及电子稳定程序 ESP 的普及，带有制动功能的碰撞预警功能随即出现。而 AEB 技术的真正普及与快速发展，则得益于 2014 年 Euro NCAP 首次将 AEB – City 及 AEB – Interurban 技术引入评价规程，该规程为 AEB 在欧洲新车型上的普及奠定了很好的基础，AEB 系统逐渐成为欧洲新车型标准配置。

AEB 系统在中国自主品牌上的配备也已相当可观，比亚迪、长城、吉利、长安、广汽、上汽等中国汽车制造商与汽车品牌纷纷在新车型上装配了 AEB 系统。比亚迪"汉"全系均标配了 AEB 系统，传感器硬件采用了摄像头 + 毫米波雷达融合方案（见图 6 – 5）。执行方面，比亚迪"汉"搭载了博世的智能集成制动（Integrated Power Break，IPB）系统，将博世的 iBooster 线控制动系统和 ESP 硬件集成在一起，体积更小、结构更紧凑，制动泵建压速度更快，能够有效地缩短刹车距离。得益于良好的传感器融合方案和制动控制执行器，比亚迪"汉"在 i – VISTA 的 FCW 报警和 AEB 目标车静止和目标车低速行驶测试中获得了满分，最终 AEB 的测试得分为 9.6 分。

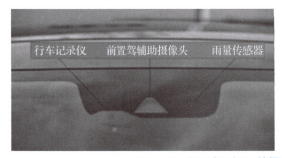

图 6 – 5　比亚迪"汉"的摄像头 + 毫米波雷达融合方案

## 二、LDW 系统和 LKA 系统

**1. 概述**

据统计，在美国 17.3% 的交通事故是由单车偏离车道引发，导致的死亡人数占交通事故死亡总人数的 40.8%；在德国，所有交通死亡事故中 34% 是由于车辆偏离行车道引起的；欧洲一项调查显示，在 5 万起重型卡车交通事故中，97% 是因驾驶员注意力不集中使得车辆偏离车道所致。因此，国内外研究者开展了对 LDW 和 LKA 系统的研究，旨在避免因变换车道、无意偏离车道等原因引发的交通事故。

LDW 系统是一种实时监测车辆在本车道的行驶状态，并在出现或即将出现非驾驶意愿的车道偏离时发出报警信息的驾驶辅助系统。LKA 系统则在 LDW 系统的基础上增加了主动控制转向功能，能够持续或在必要情况下控制车辆横向运动，使车辆保持在原车道内行驶，如图 6 – 6 所示。由于 LKA 系统和 LDW 系统相比增加了主动转向功能，故下面主要介绍 LKA 系统的相关内容。

图 6-6 LKA 系统

**2. 系统组成**

LKA 系统由摄像头及图像处理设备、控制器、转向控制器、人机交互界面等组成。LKA 系统利用摄像头进行环境感知，并使用图像处理设备探测车道标识线；基于控制器进行转向干预，实现预警和辅助决策的算法；依靠人机交互界面进行交互和预警；最终由转向控制器对转向系统进行操控，如图 6-7 所示。

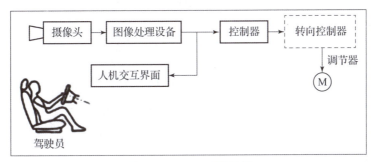

图 6-7 LKA 系统组件

1）摄像头及图像处理设备

LKA 系统需要以具有一定清晰度的车道线参数等外界数据作为系统必要的输入参数，以便进行后续的计算、分析。通过环境感知与图像的分析处理，可以得到车辆与车道线距离等关键信息。

2）控制器

控制器根据摄像头及图像处理设备输出的车辆与车道线的相对位置及变化，视情况予以预警。辅助决策算法则决定了控制器是否预警及是否参与辅助控制，是车道保持辅助系统的关键组成部分。

3）人机交互界面

驾驶员可以通过人机交互界面对系统进行多项操作，如部分功能的开启及关闭。在发生车道偏离时，人机接口一般通过听觉、视觉、触觉等方式向驾驶员发出预警信号。预警方式需从预警效果、驾驶员的可接受度等方面进行设计，对 LKA 系统的使用有重要影响。

4）转向控制器

当预警无效时，系统将通过转向、驱动、制动等措施对车辆进行主动干预，避免危险发生。当决策系统发出辅助控制命令时，系统控制单元应基于感知到的周围环境、车辆状态信息、车辆位姿等对车辆动力学进行调整，避免车辆继续偏离车道。

### 3. 工作原理

LKA 系统的工作原理如图 6-8 所示，控制器结合车辆与车道中心线的偏移量以及驾驶过程中得到的动态参数共同决定车辆需要的转向助力力矩，从而进行行驶轨迹的修正。同时，所处路段的转向半径也是控制系统的一个输入参数。此外，汽车的几何模型是计算所需的转向助力力矩的基础。

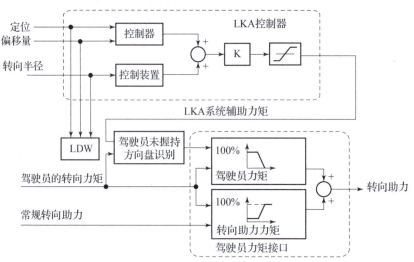

图 6-8　LKA 系统的工作原理

图 6-8 中的控制器输出调整力矩时，应注意施加的力矩既会作用于车辆，也会同时作用于驾驶员。系统会辅助驾驶员在其不参与的情况下，通过控制电路进行横向力矩的调节。在调节时，仅有一部分所需的辅助力矩施加在转向装置上，如将 80% 的转向力矩用于辅助驾驶员，剩下的部分则需要由驾驶员来提供。此外，应对转向辅助力矩的最大值进行限定，以确保驾驶员在特殊情况下可以控制车辆，如在错误识别车道时、紧急/危险状况下驾驶员仍然拥有对车辆的优先控制权。因此，为了使配备车道保持辅助系统的车辆能够随时被驾驶员接管和控制，应测量驾驶员的转向力矩。若驾驶员的转向力矩超出限值，则需要降低 LKA 系统对车道保持辅助力矩的影响程度。

车道保持辅助系统的特性可通过假设车辆直行的情况下与车辆横向偏移或与车道中央偏差相关的辅助力矩进行简述。如图 6-9（a）所示的特性曲线，车辆只有在面临驶离车道的危险时才会辅助驾驶员。在这样的设计下，保证了车辆的安全性，系统能够避免驾驶员因疏忽麻痹而驶离车道。此特征曲线的转向阻力矩可以作为车道偏离警示功能的触觉警报。若特性曲线如图 6-9（b）所示，车辆偏离车道中央较少时，控制系统就对转向装置施加一定的力矩防止车辆继续偏离，这种系统特性称为密切驾驶控制。而图 6-9（c）采用了这两种方法的折中方法：当与车道中央偏离较小时，系统将温和地辅助车辆保持在车道中央，在不影响舒适性的前提下允许少量偏移车道中央，只有车辆接近车道边缘时系统才进行明显干预。

### 4. 应用实例

随着技术的发展，车道保持辅助系统逐渐被广泛安装在各种品牌和类型的汽车上。根据车型的不同，开启方式也有所不同。有些车型在行车途中自动保持开启状态，有些车型则需要手动开启，而有些车型只有在车速达到一定条件后才能自动开启。

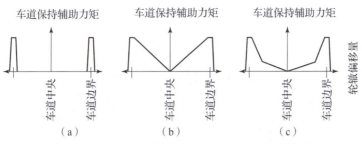

图 6-9 与车辆横向偏移相关的辅助力矩值曲线示例
(a) 宽松驾驶控制；(b) 密切驾驶控制；(c) 舒适型控制

本田公司的车道保持辅助系统在轿车、SUV、MPV 等多种车型上都有安装，如雅阁、型格、CR-V、皓影、奥德赛等车型。本田非常认可 LKA 系统对于车辆的重要性，在道路上行驶的车辆，车道偏离预警只有在车辆偏移车道线时才会发挥作用，但 LKA 系统可以经常辅助方向盘操作的功能，从而大幅减轻驾驶的负担。LKA 与 ACC 系统共同工作时，LKA 系统可以提供更好的驾驶感受和安全性。本田的 LKA 系统采用的是单目摄像机，对车道两侧的行车线进行识别，并辅助施加方向盘转向的操作，从而使车辆始终保持在车道中间行驶，LKA 系统可以大幅缓解高速行驶时的驾驶疲劳。当系统判定车辆可能偏离车道时，系统会通过方向盘振动来提醒驾驶员进行操作，确保安全和舒适地驾驶。单目摄像机识别车道线和 LKA 系统辅助保持车道内行驶分别如图 6-10、图 6-11 所示。

图 6-10 单目摄像机识别车道线

图 6-11 LKA 系统辅助保持车道内行驶

大众公司的车型也大量搭载 LKA 系统（见图 6-12），部分车型的摄像头紧贴前挡风玻璃，实时拍摄和监控前方道路上的车道线，拍摄到的图像转换为信息数据后用于分析车辆是否处于车道中间、是否偏移车道，若偏移则向电动助力转向系统发出修正方向指令，使其继续保持在规定车道内。负责拍摄的摄像头具有加热装置，防止摄像头正前方车窗玻璃区域起雾、结冰影响观察,摄像头拍摄的图像也可以用于自适应巡航、行人识别等功能。

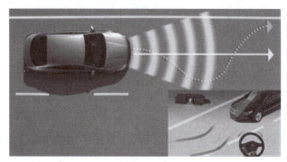

图 6-12 大众汽车搭载 LKA 系统

吉利汽车同样在部分车型中装配有 LDW 系统,如博越、星瑞。系统在行车途中默认开启,也可以手动进行开启或关闭,视觉传感器安装在挡风玻璃后方进行车道线的识别和车辆偏航的检测,如图 6-13 所示。吉利汽车的这套系统设置了三种不同模式供驾驶员选择,包括车道偏离预警、车道偏离辅助和车道中心保持。LDW 在采集车道线信息之后,当不打转向灯但车辆要偏离车道时,就会用声音或方向盘振动进行提醒。车道偏离辅助在车道偏离预警的基础上,还会帮助驾驶员打方向,将车拉回车道,主动纠正偏差。车道中心保养则可以与驾驶员一起控制方向盘,时刻保持车辆在车道中心附近,即使驾驶员暂时脱离方向盘驾驶,车辆也不会偏离车道,保持居中行驶,因此在高速驾驶过程中,可以减轻驾驶员的负担。

图 6-13 吉利汽车 LKA 系统

## 三、ACC 系统

### 1. 概述

ACC 系统是在定速巡航控制 (Cruise Control, CC) 系统基础上发展起来的新一代汽车先进驾驶辅助系统,它将汽车定速巡航控制系统和 FCW 系统有机结合,既有定速巡航控制系统的全部功能,也可通过车载雷达等传感器监测汽车前方的道路交通环境。一旦发现当前行驶车道的前方有其他车辆,将根据本车和前车之间的相对距离及相对速度等信息,对车辆进行纵向速度控制,使本车与前

汽车自适应
巡航控制系统
的设计

车保持安全距离行驶，避免追尾事故发生，如图 6-14 所示。ACC 系统能够根据前车情况自动控制车距和车速，从而减少驾驶者对加速和制动踏板的操作，提高驾驶舒适性。

图 6-14　汽车 ACC 系统

**2. 结构组成**

ACC 系统主要由控制单元、执行单元、信息感知单元和人机交互界面组成，其总体结构如图 6-15 所示。

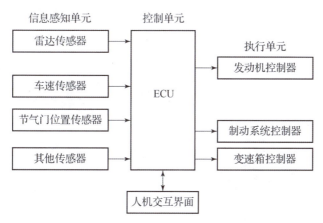

图 6-15　ACC 系统的总体结构

下面对 ACC 系统各个单元进行具体介绍。

1）控制单元

控制单元处理来自信息感知单元的信息和人机交互界面的驾驶员指令，然后输出到执行单元执行并反馈给人机交互界面。当本车与前车的距离大于或小于设置的安全距离时，ECU 计算实际车距和相对速度的大小，通过调节发动机（或电动机）、变速箱、制动系统，使车距保持在设定值。

2）执行单元

执行单元包括发动机（或电动机）控制器、制动系统控制器和变速箱控制器。发动机（或电动机）控制器可以改变发动机（或电动机）的输出动力，使车辆做加速或减速运动；制动系统控制器用于前方出现紧急情况时的制动；变速箱控制器可调节变速箱的当前挡位，改变车速及扭矩。

3）信息感知单元

信息感知单元通过车载传感器收集前方道路情况、本车行驶参数以及驾驶员指令，通过

CAN 总线向 ECU 传输相关信息。车载传感器包括雷达传感器、车速传感器以及节气门位置传感器等。雷达传感器通常安装在汽车的前部，获取车辆前方道路信息；车速传感器主要安装在汽车减速器输出轴上，以获得车速信息；节气门位置传感器安装在节气门轴上，用于获取节气门开度信息。

4) 人机交互界面

人机交互界面可以设定巡航车速、与前车距离以及显示相关信息等。当驾驶员打开 ACC 系统时，需调整车速至所需速度，然后按"设置"按钮；如果想提高或降低速度，则可以调整" + "和" - "按钮；驾驶员可以设置与前车所保持的距离，一些汽车制造商会在两个车辆图标之间显示带有 1、2 或 3 个距离条的图标。仪表盘或抬头显示器中会显示汽车图标和道路，当雷达传感器检测到前方有汽车时，会出现第二个汽车图标或者汽车图标变换颜色。

在实际情况下，组合式雷达传感器和 ACC 控制器往往集成安装在汽车的前部。人机交互界面包括 ACC 系统与驾驶员的所有接口：操作开关、显示屏和踏板（加速、制动）。ACC 系统中的执行器通过 CAN 总线发送车速控制指令给发动机（或电动机）控制器、制动系统控制器和变速箱控制器，由相应的控制器执行指令实现车速的调节。汽车 ACC 系统组件如图 6 – 16 所示。

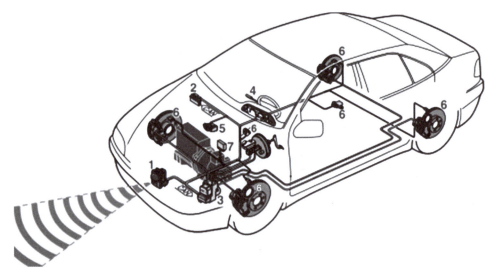

**图 6 – 16 汽车 ACC 系统组件**
1—雷达传感器和控制器；2—ECU 箱；3—制动系统控制器；4—人机交互界面；5—发动机控制器；
6—车速传感器；7—变速箱控制器

**3. 工作原理**

汽车 ACC 系统工作示意如图 6 – 17 所示，共有 4 种典型的操作，即巡航控制、减速控制、跟随控制和加速控制。图中假设当前车辆设定车速为 100 km/h，目标车辆行驶速度为 80 km/h。

1) 巡航控制

巡航控制是汽车 ACC 系统最基本的功能。当车辆前方无行驶车辆时，车辆将处于普通的巡航行驶状态，ACC 系统按照设定的行驶车速对车辆进行巡航控制。

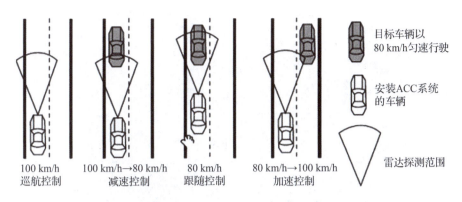

图 6-17 汽车 ACC 系统工作示意

2）减速控制

减速控制是指当前车辆前方有目标车辆,且目标车辆的行驶速度小于当前车辆的行驶速度时,ACC 系统将控制当前车辆进行减速,确保两车间的距离为所设定的安全距离。

3）跟随控制

跟随控制是指当 ACC 系统将当前车辆车速减至理想的目标值之后采用跟随控制,与目标车辆以相同的速度行驶。

4）加速控制

加速控制是指当前方的目标车辆加速行驶或发生移线,或当前车辆移线行驶使得前方无行驶车辆时,ACC 系统将对当前车辆进行加速控制,使当前车辆恢复到设定的车速。在恢复行驶速度后,ACC 系统又转入对当前车辆的巡航控制。当驾驶员参与车辆驾驶后,ACC 系统自动退出对车辆的控制。

**4. 应用实例**

汽车 ACC 系统凭借其智能化和自动化的优点,为驾驶员减轻了长途驾驶以及部分城市拥堵路段驾驶的疲劳,得到市场的认可。ACC 系统综合配置率从 2009 年的 0.19% 上升到 2020 年的 33.58%,应用车型也从中高级车向中级、紧凑型车发展。

目前,具备定速巡航、自动跟车及变道功能的传统 ACC 系统得到广泛应用,代表系统有梅赛德斯-奔驰 Distronic Plus、奥迪 ACC with Stop & Go 以及沃尔沃 Pilot Assist 的全速自适应巡航控制系统等。同时,一些功能更强的新型 ACC 系统也正在推广,如结合高精度地图的凯迪拉克 Super Cruise、采用人工智能算法的特斯拉 Autopilot TACC 以及融合 V2X 通信技术的福特 ACC 系统等。

沃尔沃 XC60 汽车的 ACC 系统 Pilot Assist 如图 6-18 所示,其通过前挡风玻璃的摄像头以及安装在前栅格内的雷达传感器扫描前方道路,并与车速传感器结合,当行驶车速超过 30 km/h 时,驾驶员按下方向盘上的启动按键,就可以激活 ACC 系统。同大多数 ACC 系统类似,驾驶员可以通过方向盘上的按钮设置跟车距离和巡航车速,系统激活时,默认当前车速为巡航车速。该系统不仅具有自动跟车、定速巡航的功能,还具备城市道路自动排队功能,即当前车停车后,系统控制主车制动停车,若短时间内前车启动,ACC 系统可控制主车自动启动。

图 6-18　沃尔沃 XC60 汽车的 ACC 系统 Pilot Assist

国产汽车中，长安新款 CS75 和领克 03 等车型也装配有 ACC 系统，如图 6-19 所示。CS75 巡航车速可设定在 30~150 km/h，工作速度范围为 0~150 km/h，带有 Stop & Go 功能，采用博世公司新一代的雷达传感器探测前方车辆，实现车速和车距控制，使行驶更加平稳，配合量产智能语音控制技术，只需通过语音，即可完成巡航车速和车距的设定。领克 03 还具有自动排队功能，在城市拥堵路况下，能自动跟行与停车，有效地减轻了驾驶员负担。

图 6-19　长安新款 CS75 汽车的 ACC 系统

随着传感器等技术更为成熟，未来自适应巡航的适应工况及功能会更丰富。通过与车道保持等纵向控制技术集成，基于 V2V 通信、V2X 协同控制技术与智能交通系统融合，可实现特定工况下的自动驾驶。

## 四、自动泊车系统

### 1. 概述

自动泊车系统（Automated Parking System，APS）又称自动泊车入位，顾名思义，就是汽车通过车载传感器（如泊车雷达）和车载处理器，可自动识别可用车位，并自动正确地完成停车入车位动作的系统，如图 6-20 所示。对于驾驶员而言，自动泊车系统是一项非常便捷的系统，在找到了一个理想的停车地点后，只需轻轻启动按钮,其他一切即可自动完成。

在不同的国家,落实不同场景的智能驾驶意愿也不相同,但都同样面临着找车位困难、终点停车困难的问题。因此,自动泊车是整个汽车智能化和自动驾驶里面一个比较容易切入的环节。自动泊车系统是所有智能驾驶或者先进驾驶辅助功能中民众需求呼声最高的系统。

图 6-20　自动泊车系统

**2. 分类**

自动泊车系统从最开始的辅助泊车装置到现在的全自动泊车系统,不断地提升智能化,减轻驾驶员的负担。根据功能不同,自动泊车系统可以分为以下几类。

1)信息式泊车辅助系统

信息式泊车辅助系统是指提供与物体的纵向距离信息,并通过符合性程度信息进行停车位测量。

2)引导型泊车辅助系统

引导型泊车辅助系统将评估环境信息,并给出具体的处理建议,这包括带辅助线的倒车摄像头或提供转向操作建议的泊车辅助系统。

3)半自动泊车辅助系统

半自动泊车辅助系统指通过该系统驾驶员可取消车辆引导组件,仅通过油门踏板和制动踏板进行纵向引导即可。

4)全自动泊车辅助系统

全自动泊车辅助系统接管全部汽车引导工作,不需要驾驶员操作,即可独立完成泊车动作。

**3. 系统组成**

自动泊车系统一般包括传感器系统、中央控制系统和执行系统,如图 6-21 所示。

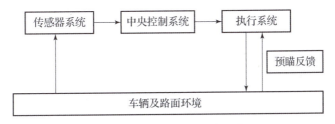

图 6-21　自动泊车系统组成

1）传感器系统

传感器系统一般包括图像采集系统（摄像头）和车载距离探测系统（超声波雷达或者毫米波雷达系统）。传感器系统的主要任务是探测环境信息，如寻找可用车位，在泊车过程中实时探测车辆的位置信息和车身状态信息。在车位探测阶段，采集车位的长度和宽度。在泊车阶段，监测汽车相对于目标停车位的位置坐标，进而用于计算车身的角度和转角等信息，确保泊车过程的安全可靠。

2）中央控制系统

中央控制系统为自动泊车系统的核心部分，主要任务包括以下方面：首先，接收车位监测传感器采集到的信息，计算车位的有效长度和宽度，判断该车位是否可用；其次，规划泊车路径，根据停车位和汽车的相对位置，计算出最优泊车路径；最后，在泊车过程中实时监测。

3）执行系统

执行系统主要包括电动助力转向系统和汽车动力电控系统。根据中央控制系统的决策信息，电动助力转向系统将数字控制量转化为方向盘的角度，控制汽车的转向。汽车动力电控系统控制汽车的节气门开度或动力输出，从而控制汽车泊车速度。电动助力转向系统与汽车动力电控系统协调配合，控制汽车按照指定命令完成泊车过程。

**4. 工作原理**

要实现正确的自动泊车，车辆就必须自动完成两项重要工作。第一，就是能够准确识别出可用车位，这里包括车位识别的速度以及准确性；第二，也是最为重要的，就是把车辆顺利驶入车位中。

自动泊车过程一般包括泊车目标位置指定、泊车路径规划、泊车入位三个主要步骤，其中泊车目标位置指定是影响自动泊车入位精确度的关键步骤。泊车目标位置指定是指在自动泊车过程中，利用车载传感器完成可用空停车位的检测与识别。

车位的检测与识别技术分为基于超声波雷达的车位检测和基于视觉的车位检测。基于超声波雷达的车位检测通过检测相邻车辆之间的空停车位来实现车位的检测，当车辆在寻找车位时，检测到空车位会使超声波雷达测量距离有两次突变，如图6-22所示。

**图6-22 超声波雷达测量距离突变示意**

即当车辆从左往右行驶过程中，探测右侧车位，当探测距离从 $a$ 变成 $b$ 时，即测量数值完成了一次突变，并开始记录轮速脉冲数；当测量距离由 $b$ 变成 $a$ 时，完成了第二次数值突变，并停止记录脉冲数，此时记录的车轮脉冲数记为 $\Delta n$。根据车轮脉冲数可以得到车位的宽度，如果宽度超过车辆停放时的尺寸一定范围时，则认为已找寻到车位。

基于视觉的停车位检测方法通过安装在车身的视觉传感器采集车辆周围的停车位标记线，再根据标记线特征完成停车位的检测，能够有效解决目标停车位周围没有参考车辆或障碍物情况下的停车位检测。车位检测就是利用传感器系统监测本车与路边车辆的距离信息，判断车位的长度是否满足停车要求。

泊车路径规划是中央控制系统根据汽车与目标停车位的相对位置等数据,得出汽车的当前位置、目标位置及周围的环境参数,据此规划计算出最佳泊车路径和策略,如图 6-23 所示。

泊车入位实际上就是路径追踪,主要是执行路径规划,将相关策略转化为电信号传达给执行器,执行器依据指令引导汽车按照规划好的路径泊车。

**5. 应用实例**

现阶段,自动泊车系统已经广泛应用于量产车上,实际帮助驾驶员完成泊车任务。下面简单介绍小鹏汽车搭载的自动泊车系统。

小鹏汽车自主研发的自动驾驶量产车型 G3 配备了 XPILOT2.5 智能驾驶系统。XPILOT2.5 智能驾驶系统在硬件方面包括多达 20 个传感器,其中有 12 个超声波雷达、5 个视觉传感器、3 个毫米波雷达,如图 6-24 所示。这也使得其能够对道路、车辆、行人、障碍物等进行精准识别,并反馈给控制器,以实现更适合中国路况的自动辅助驾驶和多场景全自动泊车。其中,在自动泊车方面,小鹏 G3 利用超声波雷达、左右外后视镜的摄像头(见图 6-25)以及车尾后视摄像头进行车位识别。

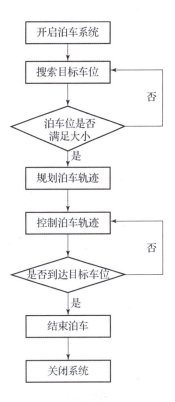

图 6-23 自动汽车系统的工作原理

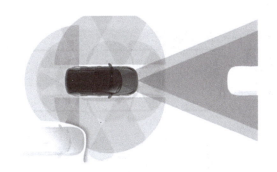

图 6-24 小鹏 G3 传感器布置

图 6-25 小鹏 G3 左右外后视镜的摄像头

小鹏 G3 能够实现垂直车位、平行车位、斜列式车位的自动泊车,如图 6-26 所示。另外,和绝大多数自动泊车系统不同的是,小鹏 G3 可以通过车身上的多个摄像头实现车位线识别,也就是说无论车位两侧是否停有车辆,它都能够识别出车位并进行自动泊车。此外,在激活自动泊车功能的方式上,小鹏 G3 有语音激活、通过屏幕开启、方向盘快捷键开启 3 种。另外,通过钥匙上的按键同样可以控制车辆自动泊车。

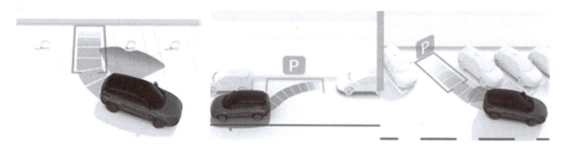

图 6-26　小鹏 G3 多种车位自动泊车

### 五、驾驶疲劳预警系统

#### 1. 概述

驾驶员在长时间连续驾驶后,容易产生生理机能和心理机能的失调,而在客观上出现驾驶技能下降的现象,存在很大的安全隐患。疲劳驾驶预警系统(Driver Fatigue Monitor System,DFMS)是一种基于驾驶员生理反应特征的驾驶员疲劳监测预警产品,由 ECU 和摄像头两大模块组成,利用驾驶员的面部特征、眼睛闭合状态、头部运动等推断驾驶员的疲劳状态,并进行报警提示和采取相应措施,对驾驶员给予主动的安全保障,如图 6-27 所示。

图 6-27　DFMS

#### 2. 系统组成

目前,驾驶员疲劳状态监测方法主要分为基于驾驶员生理信息、基于驾驶员行为特征以及基于车辆状态的检测方法。其中,基于驾驶员行为特征的方法应用广泛,通过检测眨眼频率与凝视方向、头部运动等特征,利用机器视觉等技术可实现疲劳状态的判定。基于驾驶员行为特征方法的 DFMS 主要由图像采集模块、中央处理器、图像处理模块和人机交互单元组成,如图 6-28 所示。

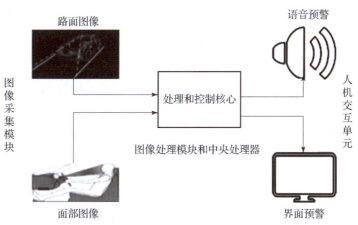

图 6-28 基于驾驶员行为特征方法的 DFMS 组成

图像采集模块主要负责不间断地采集图像,搭载图像传感器的摄像头将持续进行图像采集,保证在各种环境、全天候都能实现驾驶员面部特征和肢体图像的采集,以达到及时、准确、无延迟的监控。

图像处理模块将采集到的图像进行分析处理,对每一帧图像进行数字化、降噪、滤波、重建等处理,再传输至中央处理器,利用图像处理算法不断优化结果,然后将结果输出,通过指示灯和声音进行预警。

整个系统主要利用驾驶员的面部特征、眼部信号、头部运动特征等推断驾驶员的疲劳状态,并进行报警提示和采取相应措施,有利于驾驶员更直观地判断车辆状态,对驾驶员给予主动智能的安全保障。

**3. 工作原理**

DFMS 工作过程主要分为图像采集、特征提取、状态综合判断和疲劳预警 4 部分,其工作原理如图 6-29 所示。

1)图像采集

通过面部图像采集模块获取驾驶员面部图像,通过路面图像采集模块获取汽车行驶时的路面图像。

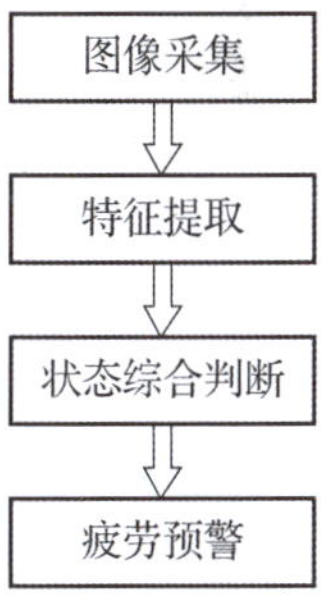

2)特征提取

获取到驾驶员面部视频图像后,首先要对驾驶员进行面部定位与跟踪,准确定位到面部各区域,然后根据特征提取算法获得面部多个疲劳特征。获取到路面视频图像后,首先要进行车道线检测,然后根据车体与车道线的关系进行车辆横向位移特征提取。

3)状态综合判断

通过获取的面部疲劳特征和车辆横向位移特征来综合判断驾驶员的精神状态。

图 6-29 DFMS 工作原理

4)疲劳预警

检测到驾驶员疲劳时,通过视觉界面和语音输出方式进行报警提示,保障驾驶员安全驾驶。

**4. 应用实例**

由驾驶员注意力不集中引发的交通事故一直居高不下，这已经成为一个社会问题。DFMS 会通过实时监视驾驶员的面部，来确定驾驶员是否处于粗心或者瞌睡状态下，并直接向驾驶员发出警告，从而对驾驶员进行帮助。

福特锐界的 DFMS 是一种疲劳驾驶提示功能，它可以通过监测驾驶员操作行为或车辆实时轨迹来判断驾驶员是否处于疲劳状态。可通过仪表信息显示屏开启或关闭该系统。系统启动后，在车速高于 64 km/h 的情况下，将根据驾驶员与车道标记线或其他因素相关的驾驶行为来监控驾驶员的驾驶注意力指数。

报警系统分为两个阶段。首先系统发出短暂报警，提示驾驶员需要休息，该信息只会持续一小段时间；当系统检测到驾驶员注意力指数降低时，将在信息显示屏上发出另一条报警，此报警信息将保持较长时间。按下方向盘控制上的 OK 按钮即可清除警告。

图 6 – 30 所示为福特锐界 DFMS 的报警信息，系统发出的报警信息即驾驶员注意力指数，它可分为 6 级，以有色状态条显示在屏幕上。随着驾驶员注意力指数的降低，状态条会从左侧移动到右侧，接近"咖啡"的休息图标时，状态条的颜色将由绿变黄，最终变为红色。黄色位置时会激活第一条报警，红色位置将激活第二条报警。

E131358

驾驶员注意力指数很好。

E131359

驾驶员注意力指数很差，需选择就近安全区域停车休息。

图 6 – 30　福特锐界 DFMS 的报警信息

正常行驶时，驾驶员对方向盘的操作主要为细微的小角度调整，且左右调整频率较快；而在疲劳驾驶时，则会发生以下情况：方向盘调整角度变大，左右变化频率降低，且没有降速"打转向"的动作，或者长时间不调整方向盘，也没有加减速动作，然后突然大幅度调整方向等。根据疲劳驾驶的这些行驶特性，哈弗 H9 使用了基于对方向盘转角、制动踏板、车速及加速度、航向偏移、转向指示状态等综合因素来进行分析计算的 DFMS，该系统将疲劳程度从轻微到严重划分为 9 个等级。

哈弗 H9 的 DFMS 是自动开启的，在一个点火循环内，车辆运行达 10 min 后功能即可自动激活。该报警指示由仪表系统执行（见图 6 – 31），报警形式包括图形和声音提醒。每次报警信息的发送持续 20 s，两次报警时间间隔最少为 10 min，并且在接下来的行驶过程中持续监测并继续报警提示。驾驶员在收到监测报警后，只有发动机熄火（即停车）后才可解除报警。

图 6-31　哈弗 H9 的 DFMS 的报警指示

# 项目七　智能汽车网联技术

(1) 熟悉智能汽车网联技术的概念，了解智能汽车车联网的分类。
(2) 熟悉车载网络的分类，了解各类网络的特点。
(3) 掌握 CAN 总线的定义，理解 CAN 总线的通信原理，了解 CAN 总线的报文结构。
(4) 熟悉智能汽车无线通信技术的分类，了解各类通信技术的特点。
(5) 掌握 V2X 技术涵盖范围，了解各个层面的交换内容。
(6) 了解网联信息交互技术的应用。
(7) 了解汽车 OTA 技术的应用背景和实现流程。

(1) 掌握采集汽车 CAN 报文数据的方法，并学会按照说明书读懂报文。
(2) 能够认识道路上使用的各种车路协同设备。
(3) 能够掌握量产车上实现 OTA 技术的流程。

## 任务一　智能汽车网联技术概述

智能汽车网联技术是一种将汽车与互联网技术相结合的新型汽车技术，它通过现代通信技术实现汽车之间、汽车与道路之间以及汽车与外部环境之间的信息交互和数据共享，结合汽车自身环境感知系统，对行驶环境进行识别，并加以智能决策和协同控制，实现汽车自动驾驶与网联服务，提高汽车安全性、舒适性和高效性。智能汽车网联技术在 5G 网络技术、人工智能、芯片技术、传感技术、大数据以及移动互联等技术的快速发展下逐步成形。智能汽车网联技术不仅能提升单车的智能化水平，而且实现了车车、车路之间的信息交换，从而能够更好地实现智能交通管理控制、车辆智能化控制和智能动态信息服务的车联网，打造全新的交通服务模式，提升交通效率，改善驾乘体验，为使用者提供更安全、更便捷的综合服务。

根据智能汽车车联网的传输信息内容和范围不同，智能汽车车联网分为车内网、车际网和车载移动互联网。车内网是以 CAN、LIN、TTCAN/FlexRay 等车内总线通信为基础的车内网络，其将车辆底盘和动力等电子控制装置、车载娱乐装置、导航装置等连接起来，实现了汽车众多传感器信息、车辆控制信息等共享。车际网是以专用短程通信（Dedicated Short Range Communications，DSRC）、RFID、Wi-Fi、Bluetooth 等短程无线通信为基础的 V2V、

V2I、V2D(Vehicle to Consumer Device) 网络。车载移动互联网主要指以 GPS/GLONASS/BDS 等卫星定位导航及 4G、5G 等远程无线通信为基础的远程信息服务网络（Telematics）。车内网为车际网和车载移动互联网提供车辆的运行状态及周边环境等信息，是实现车际网和车载移动互联网的基础。从近年来国际上 Telematics、V2V/V2I、车内网技术的发展趋势来看，三者技术上逐渐融合，体系上向 V2X 发展。

车联网是网联智能的代表，车联网以车内网、车际网和车载移动互联网为基础（见图 7 - 1），按照约定的通信协议和数据交互标准，在车与 X（X：车、路、行人及云端等）之间进行无线通信和信息交换。

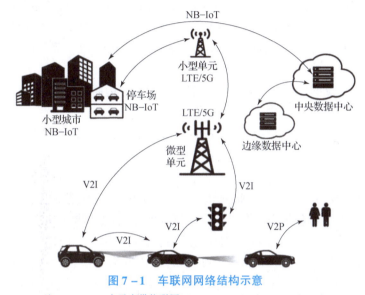

图 7 - 1 车联网网络结构示意

注：NB - IOT 表示窄带物联网（Narrow Band Internet of Things）

随着公路等基础设施的网联化程度提升，以及 V2X 车用通信技术的快速产业化应用，局部交通道路信息感知、高精度定位等均可依赖外部通信提供，不仅可以大幅降低车辆的成本，减少车辆对车载软硬件的依赖和要求，亦可提升车辆感知能力。如图 7 - 2 所示，行驶环境下，车辆在驶过交叉路口时可以与交通设施进行信息交换，同时将它们的实时状态发布到车联网整体的网络体系，其他车辆收到这些交通设施实时信息后便可以灵活决策，可以大大减小拥堵、阻塞等交通路况。

图 7 - 2 交叉路口通信示意

# 任务二　车载网络

## 一、汽车总线技术

随着汽车各系统的控制逐步向自动化和智能化转变，汽车电子电气系统变得日益复杂。传统的电子电气系统大多采用点对点的单一通信方式，相互之间少有联系，这样必然会形成庞大的布线系统。无论是从材料成本还是从工作效率来看，传统布线方法都不能适应现代汽车的发展。另外，为了满足各电子电气系统的实时性要求，需对汽车公共数据（如发动机转速、车轮转速、节气门踏板位置等信息）实行共享，而每个控制单元对实时性的要求又各不相同。因此，传统的电气网络已无法适应现代汽车电子电气系统的发展，于是新型汽车总线技术应运而生。现阶段传统的车载网络主要有 CAN、LIN、FlexRay、MOST、LVDS 及实时以太网（TSN）等。

SAE International 的汽车网络委员会按照系统的复杂程度、传输流量、传输速度、传输可靠性、动作响应时间等参量，将汽车数据传输网络划分为 A、B、C、D 四类。

A 类总线：面向传感器或执行器管理的低速网络，它的位传输速率通常小于 20 Kb/s。A 类总线以 LIN（Local Interconnect Network，局部互联网络）规范最有前途。其为摩托罗拉（Motorola）与奥迪等知名企业联手推出的一种新型低成本的开放式串行通信协议，主要用于车内分布式电控系统，尤其是面向智能传感器或执行器的数字化通信场合。

B 类总线：面向独立控制模块间信息共享的中速网络，位速率一般在 10~125 Kb/s。B 类总线以 CAN 最为著名。CAN 最初是博世公司为欧洲汽车市场开发的，只用于汽车内部测量和执行部件间的数据通信。1993 年 ISO 正式颁布了道路交通运输工具——数字信息交换——高速通信控制器局域网（CAN）国际标准（ISO 11898-1），近几年低速容错 CAN 的标准 ISO 11519-2 也开始在欧洲的一些车型中得到广泛的应用。B 类总线主要应用于车身电子的舒适型模块和显示仪表等设备中。

C 类总线：面向闭环实时控制的多路传输高速网络，位速率多在 125 Kb/s~1 Mb/s。C 类总线主要用于车上动力系统中对通信的实时性要求比较高的场合，主要服务于动力传递系统。在欧洲，汽车厂商大多使用"高速 CAN"作为 C 类总线，它实际上就是 ISO 11898-1 中位速率高于 125 Kb/s 的那部分标准。美国则在卡车及其拖车、建筑机械和农业动力设备中大量使用专门的通信协议 SAE J1939。

D 类总线：面向多媒体设备、高速数据流传输的高性能网络，位速率一般在 2 Mb/s 以上，主要用于 CD 等播放机和液晶显示设备。

目前 CAN 总线是应用最广、最成熟的 ECU 总线通信方式，故在此详细阐述 B 类 CAN 总线的相关内容，对 A 类、C 类和 D 类总线只做简单介绍。

**1. CAN 总线**

1）CAN 总线的由来

CAN 总线又称车内局域网，是一个有效支持分布式控制和实时控制的串行通信网络。CAN 总线以某种形式连接各种控制单元，形成一个完整的系统，如图 7-3 所示。CAN 总线最初由德国博世公司开发，用于解决现代汽车中众多 ECU 之间的数据交换问题。目前，它已广泛应用于汽车电子电气系统，成为欧洲汽车工业的主要行业标准，代表了汽车电子控制网络的主流发展趋势。

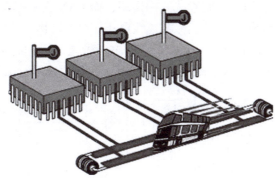

图 7-3 CAN 总线示意

2）CAN 总线的总体构成

CAN 网状拓扑可以根据几何图形的形状分为 5 种类型：总线拓扑、环形拓扑、星形拓扑、网状拓扑和树形拓扑，这些拓扑也可以混合形成混合拓扑，如图 7-4 所示。汽车的网络特性可以概括为通信距离短、网络复杂度要求低、可扩展性要求高、实施可靠性要求高。

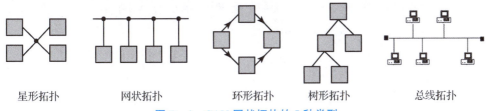

星形拓扑　　　　网状拓扑　　　　　环形拓扑　　　树形拓扑　　　　　总线拓扑

图 7-4 CAN 网状拓扑的 5 种类型

CAN 总线系统的总体构成如图 7-5 所示，主要由若干个接点（ECU）、两条数据传输线（CAN-H 和 CAN-L）及终端电阻组成。CAN 总线上的每个节点能独立完成网络数据交换和测控任务，理论上 CAN 总线可以连接无数个节点，但实际上由于总线驱动能力的限制，目前每个 CAN 总线系统中最多可以连接 110 个节点。CAN 数据传输线是双向串行总线，大都采用具有较强抗干扰能力的双绞线，分为 CAN-H 线和 CAN-L 线，两线缠绕绞合在一起，其绞距为 20 mm，横截面面积为 0.35 $mm^2$ 或 0.5 $mm^2$。其两端的终端电阻是为了防止信号在传输线终端产生反射波，而使正常传输的数据受到干扰。

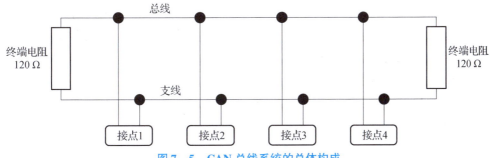

图 7-5 CAN 总线系统的总体构成

3）CAN 总线的硬件结构和网络通信原理

CAN 节点主要由微控制器、CAN 控制器和 CAN 收发器组成，目前汽车上多采用内部集成 CAN 控制器的微控制器，硬件结构示意图如图 7-6（a）所示。CAN 节点中的 CAN 控制器具有"数据打包/解包"和"验收滤波"的作用，而 CAN 收发器具有"边说边听（同时发送和接收）"和"信号转换（数字信号与总线电压信号的转换）"的作用。

CAN 收发器对 CAN-H 和 CAN-L 两根线的电压做差分运算后生成差分电压信号，然后采用"负逻辑"将差分电压信号转换为数字信号，工作原理示意图如图 7-6（b）所示。

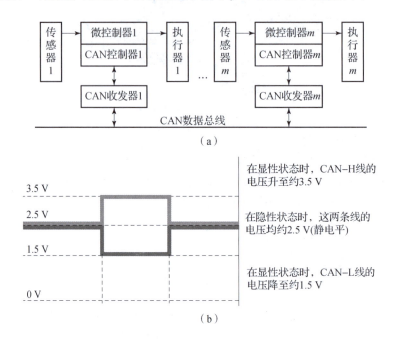

图 7-6　CAN 总线的硬件结构和网络通信原理
（a）CAN 硬件结构示意；（b）CAN 工作原理示意

为了提高网络通信的可靠性和实时性，CAN 总线只有物理层、数据链路层和应用层。其中数据链路层和物理层的协议分别由 CAN 控制器和 CAN 收发器硬件自动完成，因此在 CAN 总线应用系统设计时，主要任务是对其应用层程序进行设计。

4）CAN 报文帧结构

在 CAN 总线上，报文是以"帧"来发送的，每一帧都包含以下部分，如图 7-7 所示。

（1）帧起始。在总线空闲时，总线为隐性状态。帧起始由单个显性位构成，标志着报文的开始，并在总线上起着同步作用。

（2）仲裁段。仲裁主要定义了报文的标识符（又称 ID）。在 CAN 2.0A 规范中，标识符为 11 位，而在 CAN 2.0B 中变为 29 位。这意味着在 CAN 2.0B 中可以存在更多不同类型的报文，但是也降低了总线的利用率。

（3）控制段。控制段主要定义了数据域字节的长度。通过数据长度码，接收节点可以判断报文数据是否完整。

（4）数据域。数据域包含有 0~8 字节数据。

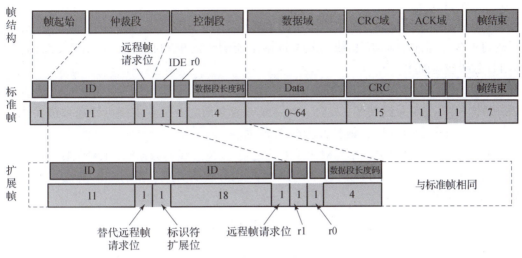

图 7-7 CAN 报文帧结构示意

(5) CRC 域。CRC 又称循环冗余校验码（Cyclical Redundancy Check），是数据通信中常见的查错技术。

(6) ACK 域。ACK 域用于接收节点的反馈应答。

(7) 帧结束。帧结束由一串 7 个隐性位组成，表示报文帧的结束。

5) CAN 总线的仲裁机制

仲裁是总线应用中一个相当重要的概念，CAN 总线采用载波侦听多路访问/冲突检测（CSMA/CD）技术。如果总线空闲（隐性位），有报文准备发送，那么每一个节点都可以开始发送报文。报文以显性位（报文帧起始位）开始，接着是标识符。如果多个节点同时开始发送报文，那么使用"线与"仲裁机制（仲裁用逻辑"与"）来解决总线冲突问题，确定优先级最高的报文，而不需要损失时间或数据（非破坏性仲裁），如图 7-8 所示。仲裁机制使用标识符作为判断依据，标识符不仅代表报文帧的内容，还代表报文帧发送的优先级。二进制数越小的标识符，优先级越高；反之亦然。

假设节点 A、B 和 C 都发送相同格式、相同类型的帧，如标准格式数据帧，它们竞争总线的过程如下：

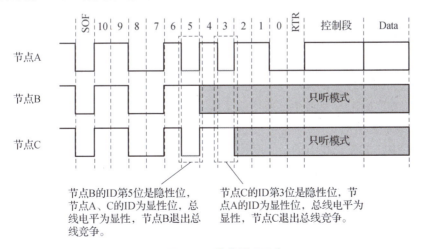

节点 B 的 ID 第 5 位是隐性位，节点 A、C 的 ID 为显性位，总线电平为显性，节点 B 退出总线竞争。

节点 C 的 ID 第 3 位是隐性位，节点 A 的 ID 为显性位，总线电平为显性，节点 C 退出总线竞争。

图 7-8 仲裁原理示意

6) CAN FD 总线

（1）CAN FD 总线概述。随着汽车功能越来越复杂，传统 CAN 总线的负载率越来越高，甚至达到 95%，考虑到 CAN 总线负载率逐渐不能满足需求和必须兼容 CAN 总线的问题，CAN FD 总线应运而生。

CAN FD 是 CAN with Flexible Data rate 的缩写，也可以简单地认为是传统 CAN 总线的升级版。对比传统 CAN 总线技术，CAN FD 总线有两方面的升级：支持可变速率最大能达到 5 Mb/s；支持更长数据长度，最长可达 64 B 数据。

（2）CAN FD 总线报文帧结构对比。对比传统 CAN 总线的数据帧，CAN FD 总线在控制段新添加 DLC 位、BRS 位和 ESI 位，采用了新的 DLC 编码方式、新的 CRC 算法（CRC 场扩展到 21 b），如图 7-9 所示。

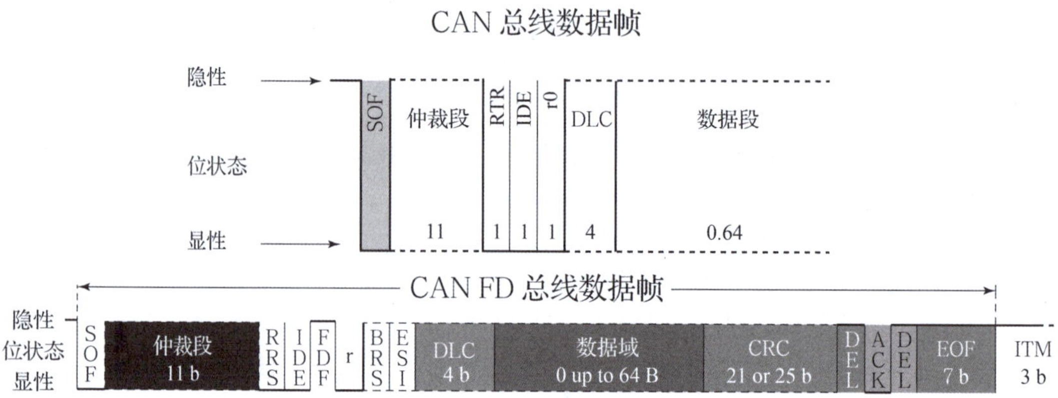

图 7-9　CAN 总线和 CAN FD 总线数据帧对比示意

## 2. LIN 总线

1）LIN 总线概述

LIN 是面向汽车低端分布式应用的低成本、低速串行通信总线。它的目标是为现有汽车网络提供辅助功能，在不需要 CAN 总线的带宽和多功能的场合使用，降低成本。

LIN 总线相对于 CAN 总线的成本节省，主要是由于采用单线传输、硅片中硬件或软件的低实现成本和无须在从属节点中使用石英或陶瓷谐振器。这些优点以较低的带宽和受局限的单宿主总线访问方法为代价。

LIN 总线包含一个宿主节点和一个或多个从节点，如图 7-10 所示。所有节点都包含一个被分解为发送和接收任务的从任务（Slave Task），而宿主节点还包含一个附加的主任务（Master Task）。在实时 LIN 总线中，通信总是由主任务发起。

2）LIN 总线系统结构

（1）网络结构。LIN 总线上的最大电控单元节点数为 16 个，系统中两个 ECU 节点之间的最大距离为 40 m。LIN 总线网络由一个主节点，一个或多个从节点组成。所有节点都包含一个从任务，负责消息的发送和接收；主节点还包含一个主任务，负责启动 LIN 总线网络中的通信。

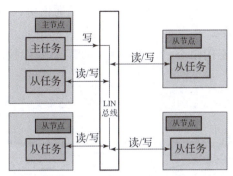

图 7-10　LIN 总线结构示意

（2）LIN 总线的节点结构。一个 LIN 节点主要由微控制器和 LIN 收发器组成，而微控制器通过 UART/SCI 接口与 LIN 收发器连接，几乎所有微控制器都具备 UART/SCI 接口，并且 LIN 收发器（如 TJA1020、MC33399 等）的 RXD、TXD 引脚可与微控制器的 RXD、TXD 引脚直接连接，无须电平转换，如图 7-11 所示。在 LIN 总线中，加入新节点时，不需要其他从节点做任何软件或硬件的改动。LIN 总线和 CAN 总线一样，传送的信息带有一个标识符，它给出的是这个信息的意义或特征，而不是这个信息传送的地址。

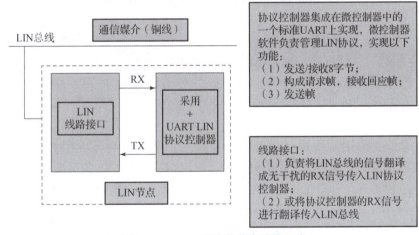

图 7-11　LIN 总线的节点结构示意

### 3. MOST 总线

MOST 是 Media Oriented System Transport 的缩写，是用于多媒体数据传送的网络系统。MOST 总线数据传输速率最高可达 24.8 Mb/s，而且没有电磁干扰，如图 7-12 所示。MOST 总线可以不需要额外的主控计算机系统，结构灵活，性能可靠和易于扩展，采用光纤 POF（Plastic Optical Fiber）作为物理层的传输介质，支持"即插即用"方式，在网络上可以随时添加和去除设备，具有方便简洁的应用系统界面。

MOST 总线的传输技术近似于公众交换式电话网络（Public Switched Telephone Network，PSTN），有着数据信道（Data Channel）与控制信道（Control Channel）的设计定义，控制信道即用来设定如何使用与收发数据信道。一旦设定完成，信息就会持续地从发送处流向接收处，过程中不用再有进一步的封包处理程序，这样的运作机制非常适合实时性音频、视频信号传输。

MOST 总线在制定上完全合乎 ISO/OSI 的 7 层数据通信协议参考模型，而在网线连接上 MOST 总线采用环状拓扑，不过在更具严苛要求的传控应用上，MOST 总线也允许改采星状（也称放射状）或双环状的连接组态，此外每套 MOST 总线传控网络允许最多达 64 个装置（节点）连接。

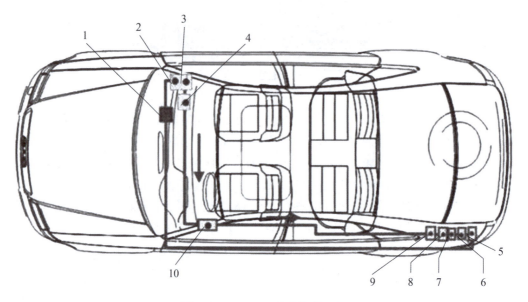

图 7 – 12　MOST 总线结构示意

1—网关；2—主单元；3—带 CD 的导航；4—CD - 转换器；5—通信盒（收音机，语音操作系统）6—数字音响广播（DAB）；7—电视调谐器；8—带 DVD 的导航；9—数字音响系统；10—电话/紧急呼叫

### 4. FlexRay 总线

FlexRay 总线主要用于线控转向和线控制动等需要高实时安全性的系统中。2006 年 FlexRay 总线首次应用于量产车，作为数据主干网用在了 BMW X5 的悬架系统上。

FlexRay 总线具有高可靠性，特别是冗余通信能力，通过硬件实现全网配置复制和进度监控，支持多种拓扑，如总线、星形和混合拓扑。

FlexRay 总线的总线拓扑和星形拓扑均支持双通道，即 FlexRay 总线有两个通道，其最高速率都可达到 10 Mb/s，即总线的两个通道上的数据总速率可达 20 Mb/s，网络带宽是 CAN 总线的 20 倍以上。FlexRay 总线结构示意图如图 7 – 13 所示。

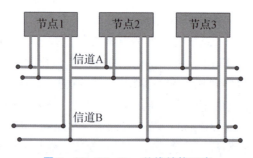

图 7 – 13　FlexRay 总线结构示意

## 二、车载以太网

### 1. 车载以太网概述

以太网（Ethernet）是互联网中使用最多和最广泛的网络技术，自从 1973 年 5 月 22 日作为个人计算机的局域网技术被发明以来，以太网技术快速发展并且作为 IEEE 802 下的一个开放标准集合。随着汽车智能化、网联化甚至自动驾驶时代的到来，ADAS 技术不断创新，高质量汽车娱乐音频和视频的应用，空中下载（Over – The – Air，OTA）远程升级、V2X、大数据、云计算等技术的发展都取得了较大进展。车载网络容量需求的爆炸性发展明显超过了传统车载网络（如 CAN 或 FlexRay）的承载能力，这也是以太网和汽车深度融合的机会。

车载以太网是一种用以太网连接车内电子单元的新型局域网技术，与传统以太网使用 4 对非屏蔽双绞线电缆不同，车载以太网在单对非屏蔽双绞线上可实现 100 Mb/s，甚至 1 Gb/s 的传输速率，同时还满足汽车行业对高可靠性、低电磁辐射、低功耗、带宽分配、低延迟以及同步实时性等方面的要求。

如表 7 – 1 所示，随着汽车上的电子设备变得越来越复杂，各种控制系统以及传感器的使用越来越多，车内的各种处理器和域控制器需要更多的数据交互，这种大量的数据交互对于车内数据传输带宽的要求越来越高。而车载以太网因具有众多优点，在汽车车载网络中被普遍应用。

表 7 – 1 常见车载网络对比

| 协议 | 最高宽带 | 传输介质 | 最大载荷 | 拓扑 | 实时 | 成本 |
| --- | --- | --- | --- | --- | --- | --- |
| CAN | 1 Mb/s | 双绞线 | 8 | 多主 | 否 | 低 |
| LIN | 19.2 Kb/s | 单缆 | 8 | 单主 | 否 | 低 |
| TTP/C | 10 Mb/s | 双绞线/光纤 | 128 | 单主 | 是 | 高 |
| FlexRay | 10 Mb/s | 双绞线/光纤 | 254 | 单主 | 是 | 中 |
| LVDS | 850 Mb/s | 双绞线串/并行 | 48 | 多主 | 否 | 低 |
| MOST | 150 Mb/s | 双绞线/光纤 | 3 072 | 多主 | 否 | 高 |
| AVB | 100 Mb/s | 非屏蔽双绞线 | 1 500 | 单主 | 否 | 高 |
| Ethernet | 1 Gb/s | 非屏蔽双绞线 | 1 500 | 单主 | 否 | 低 |

### 2. 车载以太网的物理层技术

1）适合车辆环境的以太网物理层元件

物理层元件包括物理介质层、MDI 接口、RGMII 接口等。物理介质层最常见的就是网线，它就是一种以太网传输的物理介质。常见的物理介质还有同轴电缆、光纤等。2012 年 9 月，迈威尔（Marvell）与麦瑞半导体（Micrel）发布了全球首款完全符合 IEEE 802.3 标准的用于车载网络的以太网实体元件，最高可支持 100 Mb/s 的速率。麦瑞半导体推出的以太网物理层芯片支持高达 125 ℃的环境温度，目前市场上符合 AECQ - 100 标准的以太网设备也并不单一，而且针对汽车市场的需求加强了 ESD 保护（静电保护），可以很好地适应汽车环境变化。

2）100 Mb/s 的汽车以太网解决方案

由于存在多种规范的以太网，因此网卡也存在多种传输速率，以适应它所兼容的以太网。目前网卡在标准以太网中速度为 10 Mb/s，在快速以太网中速度为 100 Mb/s，在千兆以太网中速度为 1 000 Mb/s。BroadR - Reach 是博通公司针对汽车环境开发的数据传输技术，其特点是可以使用一对 UTP（非屏蔽双绞线）实现 100 Mb/s 的传输速度，其开销相对普通百兆以太网连接电缆开销显著降低，如图 7 - 14 所示。

图 7 - 14　博通以太网数据传输示意

3）IEEE RTPGE 及以太网供电技术

以太网供电（PoE）技术是一种可以通过 CAT5 线缆传输数据信号的同时为该以太网设备进行直流供电的技术。IEEE 802.3af（15.4W）是第一个 PoE 标准，是现在 PoE 应用的主流实现标准。IEEE 802.3at（25.5W）应大功率终端的需求而诞生，在兼容 IEEE 802.3af 的基础上，提供更大的供电需求，可以满足视频监控系统等大功率应用的需求。

**3. 车载以太网的链路层协议**

1）IEEE 时间敏感网络

（1）时间敏感网络（Time - Sensitive Networking，TSN）概述。

TSN 是在非确定的以太网中实现确定性的最小时延协议族，是 IEEE 802.1 开发的一套协议标准。其为以太网协议的数据链路层提供一套通用的时间敏感机制，为标准以太网提供了确定性和可靠性，以确保数据实时、确定和可靠地传输，提高数据传输效率。此外，TSN 能实现时间敏感性（对实时性要求高）数据和非时间敏感性数据在同一网络的传输。

（2）TSN 重要协议及其功能。

传统以太网采用载波侦听多路访问/冲突检测（CSMA/CD）的机制，当两个工作站发生冲突时，必须延迟一定时间后重发报文。发生堵塞时，有的报文可能长时间发布不出去，造成通信时间的不确定性。以往对实时性要求高的数据通过实时以太网实现，故现在信息技术和运营技术在融合过程中会遇到很大的困难。为了实现部分数据传输的实时确定性需求，有实时性要求的数据和没有实时性要求的数据往往需要通过两个网络进行传输。所有的控制器都是两个网口，一个是实时以太网，一个是标准以太网。而 TSN 不仅能确保数据的实时确定性传输，还能实现时间敏感数据和非时间敏感性数据在同一网络的传输。

TSN 通过一套协议标准（TSN 协议族）来实现数据在同一网络的实时确定性传输，保证对实时性要求高的信息在标准以太网的不同场景下的顺利传输。TSN 协议族本身具有很高的灵活性，用户可以根据应用的具体需求来选择相应的协议组合。TSN 协议族包含了时钟同步、数据调度及流量整形、可靠性、资源管理四个类别的子协议，如图 7 - 15 所示。

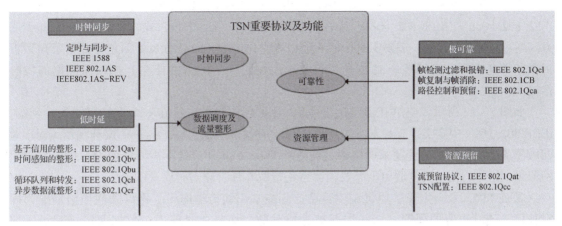

图 7-15　TSN 重要协议及功能

① 时钟同步。

与 IEEE 802.3 的标准以太网相比,时钟在 TSN 中起着重要的作用。对于实时通信而言,端到端的传输延迟具有难以协商的时间界限,因此 TSN 中的所有设备都需要具有共同的时间参考模型,即需要彼此同步时钟。目前 TSN 采用 IEEE 1588 协议和 IEEE 802.1AS 协议来实现时间同步。

IEEE 1588 协议是一个精密时间协议(PTP),用于同步计算机网络中的时钟。在局域网中,它能将时钟精确度控制在亚微秒范围内,使其适用于测量和控制系统。

以太网音视频桥接技术(Ethernet Audio/Video Bridging,EAVB)是在传统以太网络的基础上,使用精准时钟同步,通过保障带宽来限制传输延迟,提供高级别服务质量以支持各种基于音视频的媒体应用。

② 数据调度及流量整形。

TSN 通过定义不同的整形机制将数据流的时延限定在一定范围内,以此满足不同的低时延场景需求。在传统以太网中,数据流的通信时延是不确定的,由于这种不确定性,数据接收端通常需要预置大缓冲区来缓冲输出,但是这样会导致数据流如音、视频流,缺失实时性。TSN 不仅要保证时间敏感流的到达,同时也要保证这些数据流的低时延传输。通过优化控制时间敏感流和 best-effort 流,以及其他数据流在网络中的传输过程,来保证对数据流的传输时间要求,这种优化控制的方式称为整形,如图 7-16 所示。

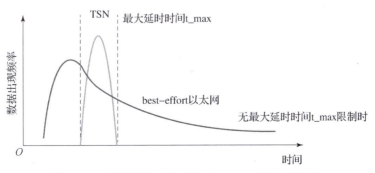

图 7-16　数据传输时延对比(TSN vs 传统以太网)

TSN 用于数据调度和流量整形的协议有 IEEE 802.1Qav、IEEE 802.1Qbv、IEEE 802.1Qbu、IEEE 802.1Qch 及 IEEE 802.1Qcr。其中，IEEE 802.1Qbv 采用非抢占式的数据调度，流量调度方式通过时隙进行控制，需要实时传输的数据流优先传输，同时为 best-effort 数据及预留数据预留带宽，允许时间敏感流和非时间敏感流在同一个网络中传输，并确保数据的实时传输。

如图 7-17 所示，使用 IEEE 802.1Qbv，数据包传输被安排在一个重复周期中端到端。IEEE 802.1Qbv 中定义了三种基本类型的流量：时间敏感流、best-effort 流和预留流量。时间敏感流适用于对实时性要求严格的关键消息，best-effort 流是不需要任何 QoS 的一般以太网流量。此外，预留流量适用于需要预留特定带宽并具有软实时要求的帧。

IEEE 802.1Qbv 定义了通过调度算法启用或禁用帧传输的门，将以太网通信划分为固定长度、连续重复的周期。这些周期被分成时隙，在每个时隙中，数据通过被赋予不同的优先级实现在指定时隙中的传输。这样，时间敏感流可以拥有专用时隙，从而确保此流量在传统以太网网络上的确定性传输。另外，预留流量和 best-effort 流被容纳在每个周期的剩余时隙中。预留流量保证有专用带宽，而 best-effort 流可以使用剩余的带宽。

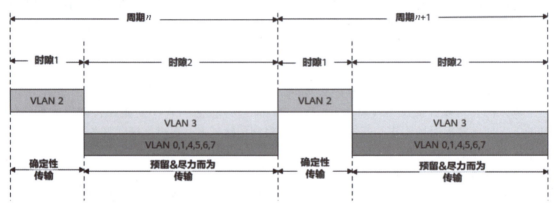

图 7-17　IEEE 802.1Qbv 时隙划分图

图 7-17 中时隙 1 为时间敏感流预留，时隙期间不存在其他流量。时隙 2 由 best-effort 流和预留流量使用，同时为预留流量预留专用带宽。

由于 TSN 的运行基于不同的时间时隙发送不同类型的流量，因此所有网络设备必须在纳秒级范围内同步。

③可靠性。

对数据传输实时性要求高的应用除了需要保证数据传输的时效性，同时也需要可靠性高的数据传输机制，以便应对网桥节点失效、线路短路和外部攻击带来的各种问题，来确保功能安全和网络安全。IEEE 802.1Qci、IEEE 802.1CB 及 IEEE 802.1Qca 用于实现 TSN 这方面的性能。

IEEE 802.1CB 为以太网提供双链冗余特性，通过在网络的源端系统和中继系统中对每个数据帧进行序列编号和复制，并在目标端系统和其他中继系统中消除这些复制帧，确保仅有一份数据帧被接收。其可用来防止由于拥塞导致的丢包情况，也可以降低由于设备故障造成分组丢失的概率及故障恢复时间，提高网络可靠性，如图 7-18 所示。

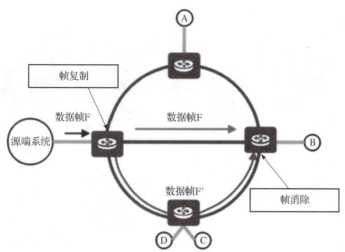

图 7-18　IEEE 802.1CB 工作原理

④资源管理。

在 TSN 中,每一种实时应用都有特定的网络性能需求。TSN 的某个特性是对可用的网络资源进行配置和管理的过程,其允许在同一网络中通过配置一系列 TSN 子协议,来合理分配网络路径上的资源,以确保它们能够按照预期正常运行。TSN 资源管理子协议包括 IEEE 802.1Qat 协议和 IEEE 802.1Qcc 协议。IEEE 802.1Qcc 协议是 IEEE802.1Qat 协议的增强。

IEEE802.1Qat 即流量预留协议。根据流的资源要求和可用的网络资源情况指定数据准入控制,保留资源并通告从数据源发送端至数据接收端之间的所有网络节点,确保指定流在整条传输路径上有充足的网络资源可用。

⑤TSN 的应用场景。

TSN 的典型应用就是工业互联网,通过在每个接入网侧均采用硬编码逻辑控制器(硬PLC)及人机交互界面(HMI)实现对机器人、夹具的控制来实现工业自动化。每个接入网侧都需要相应的硬 PLC 分散地处理业务,这使得管理困难,运维复杂。而且生产线往往变更频繁,硬 PLC 由于采用硬编码,其生产扩展不灵活,因此生产线变更时需要耗费很大的资源去进行生产线的适配和调测。

若将 PLC 直接接入到工厂数据中心,就可以采用软件编码的虚拟 PLC(vPLC),融合架构的 IT 基础设施平台(FusionCube)上的 vPLC,一方面可实现对生产设备的远程集中处理;另一方面,vPLC 通过软件编程就可以完成对生产线的适配,生产扩展灵活。但工厂数据中心往往统一管理信息技术和运营技术,生产业务流和办公业务流及其他数据流均需通过同一网络上传到工厂数据中心,而且工业自动化控制对数据流的确定性到达有毫秒级的需求。采用传统实时以太网难以在实现确定性通信的同时,实现时间敏感性数据和非时间敏感性数据在同一网络的传输,故不能实现 vPLC 在工厂数据中心处对生产机器(机器人、夹具)的集中管理,而 TSN 可以解决这一难题。通过对 vPLC 和生产机器连接的网关均使能用 TSN 的相关协议,可构建 TSN(传统工业园区解决方案 vs 采用 TSN 的园区工业解决方案),可实现时间敏感性数据和非时间敏感性数据在同一网络传输的同时实现数据在毫秒级乃至微秒级的确定性通信,从而实现 vPLC 的远程集中管理,使生产更加安全,维护更加方便,生产线调整更加灵活,如图 7-19 所示。

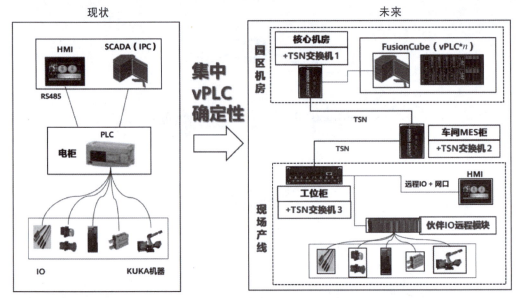

图 7-19　传统工业园区解决方案 vs 采用 TSN 的园区工业解决方案

（3）车载以太网与 TSN 的关系。

在技术层面，车载以太网与 TSN 都基于以太网技术，在技术基础上有一定的共通性，而车载以太网在发展过程中，借鉴了 TSN 的部分技术和理念，以提高数据传输的实时性和可靠性。在应用场景层面，车载以太网主要应用于汽车内部电子系统的互联，如动力总成、底盘控制、车身电子、多媒体娱乐等，注重在复杂汽车环境下的数据传输实时性和可靠性；而 TSN 则更广泛地应用于工业自动化等领域，对实时性、稳定性和可靠性有更高的要求。在性能要求层面，两者都对数据传输的实时性有较高要求，但车载以太网还需要考虑汽车特有的电磁兼容性、振动、温度等环境因素，TSN 则更注重在工业环境下的稳定性和可靠性。

2）TTEthernet

时间触发以太网（Time Triggered Ethernet，TTEthernet）是一种基于 IEEE 802.3 以太网之上的汽车或工业领域的实时通信候选网络，它允许实时的时间触发通信与低优先级的事件触发通信共存，使以太网具备满足高安全等级的系统要求的同时，依然可以承担对实时性要求不过分严格但仍然有高带宽的以太网传输需求。

TTEthernet 协议控制框架如图 7-20 所示，TTEthernet 在单一网络中可以同时满足不同实时和安全等级的应用需要，支持三种不同的消息类型：时间触发（TT）、速率约束（RC）和尽力而为（BE）。TT 消息优先于所有其他类型，而 RC 帧是保证提供预留的带宽，BE 帧可以看作标准以太网。

**4. 车载以太网拓扑**

车载以太网常见的拓扑结构有星形、菊花链形和树形，如图 7-21 所示。这些结构在交换式以太网中支持 IEEE 802.3 和 IEEE 802.1Q 标准。

星形拓扑结构的特点是管理方便、极易扩展、安装维护成本低，但要专用的网络设备（如交换机）作其核心节点，对核心设备的负担较重，可靠性要求高，各站点的分布处理能力较低。菊花链形拓扑结构的特点是由星形结构的基础网络构成，通过菊花链或串行的方式增加下一个节点。菊花链形拓扑结构容易扩展，各站点可以分布处理，网络设备的负担相对较轻，但节点之间的通信相对较复杂，安装维护成本较高。

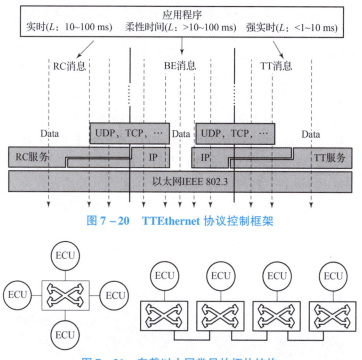

图 7 – 20　TTEthernet 协议控制框架

图 7 – 21　车载以太网常见的拓扑结构

**5. 车载以太网发展趋势**

车载以太网是应用于未来汽车的通信技术，不可能完全替代现有的车载网络，它的应用是一个渐进的过程，大致可分为三个阶段：局部网络阶段、子网络阶段、多子网络阶段。

（1）局部网络阶段。该阶段指可单独在某个子系统上应用车载以太网技术，实现子系统功能。

（2）子网络阶段。该阶段指可将某几个子系统进行整合，构建车载以太网子系统，实现各子系统的功能，如 ADAS 等。

（3）多子网络阶段。该阶段指将多个子网络进行整合，车载以太网作为车载骨干网，集成动力、底盘、车身、娱乐等整车各个域的功能，形成整车级车载以太网架构，实现车载以太网在车载局域网络上的全面应用。

# 任务三　智能汽车无线通信技术

## 一、V2X 技术

V2X（Vehicle to Everything），即车对外界的信息交换。中国汽车工业协会针对搭载 V2X 功能的汽车给出以下定义：它是搭载先进的车载传感器、控制器、执行器等装置，并融合现代通信与网络技术，实现车与 X（人、车、路、后台等）智能信息的交换共享，具备复杂的环境感知、智能决策、协同控制和执行等功能，可实现安全、舒适、节能、高效行驶，并最终可替代人来操作的新一代汽车。

与智能驾驶技术中常用的摄像头或激光雷达相比，V2X 拥有更广的使用范围，它具有突破视觉死角和跨越遮挡物的信息获取能力，同时可以和其他车辆及设施共享实时驾驶信息，还可以通过信息处理算法产生预测信息。当前，V2X 也是唯一不受天气状况影响的车用传感技术，无论雨、雾或强光照射都能够正常工作。

除传统智能汽车信息交换共享和环境感知的功能外，V2X 还强调"智能决策""协同控制和执行"功能，以强大的后台数据分析、决策、调度服务系统为基础，如图 7-22 所示。而且要实现智能驾驶，车辆必须具备感知系统，像人一样能够观察周围的环境，所以，除了传感器，V2X 技术也属于智能驾驶的一个感知手段。V2X 技术一般依赖于 DSRC 和 LTE-V（Long Term Evolution - Vehicle）两种通信手段。

V2X 技术在智能汽车感知、决策与控制中起到至关重要的作用，在 V2X 技术支撑下，智能汽车能实现车与车之间的自主通信，这对于自动化驾驶功能的实现具有积极作用。基于这一控制目标，在 V2X 技术研发应用中，除专用短程通信技术外，4.5G 和 5G 技术基本能满足汽车智能控制需要。现阶段，V2X 在主流通信标准上的竞争也主要集中在这两个层面。

图 7-22　V2X 通信示意

### 1. V2V

V2V 是 Vehicle to Vehicle 的英文缩写，即车辆自身与其他车辆之间的信息交换。车辆自身与外界车辆之间的信息交换内容，主要包括以下三点。

（1）当前本体车辆的行驶速度与附近范围内车辆的行驶速度。

（2）当前本体车辆的行驶方向与附近范围内车辆的行驶方向。

（3）当前本体车辆紧急状况与附近范围内车辆的行驶状况。

### 2. V2I

V2I 是 Vehicle to Infrastructure 的英文缩写，即车辆自身与基础设施之间的信息交换。

基础设施主要包括红绿灯、公交站台、交通指示牌、立交桥、隧道、停车场等。车辆自身与基础设施之间的信息交换内容，主要包括以下四点。

（1）车辆的行驶状态与前方红绿灯的实际状况。

（2）车辆的行驶状态与途经公交站台的实际情况。

（3）车辆当前行驶的方向和速度与前方交通标志牌所提示的内容。

(4) 车辆的行驶状态与前方立交桥或隧道的监控情况。

(5) 车辆的导航目的地与停车场空位情况。

### 3. V2P

V2P 是 Vehicle to Pedestrian 的英文缩写，即车辆自身与外界行人之间的信息交换。车辆自身与外界行人之间的信息交换内容，主要包括以下两点。

(1) 车辆自身的行驶速度与行人当前位置。

(2) 车辆自身的行驶方向与行人当前位置。

### 4. V2R

V2R 是 Vehicle to Road 的英文缩写，即车辆自身与道路之间的信息交换。按照道路的特殊性而言，V2R 又可分为两大类型：一类是车辆自身与城市道路之间的信息交换，另一类是车辆自身与高速道路之间的信息交换。车辆自身与道路之间的信息交换内容主要包括以下三点。

(1) 车辆自身的行驶路线与道路当前路况。

(2) 车辆自身的行驶方向与前方道路发生的事故。

(3) 车辆行驶的导航信息与道路前方的路标牌。

### 5. V2N

V2N 是 Vehicle to Network 的英文缩写，即车辆自身或驾驶员与互联网之间的信息交换。车辆驾驶员与互联网之间的信息交换，主要包括车辆驾驶员通过车载终端系统向互联网发送需求，从而使用诸如娱乐应用、新闻资讯、车载通信等软件；车辆驾驶员通过应用软件可及时从互联网上获取车辆的防盗信息。

车辆自身与互联网之间的信息交换，主要包括以下三点。

(1) 车辆自身的行驶信息和传感器数据与互联网分析的大数据结果进行信息内容的交换。

(2) 车辆终端系统与互联网上的资源进行信息内容的交换。

(3) 车辆自身的故障系统与互联网远程求助系统进行信息内容的交换。

V2X 通信技术目前有 DSRC 与 LTE V2X 两大路线。DSRC 发展较早，目前已经非常成熟，不过随着 LTE 技术的应用推广，未来在车联网领域也将有广阔的市场空间。V2X 总体示意如图 7 – 23 所示。

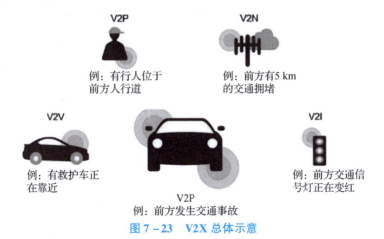

图 7 – 23　V2X 总体示意

## 二、DSRC 技术

**1. DSRC 技术概述**

DSRC 是智能交通系统中最重要的基础通信协议之一。研究该通信协议对于 ITS 的普及应用有着重要的意义。DSRC 是一种高效的无线通信技术，可以实现在特定小区域内（通常为数十米）对高速运动下移动目标的识别和双向通信，如车辆的"车—路""车—车"双向通信，实时传输图像、语音和数据信息，将车辆和道路有机连接。

DSRC 技术支持点对多点、点对点的通信，利用信息的双向传输把道路和车辆有机地联系在一起，是一种能够实现无线短距离传输的新兴技术。通常增强发射功率能达到 100 m，有效的通信范围为 30 m 以内。

DSRC 技术的产生基于三套标准：第一套是 IEEE 1609，具体名称为"车载环境无线接入标准系列（WAVE）"，定义了网络的架构和流程；第二套是 SAE J2735 和 SAE J2945，它们定义了消息包中携带的信息，该数据包括来自汽车上的传感器信息，如位置、行进方向、速度和制动信息；第三套是 IEEE 802.11p，它定义了与汽车相关的 DSRC 物理标准。

美国 5.9 GHz DSRC 的频段规划，以 10 MHz 频宽为单位，将 75 MHz 频宽划分成 7 个频道，并由低频至高频分别给予 172、174、176、178、180、182 与 184 频道编号。如图 7-24 所示，频道 178 为控制频道（CCH），剩余的 6 个频道为服务频道（SCH），其包含两个公共安全专用服务频道（频道 172 为车辆与车辆间公共安全专用服务频道，频道 184 为交叉路口公共安全专用服务频道）、两个中距离公共安全/私用共享服务频道（频道 174 与 176），以及两个短距离公共安全/私用共享服务频道（频道 180 与 182）。

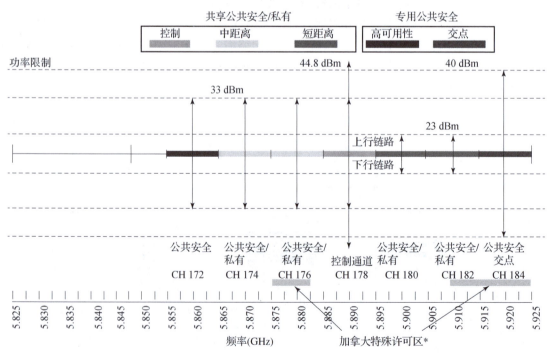

图 7-24 美国 5.9 GHz DSRC 频段规划结构

WAVE/DSRC 所表示的即 IEEE 802.11p 与 IEEE 1609 系列标准所构成的 DSRC 技术，与其他 DSRC 技术相比，它具有低传输延迟（0.000 2 s）、高传输距离（1 000 m）与高传输速度（27 Mb/s）等特性，如图 7-25 所示。在车辆行驶过程中，驾驶员需要对周围环境的变化做出快速判断，为了提高驾驶安全性，减少交通事故的发生，车辆间的通信时延显得尤为重要。WAVE/DSRC 技术底层采用 IEEE 802.11p 标准，上层则采用 IEEE 1609 系列标准。对应至开放系统互连参考模型（OSI Reference Model），IEEE 802.11p 标准制定实体（PHY）层与数据链路层中的媒介存取控制层（MAC）的通信协定，而媒介存取控制层中的多频道运作（Multi-Channel Operation）至应用层的通信协定则由 IEEE 1609 各个子标准所规范制定。

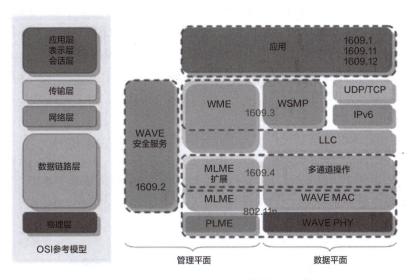

图 7-25　WAVE/DSRC 系统的标准架构

**2. DSRC 技术的通信系统**

它主要包括三个部分：专用短程通信协议、路侧单元（Road Side Unit，RSU）以及车载单元（On Board Unit，OBU）。在此基础上，DSRC 又分为主动式与被动式两种信息传输形式。

1）主动式

DSRC 主动式技术中，OBU 和 RSU 都含有振荡器，均能对电磁波进行发射。待 RSU 将询问信号发射给 OBU 后，再由 OBU 通过自身电池的能量把数据发射给 RSU。DSRC 主动式技术中的 OBU 必须配置电池。

2）被动式

DSRC 被动式技术又称反向散射系统或异频收发系统，指 RSU 发射电磁信号后，待电磁波将 OBU 激活使其进入通信状态，同时通过一种切换频率以反向的形式发送给 RSU 的系统。DSRC 被动式技术中的 OBU 对有无电源没有明确需求。

### 三、LTE-V 通信技术

**1. LTE-V 通信技术概述**

LTE-V 通信技术是我国具有自主知识产权的 V2X 技术，是基于分时长期演进（Time

Division – Long Term Evolution，TD – LTE）的智能交通系统（Intelligent Transport System，ITS）解决方案，属于 LTE 后续演进技术的重要应用分支。

2015 年 2 月，3GPP 工作组 LTE – V 通信技术标准化研究工作正式启动，Release 14 的提出标志着 LTE – V 技术标准制定工作在 3GPP 工作组计划中的正式开始，并在 5G 中得到兼容和性能的大幅提升。LTE V2V Core part 于 2016 年年底完结，LTE V2X Core part 则在 2017 年年初完结。而 V2V 为 LTE – V 通信技术的核心，也于 2018 年完结，基于 LTE – V 技术标准的系统和设备则在 2020 年后开始商用。

我国在 LTE – V 技术的标准化研究中具有一定话语权。国内厂商大唐电信、华为等企业为 3GPP LTE – V 通信技术标准化研究工作的主导方，是 LTE – V 通信技术标准化过程中研究组（Study Item, SI）和工作组（Work Item, WI）的主要报告起草人。2016 年国家科技重大专项"新一代宽带无线移动通信网"的子课题"LTE – V 无线传输技术标准化及样机研发验证"的确立，以及重庆邮电大学、长安集团、上汽集团和高通（Qualcomm）公司等重量级单位的加入，大大地助推了 LTE – V 通信技术标准的发展，从而奠定了 LTE – V 技术在 V2X 应用中的发展趋势及方向。

**2. LTE – V 技术**

LTE – V 通信技术针对车辆应用定义了两种通信方式：集中式（LTE – V – Cell）和分布式（LTE – V – Direct），如图 7 – 26 所示。集中式又称蜂窝式，需要基站作为控制中心，集中式定义车辆与路侧通信单元以及基站设备的通信方式；分布式又称直通式，无须基站做支撑，在一些文献中也表示为 LTE – D（LTE – Direct）及 LTE – D2D（Device – to – Device），分布式定义车辆之间的通信方式。

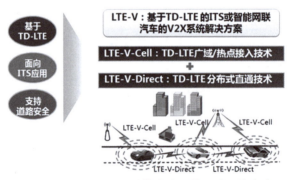

图 7 – 26　LTE – V 通信技术定义的两种通信方式

相比 DSRC 技术，LTE V2X 可以解决前者在离路覆盖、盈利模式、容量及安全等各方面存在的问题；同时，其部署相对容易，频谱带宽分配灵活，传输可靠，覆盖广，而且随着 3GPP 持续演进，可支持未来 ITS 业务需求。

LTE V2X 的缺点也同样突出。例如，标准尚在制定过程中，技术成熟度较低，面向车辆主动安全与智能驾驶的服务性能还需要充分的测试验证。DSRC 相比 V2X 已经有成熟的标准和良好的网络稳定性，LTE V2X 作为后起之秀，正有逐步取代并超越 DSRC 的趋势。

在可用性方面，DSRC 具有不依赖网络基础设施（如安全性管理和互联网接入等功能）和自组网的良好特性，所以基于 DSRC 标准的 V2X 网络稳定性强，不会由于传输瓶颈和单点故障的原因导致整个系统无法工作。另外，由于 DSRC 使用的是不经过协调的信道接入策略，因此这种策略无法满足未来 V2X 网络对确定性时延的需求；同时，DSRC 的可靠性和容量较 LTE V2X 也要差一些。

在不包含 ProSe 功能的 LTE 版本中，LTE V2X 需要依赖基础网络设施。在 R12 以后的版本中，由于 LTE 加入了 ProSe 功能，因此 LTE V2X 支持在线和离线两种模式，互联网连接不再是必备选项。

未来随着无人驾驶和互联网汽车的出现，汽车与互联网相连将成为一种常态。由于 LTE – V 是基于运营商网络建设的，因此 LTE V2X 后续的发展潜力很大。LTE – V 是专门针对车间通信的协议，被称为影响车联网"连接"的起始点。目前的 LTE – V 版本属于 4.5G 技术，未来可以平滑演进到 5G 移动通信技术。

**3. 5G 技术**

5G 技术是第五代移动通信技术（5th Generation Mobile Communication Technology）的简称，具有高速率、低时延和大连接等特点。5G 技术拥有传输速度快（为 4G 的 10 倍以上）、带宽容量大、网络延迟短（<1 ms）等优势，可降低物联网设备、移动设备的网络接入等待时间，对智能交通、无人驾驶技术、人工智能技术和智能汽车的发展起到革命性的颠覆意义。

5G 技术网络架构包含独立组网模式 SA 和与 4G 网络相结合的非独立组网模式 NSA 两种。独立组网模式需要全新打造 5G 网络环境，如 5G 基站、5G 核心网等。非独立组网模式是在现有的 4G 硬件设施基础上，实施 5G 网络的部署工作。

1）5G 网络的关键技术

（1）设备到设备的通信。D2D 是 Device to Device 的英文缩写，即设备到设备的通信。D2D 通信是指在一定距离范围内设备之间的直接通信，如图 7 – 27 所示。

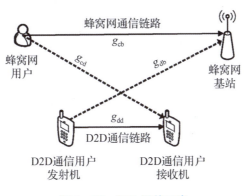

图 7 – 27  D2D 通信示意

（2）大规模输入输出技术。5G 网络环境下的大规模输入输出技术是指通过大规模天线阵列进行信号的发射和接收。

（3）高频段传输。2G、3G、4G 网络通信频率都在 3 GHz 以下，低频率的可用频段资源极为有限。5G 网络的建设分为两大频谱，分别为低频段和高频段。低频段是指在 3 GHz 以上且小于 6 GHz 的频段，而高频段是指大于 30 GHz 频段的毫米波移动通信技术，如图 7 – 28 所示。

（4）高密集组网。高频段导致网络覆盖面积减少，因此为了增加网络的覆盖范围，需要采用高密集度的组网建设方式。

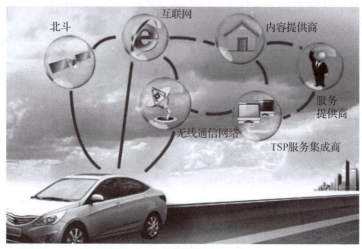

图 7-28　高频段传输流程

2）5G 技术在 V2X 中的应用

（1）5G 网络的数据传输能力可提高车辆运输的安全性，包括在智能汽车之间共享传感器数据，使用宽带改善定位，以及为自动驾驶共享高精度三维地图等。

（2）基于 D2D 技术的 5G 网络可实现车辆与车辆、车辆与道路、车辆与行人、车辆与公共设施之间的多通道通信。5G 技术在智能汽车上的应用可解决目前网络资源有限的问题。

（3）5G 网络的大容量传输可支持传输海量的道路环境数据或车辆与云端之间的环境感知数据。低延迟直接连接可以实现 V2X 车辆与车辆、车辆与道路、车辆与行人、行人与道路的协同通信，解决通信数据安全和用户隐私信息保护问题，提高 V2X 通信的利用率。

（4）动态频谱接入提高了频谱资源的利用率。在车辆组网应用场景中，车辆终端通过感知无线通信环境获取当前的频谱信息，快速接入空闲频谱，并与其他终端进行有效通信。

（5）5G 网络具有超庞大的网络容量，可为每个用户提供每秒千兆数据的速率。5G 网络下 V2V 通信的最大距离约为 1 000 m，为 V2V 通信提供高速下行和上行数据传输速率，提高了车辆之间数据传输的及时性和准确性。

（6）通过结合大数据和通信技术，5G 网络可实现车辆本身与外界物体的通信功能。车辆本身在实现智能化的前提下，可自动激活识别和被识别功能，主要包括自动开启环境感知功能、自动开启数据处理的决策功能、自动开启车辆的控制功能。

当前智能汽车技术真正的难点是安全问题，5G 技术的应用就是为了最大限度地减少或避免交通事故的出现，保护车辆数据安全，同时收集数据、集成数据，从而实现安全策略最大化。

# 任务四　网联信息交互技术应用

随着 V2V 网络技术的发展，车辆之间的通信技术日益成熟，使得车辆也将具备自主信息交互的能力。基于这个能力，周边一定距离内的车辆可以通过车联网直接建立通信网络，自动相互发送位置、速度、连续行驶时间等数据，车载计算机可根据这些信息结合电子地图自动判断危险状况,并发送相关视频、文字、声音等信息与周围车辆相互沟通,因此车联网将衍生出很多新的应用项目。

**1. 超车自主提醒**

车联网主要连接对象为一定距离内的前后两辆车。后车利用前车安装的显示屏和行车记录仪,通过车联网获得其运行轨迹数据,如果前车车速较高,且与轨迹不重合,后车在即将超过前车时,其车载计算机会通过计算把本车的行车记录仪画面传送给前车。前车将根据后车轨迹数据和速度自动判断后车是否超车,在地图上显示两车位置,并提醒驾驶员后车超车车道和大致追平时间。

**2. 防追尾自主提醒**

前后车辆将通过车联网相互发送卫星定位数据,交换运行轨迹。当运行轨迹在同一条车道上,且后方车辆高速接近前方车辆时,前后车辆将同时向驾驶员报警提醒,防止追尾。车辆根据车联网提供的前方车辆行驶速度数据,结合本车车速和惯性进行计算,判断制动距离,如果处于追尾范围内,汽车将自动减速和报警。

**3. 防撞自主报警**

车辆行驶在弯道上时,由于道路两边建筑物、山体、树木等的遮挡无法观察对面行驶来的车辆时,容易发生撞车事故;当很多大型车辆在周围时,也会有很多视觉死角,小型车辆与大型车辆接近过程中也容易产生事故。通过车联网无线通信系统,一定距离内周边车辆的位置数据都会被传送到车载计算机中,显示在地图上,并相互发送防撞报警信息,避免撞车事故的发生。

**4. 身份信息问询和应答**

车辆之间自动交换信息的前提是每辆汽车必须有一个身份标识。车联网发展的一个重要措施是利用车牌号在车联网上注册车辆身份,同时可以绑定车辆类型信息(如校车、救护车、新驾驶员等)或者设置紧急信息(如赶飞机、送病人等)。周边车辆可以通过车联网获取此信息,实现车辆之间的有序避让。交警车辆还可自动查询途经车辆的年检和保险信息。有了车辆身份识别功能,周边车辆便可以通过车联网自动相互发送数据和视频信息等,车载计算机可以根据这些信息结合电子地图自动判断危险状况,并向周边车辆发送视频、文字、声音等多媒体信息,保证车辆之间的信息交互。

**5. 车辆驾驶习惯自主交流**

不同驾驶员有不同的驾驶习惯,如果驾驶员之间能了解彼此的驾车习惯,将有益于减少交通事故。通过车联网,车载计算机会记录车辆转弯、踩油门、踩制动力度,结合北斗和GPS定位数据判断驾驶员的驾驶习惯,并对车辆进行分类,如激进型、稳重型、新手型、普通型等。在车辆通信过程中通过车联网将该信息发布给周边车辆,显示屏上显示的周边车辆图标会按照不同类型进行改变,提醒驾驶员应如何处理。驾驶习惯还可以通过车联网自动上传给车辆生产企业,企业可通过统计每种车型使用人的驾驶习惯改进车辆性能,提高产品满意度;也可上传给交管部门,将其作为管理驾驶员的依据,每年对影响交通安全的驾驶员进行培训,纠正其不良驾驶习惯,保证交通安全。

**6. 前方道路异常状况自动问询**

当车辆拥堵在道路上时,驾驶员需了解前方的路况,以判断是否调整行驶路线。车联网具有结合车辆定位数据和道路自动判断的功能,可判断当前道路拥堵位置,并从拥堵处车辆的行车记录仪获取视频图像，发布给后面被堵车辆。被堵车辆通过车载计算机自动获取前方视频，从而帮助驾驶员选择行车方案。

### 7. 红灯预警

红灯预警（Red Light Violation Warning，RLVW）指当车辆接近有交通信号灯的路口，即将亮起红灯，V2I 设备判断车辆无法及时通过此路口时，及时提醒驾驶员减速停车，这与基于摄像头采集到红灯提醒功能类似，但是它的优点是能与交通设施进行通信，尤其是在无信号灯倒计时显示屏的路口具有"预知"红绿灯时间的作用，减少驾驶员不必要的加速和急刹。

### 8. 弯道限速预警

弯道限速预警（Curve Speed Warning，CSW）指车辆从平直路面进入转弯工况时，V2I 设备接收到相关弯道限速信号后及时提醒驾驶员减速慢行，这与基于 GPS 地理信息导航提醒或摄像头采集到限速标志提示驾驶员慢行的功能类似。

### 9. 天气预警

天气预警（Spot Weather Impact Warning，SWIW）指当车辆行驶至天气恶劣的地带，如多雾、雨雪天气时，及时提醒驾驶员控制车速、车距以及谨慎使用驾驶员辅助系统，这与目前高速公路边的提示"雨雪天气，减速慢行"的功能类似。

### 10. 人行横道行人预警

人行横道行人预警（Pedestrian in Signalized Crosswalk Warning，PSCW）指人行横道线上安装有行人探测传感器，当车辆靠近人行横道时，交通信号设施向周边车辆发送行人信息，提示车辆减速及停车，这与通过雷达或摄像头实现的自动紧急制动（AEB）功能类似。

总之，车联网技术目前正处于从量变到质变的过程中，除了本书所举例的应用，车联网在车路联网以及汽车与交通指挥系统联网方面还有更多的应用等待挖掘。随着无人驾驶技术的成熟，车辆之间信息交互内容必将越来越多，信息交互应用是未来车联网应用的最主要方向。

# 任务五 汽车 OTA 技术及网络安全

随着汽车"电动化、网联化、智能化、共享化"新四化的推进，其控制程序也越来越复杂，汽车电子电气系统成本占整车成本比重逐步提升，新能源车与传统车相比，在汽车电子电气系统上的成本明显提升很多。"软件定义汽车"已成为汽车的发展趋势，汽车软件的复杂度也随之大增，软件故障的修复以及个性化定制需求的更新，仅通过 4S 店升级难以给予用户最佳的体验。而 OTA 技术具备减少召回成本、快速响应安全需求、提升用户体验等优势，成了未来智能化汽车时代的必然选择。

OTA 技术通过移动通信的接口实现对软件进行远程管理，传统的做法是到 4S 店通过整车 OBD 对相应的 ECU 软件升级。OTA 技术最早出现在 2000 年的日本，目前通过 OTA 技术升级软件被广泛应用于智能手机行业。

对于汽车而言，OTA 技术最早出现在特斯拉 2012 年推出的 Modes S 车型上，其更新范围涉及自动驾驶、人机交互、动力、电池系统等领域，通过 OTA 技术的方式，特斯拉完成钥匙卡漏洞、续航里程提升、提高最高行驶速度、提升乘坐舒适度等功能或者漏洞的修复。2016 年 11 月，丰田公司宣布采用 OTA 技术更新车辆 ECU 软件，并讨论了上市车辆通过 OTA 技术新增功能的可能性。2017 年 5 月，福特公司首次通过 OTA 技术为搭载 Sync 3 车载系统的车型新增功能。国内以小鹏、蔚来为代表的新造车企业也将整车 OTA 技术作为自身产品智能化的体现，传统造车企业也逐步在新车型上提供 OTA 功能。

值得注意的是，OTA 技术在汽车领域的应用有着显著的优缺点。

1) 优点

（1）节省成本。OTA 技术可在线修复部分软件 bug，可大大节省车主来回 4S 店的时间，同时也为 4S 店和整车厂节省了召回成本。

（2）保持新意。具备 OTA 功能的车辆在后期使用期间还可以增加新的功能或人机交互方式，这对于车主来说增加了新鲜感，同时也让车辆产生了不易过时的属性。

（3）拓展服务。整车厂可以基于 OTA 技术，在完成车辆销售后继续和车主产生互动并持续提升用户体验，拓宽服务和运营的范畴。

2) 缺点

（1）安全隐患。在线传输数据需经过端管云并且依靠互联网络，在安全问题上始终有隐患，而汽车不像数码产品，稍有差池就会造成严重的后果。

（2）验证不足。由于 OTA 技术的便利性，部分整车厂容易追求进度而略过涉及可靠性的验证环节，甚至让部分有缺陷的车先行上市，而后用 OTA 技术推送补丁来补救。

### 1. 汽车 OTA 分类及架构

汽车 OTA 主要分为固件在线升级（Firmware – Over – The – Air，FOTA）和软件在线升级（Software – Over – The – Air，SOTA）两类，前者是一个完整的系统性更新，后者则是迭代性的更新升级。

固件在线升级，指给车辆下载完整的固件镜像，或者修补现有固件，是一个完整的软件安装文件（镜像）下载的过程。

软件在线升级，指通过无线网络或移动网络将文件从云端服务器下载到车辆上。SOTA 一般作为一个"增量"，整车企业仅发送需要更改的部分，一方面减少了下载的数量和时间，另一方面降低了成本和失败的可能性。软件增量文件和对应于车辆的安全凭据被称为更新包，更新包中可能包含多个增量文件和多个 ECU 的补丁。

汽车 OTA 架构主要包含云端服务器和车辆终端两部分，如图 7 – 29 所示。

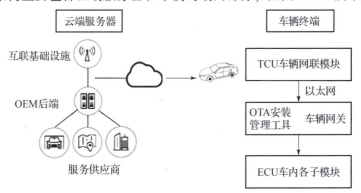

图 7 – 29 汽车 OTA 架构

云端服务器为车载终端提供 OTA 服务，主要管理各个软件供应商的原始固件升级。出于安全考虑，往往需要构建一个独立的子模块，负责 OTA 服务平台的安全，包括密钥证书管理服务、数据加密服务、数字签名服务等。而车辆终端的 OTA 组件则负责对升级包进行合法性验证，适配安全升级流程。

**2. 汽车 OTA 流程**

此处以特斯拉为例，介绍汽车 OTA 的具体流程，如图 7-30 所示。特斯拉从 2012 年开始做 OTA 解决方案，通过 SOTA 和 FOTA 大约进行了 26 次软件更新，不断提升用车体验。

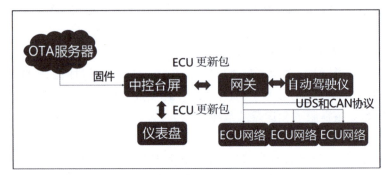

图 7-30　特斯拉 OTA 的具体流程

1）管理和生成相关的文件

云端服务器是负责监测整个 OTA 过程的主要单元。它首先确定需要更新哪些车辆，是否与车辆建立可靠的连接（生成一个可靠的可信通道）并实时掌握消息；然后把固件包或者更新包从软件库里面提取出来，确定分发包的更新顺序，管理整个进程，并在完成后校验。

2）分发和检查

服务器会做加密渠道分发，而车辆则由计算能力强大并有足够存储空间的控制器进行下载、验证和解密，与服务器相对应的也有作业管理器负责报告当前状态和错误信息，每个更新作业都有一个用于跟踪使用情况的作业 ID。

3）更新和刷新安装

通常整车企业在决定 FOTA 前需要做完备的考虑。以特斯拉为例，通过使用运算的联网模块（如仪表盘、中控台等）实现对整个进程的监控。将更新文件刷入 ECU，对于仪表盘来说，每一步操作都会监控整个机制是否完整，并且保证能随时停止和重新写入，只要对应的 ECU 存在可以运行的引导程序，就保证了车辆和服务器对整个过程的控制，并把死机的风险降到最低。

完成最后的准备工作后，ECU 将重新启动，代理和服务器之间将持续连接，服务器可以获得当前更新状态的最新信息。

**3. 汽车 OTA 存在的风险**

从技术特点上来看，汽车 OTA 与手机 OTA 有着不少相似之处，但真正在实施过程中两者还是有很大区别的，尤其是安全问题。如手机在进行 OTA 升级时，若升级不成功，也不会带来安全方面的隐患，而汽车则大不一样，稍有不慎就是车损人伤。因此，在汽车 OTA 升级过程中会存在各类风险。

以 FOTA 为例，其升级过程中主要存在传输风险和升级包篡改风险。终端下载升级包的传输流程中，攻击者可利用网络攻击手段，如中间人攻击，将篡改伪造的升级包发送给车载终端，如果终端在升级流程中缺少验证机制，那么被篡改的升级包即可顺利完成升级流程，达到篡改系统、植入后门等恶意程序的目的。攻击者还可能对升级包进行解包分析，获取一些可利用的信息，如漏洞补丁等，升级包中关键信息的暴露会增加被攻击的风险。

因此，汽车 OTA 不能随便进行升级，必须在一个合适的时间、地点及车辆合适的状态下进行。这就要求车企制定相应的升级策略，以尽可能安全、经济的方式来开展这项操作。OTA 技术对于整车企业而言，是机遇也是挑战，随着信息安全技术的导入，OTA 技术将拥有更多的安全保障及发展空间。

**4. 汽车网络安全防护**

1）汽车网络安全存在的问题

在智能汽车时代，车辆不再是孤立的交通工具，而是融入互联互通体系的信息终端，并可能逐渐成为国家关键信息基础设施的重要组成部分。网络安全威胁问题不仅会影响交通安全，更可能危害社会与国家安全。因此，汽车网络安全防护的重要性不言而喻。2020 年 2 月 24 日，国家发改委、工信部、科技部等 11 个部委联合发布了《智能汽车创新发展战略》，围绕智能汽车安全管理联动机制、网络安全防护能力、数据安全监督管理等方面，提出构建智能汽车网络安全体系，推进智能汽车创新发展。

无论是传统网络系统还是较新的网络系统往往都是碎片化呈现的，十分容易受到网络攻击。当前的解决方案是引入 IP 企业网络中常见的一个元素——网关。网关作为为车辆网络的通信路由和策略引擎，将流量从传感器引导到处理节点，并将处理节点的命令引导到执行器或其他处理节点，同时确保通信的隔离、完整性和流量。

安全始终是汽车网络网关的核心，汽车网络网关需支持多种车辆总线协议，并支持基于现场的敏感电子部件的重新放置和子系统升级。同时，汽车网络网关还必须支持自动化子网配置，有效地知道哪些组件被授权在哪些组中通信，并确保在来自后端系统的最小支持的情况下将新的 ECU 模块安全注册到适当的网络中。此外，汽车网络网关必须区分受信任的 ECU 模块和不受信任的或潜在受危害的设备，并使用这些信息有效地管理网络策略。上述需求都依赖于使用可信的设备标识，通过反复加密的客户端身份验证和密钥管理方案才能建立安全通信的网关。

2）缺少智能汽车网络安全的相关标准

当前，智能汽车行业还处于研发阶段，完整的产业链尚未形成，距智能汽车大规模商业落地还有距离，因此通过行业自治保障网络安全还有较长的路要走。为降低网络安全成本并提高相应质量，将已有的成果规范化、标准化势在必行。

（1）系统级规范。SAE J3061 是针对车辆整个生命周期的标准，提供了车辆网络安全的流程框架和指导，考虑了车辆的整个生命周期，从概念到生产、运行、维护和报废。

《道路车辆—信息安全工程》（ISO/SAE 21434）（*Road Vehicles—Cybersecurity Engineering*）是基于 SAE J3061 制定的针对车辆整个生命周期的标准，已于 2021 年 8 月 31 日正式发布。ISO/SAE 21434 是汽车信息安全领域首个国际标准，主要从风险评估管理、产品开发、运行/维护、流程审核等 4 个方面来保障汽车信息安全工程工作的开展。目标是通过该标准设计、生产、测试的产品具备一定的信息安全防护能力。

（2）硬件级规范。信息安全硬件模块主要解决两个问题。首先是解决密钥泄露的问题。如果密钥存储在应用程序的代码或数据中，很容易被泄露，解决办法就是增加一个硬件模块，专门存储密钥。其次是解决占用内核过多资源的问题。因为通用内核直接加密解密运算将占用内核大量资源，因此增加一个硬件加速模块运行加密解密运算，可以有效解决这一问题。

（3）软件代码规范。嵌入式系统常用的 C 语言是一种"不安全"的语言。C 语言的指针就是最好的例子，指针很难被理解但也很容易导致各种问题，如堆栈溢出、内存泄露等。解决办法之一是规范代码的格式，不使用比较容易出错的代码格式。

# 项目八　电子电气架构、智能座舱与计算平台

（1）掌握电子电气架构的定义，熟悉电子电气架构的分类，了解电子电气架构的发展趋势。

（2）掌握智能座舱的定义和分级，了解智能座舱的发展。

（3）掌握智能座舱的技术架构和技术体系。

（4）理解智能座舱的各域组成，了解智能座舱的应用实例。

（5）掌握智能汽车计算平台的意义，了解计算平台的要求。

（6）熟悉智能汽车计算平台的关键技术，了解国内外车载计算平台的实例。

（1）能够依据智能座舱的分级标准对各种类型的智能座舱进行分级。

（2）能够对比不同厂家的智能座舱产品。

（3）能够对比分析现有的不同车载计算平台的性能指标。

## 任务一　智能汽车电子电气架构

随着汽车产业快速发展，汽车功能需求越来越丰富多样，车载电子器件数量越来越多，汽车通信网络越来越复杂。为应对汽车电子电气系统设计的复杂性，相应的设计开发理论应运而生。

智能汽车电子电气架构是汽车各电子电气系统的有序总成。电子电气架构设计开发应在汽车产品开发之初，解决对整车平台顶层进行统筹规划的问题，包括产品需求、功能逻辑、功能分配、信号交互、网络架构、整车空间和线束布置等，电子电气架构设计目标如图 8-1 所示。

（1）智能汽车电子电气架构设计面临四大挑战：功能安全、实时性、带宽瓶颈、算力黑洞。即在功能复杂度持续提升的情况下满足功能安全的要求，这里的功能安全是广义的，不仅包括 ISO 26262，还包括 SOTIF 和 RSS；复杂系统构架下实时性的保证；爆炸式增长的传感数据造成的带宽瓶颈；支持持续的软件升级所需要的指数级算力增长。如图 8-2 所示，智能汽车电子电气架构正从分布式走向集中式。

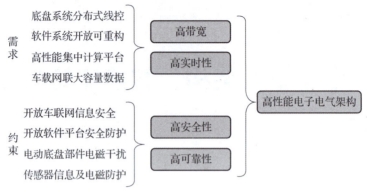

图 8-1 电子电气架构设计目标

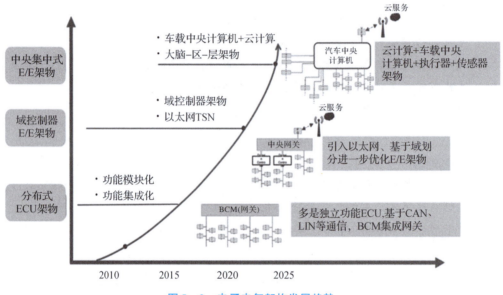

图 8-2 电子电气架构发展趋势

（2）智能汽车电子电气架构四大趋势：计算集中化、软硬件解耦、平台标准化以及功能定制化。

目前应用较为广泛的汽车电子电气架构是分布式架构，即多个功能较为单一的 ECU 通过 CAN 总线连接起来，实现对车辆各子系统的控制。例如，电子节气门 ECU 用来控制节气门开合程度，电子助力转向 ECU 用来控制方向盘转向的力矩的大小和方向。在分布式的结构中，ECU 的计算性能只需满足相应的功能即可，成本较低，稳定性较高。但是随着汽车在动力、安全、交互等方面的功能逐渐增多，需要更多的 ECU 来实现功能控制，这会导致布线复杂、占用空间大、汽车生产自动化难度高等问题。同时，分布式汽车电子电气架构的多数软硬件是高度耦合的，ECU 的供应商众多，底层软件和代码差异大且封闭，汽车企业很难对各模块的 ECU 进行维护和升级，功能扩展性较差。

随着智能汽车的发展，电子电气架构也在发展，逐渐由分布式电气架构进化为集中式架构。集中式架构采用少量的域控制器来实现各个域的控制。例如，德尔福公司提出的汽车电子电气架构（见图 8-3），以划分不同功能域的方式来集中控制不同的 ECU，包括车身电子系统（BCS）、车载信息娱乐系统（IVIS）、底盘安全系统（CaSS）、动力系统（PS），以及先进驾驶辅助系统（ADAS）等 5 个大域，各大域又包括各种子域。其中，每个大域或子域都有对应的域控制器 DCU 和各种 ECU，所有这些构成了汽车电子电气架构的网状拓扑。这种电子电气架构既是控制器计算性能提升的结果，同时也是控制算法优化的结果，这有利于实现控制系统的更新，以实现更多新功能。

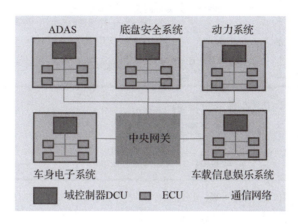

图 8-3 德尔福公司提出的汽车电子电气架构

特斯拉 Model 3 采用了域/域区混合电子电气架构。其中央计算模块（CCM）整合了 ADAS 和 IVIS 两大域，以及外部连接和车内通信系统域功能；左车身控制模块（BCM_LH）和右车身控制模块（BCM_RH）分别负责剩下的车身电子系统、底盘安全系统和部分动力系统的功能。特斯拉 Model 3 电子电气架构如图 8-4 所示。

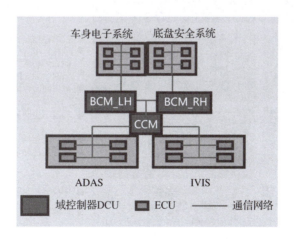

图 8-4 特斯拉 Model 3 电子电气架构

博世公司未来的汽车电子电气架构趋势如图 8-5 所示，在博世公司的汽车电子电气架构演化规划中最核心的思想就是 ECU 从分布到集中的演化。图 8-6 所示对整个过程进行了更详细的说明。

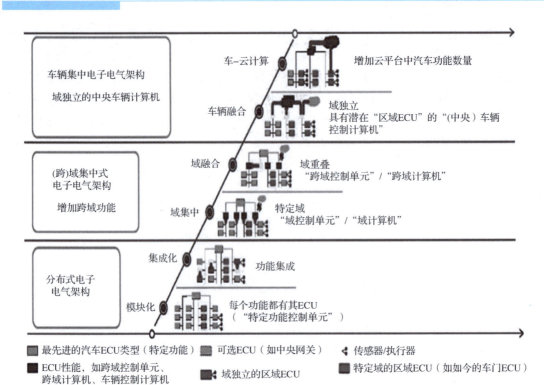

图 8-5 博世公司的未来汽车电子电气架构趋势

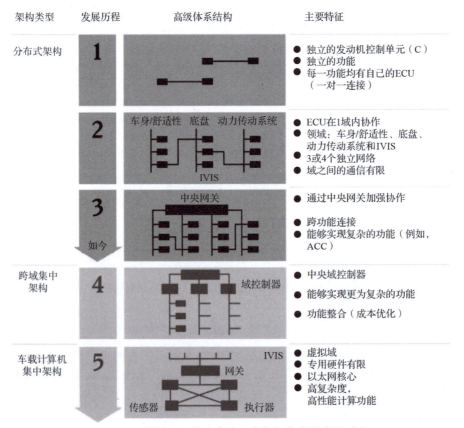

图 8-6 博世公司的汽车电子电气架构具体发展过程

博世公司的汽车电子电气架构将整个过程分为三大步骤（分布式架构、跨域集中架构、车载计算机集中架构），六个阶段（模块化、集成化、中央域化、跨域融合、车载中央计算机、车载云计算），先逐步完成功能整合、多个独立网络内整合、中央网关协调通信、跨域功能整合，再进一步通过中央域控制器进行降本，最后通过网络，建立虚拟域，通过车载中央计算机甚至云计算，完成复杂功能的整合。

宝马公司创建了分层的电子电气架构模型，如图8-7所示，可以在任何一层与博世公司的架构进行适配。汽车电子包含各种各样的ECU、传感器、执行器。商品化、标准化的ECU从原有的传感器与执行器中抽象剥离，ECU根据需求抽象为直接中央计算平台。

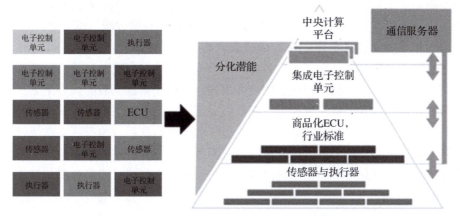

图8-7　宝马公司的分层电子电气架构模型

# 任务二　智能座舱

智能汽车有三大发展方向：智能座舱、车联网和无人驾驶技术，目前这三大领域正随着各项技术的发展相互融合、相互渗透、互为补充。下一代智能座舱的软硬件正往一体化聚合的方向发展，与车联网和无人驾驶技术也变得更加紧密。只有让智能座舱的人机交互和云端的无人驾驶和车联网技术结合起来，才能给用户带来更好的体验。

## 一、智能座舱简介

**1. 智能座舱概述**

随着人工智能、5G通信、大数据等技术的发展与进步，电动化、网联化、智能化和共享化的"新四化"成为汽车行业的发展趋势。智慧交通和车联网等概念的提出，使得汽车不再局限于一种交通工具，而是智能交通系统中的终端。智能网联技术的发展颠覆性地改变了传统汽车的出行模式与乘坐体验，在一定程度上人工智能会成为汽车的大脑，独立完成车辆驾驶任务，人可以在车内实现娱乐和办公，使汽车成为家庭和办公场所外的第三个空间。这就要求汽车座舱不能局限于原始的驾驶功能与简单的物理按键，而是要朝着具备更强交互属性、能够满足汽车消费者个性化需求的智能座舱的方向进化。

另外，在完全自动驾驶还未落地应用的今天，座舱智能化和差异化成了汽车主机厂竞争的新领域，是传统汽车制造业向智能汽车产业生态升级的入口。智能座舱短期技术实现的难度小，且用户感知度高，与完全自动驾驶技术相比，智能座舱更易在推动智能汽车市场化发展方面形成突破。因此，国内外汽车主机厂投入大量人力、物力开展智能座舱新产品的研发，并以此作为汽车的卖点。目前国内主流新能源厂商几乎都推出了比较成熟的智能座舱系统，2022 年国内智能座舱市场已达到 1 127 亿元，根据毕马威中国测算，2026 年中国市场智能座舱规模将达 2 127 亿元，5 年复合增长率超过 17%，智能座舱渗透率也将从 59% 上升至 82%。

**2. 智能座舱的定义**

智能座舱是一个复合型概念，涉及的细分技术种类繁多，是汽车各类新技术的综合应用空间。中国汽车工程学会于 2023 年 5 月发布的《汽车智能座舱分级与综合评价白皮书》将智能座舱进行如下定义：汽车智能座舱指搭载先进的软硬件系统，具备人机交互、网联服务、场景拓展的人 - 机 - 环融合能力，为驾乘人员提供安全、智能、高效、愉悦等综合体验的移动空间。该定义从人 - 机 - 环融合的角度出发，明确了智能座舱的核心是更好地服务驾乘人员，智能座舱应具备人机交互能力、网联服务能力、场景拓展能力。其中，人机交互能力指座舱对舱内人员的感知从被动到主动，座舱任务的执行从授权执行到主动执行；网联服务能力指从车机服务到车舱服务，可升级网联云服务，再到开放网联云服务，最终实现云控平台服务的连接；场景拓展能力指由舱内部分场景到舱内全场景，由舱外部分场景到舱外全场景。

**3. 智能座舱分级**

根据智能座舱的人机交互、网联服务和场景拓展三个技术维度，智能座舱可分为 L0 ~ L4 5 个层级，如表 8 - 1 所示。在人机交互维度，按照座舱任务的执行过程表述为感知主体和执行主体，等级越高表示智能座舱任务主动交互能力越强；在网联服务维度，按照座舱任务的服务内容分为从舱域服务到社会级服务的 4 个等级，不同等级表示智能座舱任务服务内容的不断丰富；在场景拓展维度，按照座舱任务的执行范围分为舱内场景和舱外场景，不同等级表示智能座舱任务执行场景的不断拓展。

表 8 - 1　智能座舱分级

| 层级 | 主要特征 | 人机交互 | 网联服务 | 场景拓展 |
| --- | --- | --- | --- | --- |
| L0 功能座舱 | 任务执行发生在舱内场景；座舱被动式响应舱内驾乘人员需求；具备车机服务能力 | 被动交互 | 车机服务 | 舱内部分场景 |
| L1 感知智能座舱 | 任务执行发生在舱内场景；座舱在部分场景下具备主动感知舱内驾乘人员的能力，任务执行需要驾驶员授权；具备面向驾乘人员的舱域服务能力 | 授权交互 | 舱域服务 | 舱内部分场景 |
| L2 部分认知智能座舱 | 任务可跨舱内外部分场景执行；座舱具备舱内部分场景主动感知驾乘人员的能力，任务可部分主动执行；具备可持续升级的网联云服务能力 | 部分主动交互 | 可升级网联云服务 | 舱内外部分场景 |

续表

| 层级 | 主要特征 | 人机交互 | 网联服务 | 场景拓展 |
|---|---|---|---|---|
| L3<br>高阶认知<br>智能座舱 | 任务可跨舱内外部分场景执行；座舱具备舱内全场景主动感知驾乘人员的能力，任务可部分主动执行；具备开放的网联云服务能力 | 部分主动交互 | 开放网联云服务 | 舱内全/舱外部分场景 |
| L4<br>全面认知<br>智能座舱 | 任务可跨舱内外全场景执行，舱内可以无驾驶员；座舱具备舱内全场景主动感知舱内人员的能力，任务可完全主动执行；具备云控平台服务能力 | 主动交互 | 云控平台服务 | 舱内外全场景 |

## 二、智能座舱的发展阶段及趋势

从最早期的机械式座舱到现在的智能座舱，汽车制造商在汽车座舱方面的探索从未停止过，汽车座舱的形态也在不断地发生变化，越来越能满足消费者在不同阶段的需求。汽车座舱的发展分为三个阶段：机械化阶段、电子化阶段和智能化阶段。

（1）机械化阶段。2000年以前为座舱的机械时代，1924年第一辆配备收音机的汽车诞生，座舱功能开始完善。早期的汽车座舱只服务于驾驶员，主要由机械式仪表盘和简单的音频播放设备等组成。机械式仪表盘向驾驶员提供基本驾驶信息，包括发动机转速、油量、水温等。驾驶员通过物理按键操作收音机等音频播放设备。

（2）电子化阶段。2000—2015年为座舱的电子化时代，2000年左右，液晶显示屏开始取代机械按键，电子设备引入座舱。汽车座舱出现了车载导航、蓝牙、媒体播放设备，中控台、HUD等电子产品，驾驶员与车内电子设备的交互越来越多，但车内各电子设备还是孤立的，无法协同合作完成相对复杂的功能，也无法满足相对复杂的场景化需求。

（3）智能化阶段。2016年以后，汽车中控台不断涌现了座舱硬件、座舱控制系统、座舱驾驶辅助设备，逐步实现汽车硬件电子化、汽车控制系统集成化和座舱环境舒适化的目标。

尽管汽车座舱从20世纪20年代开始发展，但一般认为智能座舱起源于座舱的电子化阶段。因此，汽车行业内往往将智能座舱的发展划分为四个阶段：电子座舱、智能助理、人机共驾和第三生活空间，如图8-8所示。

（1）电子座舱。它是由电子信息系统逐步整合，组成了"电子座舱域"。传统的座舱域是由几个分散子系统或单独模块组成的，每个系统像"孤岛"一般，无法支持多屏联动和多屏共驾的复杂智能座舱。电子座舱的出现，整合了各个子系统的功能，满足了用户对车载交互体验的新需求。

（2）智能助理。在智能助理阶段，生物识别技术的应用，催生了驾驶员监控系统的迭代，同时一些智能传感器的配置和车载计算平台应用，增强了车辆感知性能，使得车辆具备了感知人和理解人的能力。智能座舱系统通过传感器，可以监测车辆运行状态和对驾驶员的生理状态进行判断，提高了汽车的安全性，如图8-9所示。

图 8-8　智能座舱的发展阶段

图 8-9　智能助理阶段的车内感知

（3）人机共驾。随着汽车感知能力的不断增强，车辆可在上车 - 行驶 - 下车的整个用车过程中为驾驶员主动提供场景化的服务，实现车辆自主决策或半自主决策。另外，语言和手势控制等技术的突破，基于多种模式感知手段的融合，使得感知更加精准。

（4）第三生活空间。未来汽车的使用场景将更加丰富化、生活化，基于车辆位置信息，融合信息、娱乐、订餐、互联等功能，为消费者提供更加便捷的体验，如图 8-10 所示。

### 三、智能座舱的技术架构

智能座舱涉及汽车电子、人机交互、信息通信等多领域技术和学科，其技术架构可划分为"三横三纵"式技术架构。"三横"指智能座舱主要涉及的人机交互关键技术、系统与零部件关键技术和基础支撑关键技术，"三纵"是指支撑智能座舱发展的车舱平台、云平台和扩展设备，如图 8-11 所示。

根据上述技术架构，智能座舱的横向技术可细分为三层体系，第一层为人机交互关键技术、系统与零部件关键技术、基础支撑关键技术三部分，各部分下再细分第二层与第三层技术，如人机交互关键技术的第二层分为感知技术、认知与决策技术、多模态交互技术，感知技术又包括单模态和多模态感知技术；认知与决策技术包括舱内人员行为与状态识别技术、舱内人员行为与状态预测技术、动态场景认知技术、座舱智能决策技术；多模态交互技术包括基于五感（视觉、听觉、触觉、嗅觉、体感）的交互呈现技术、自然交互策略技术、舱内人员状态调节技术、脑机接口技术等。

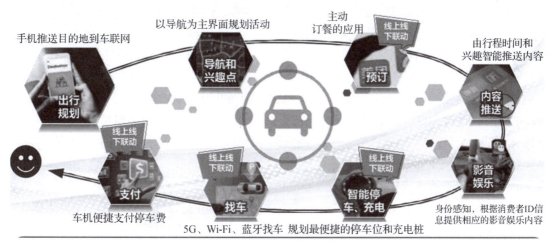

图 8-10　第三生活空间车的主要功能

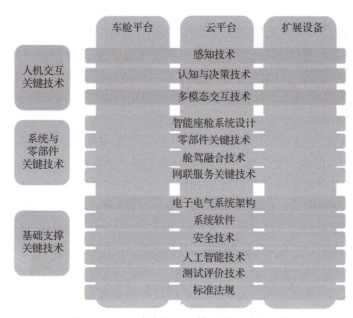

图 8-11　智能座舱"三横三纵"技术架构

## 四、智能座舱的典型汽车产品

（1）奥迪公司在 2017 年法兰克福车展发布了无人驾驶概念车——Aicon Concept。其主要特点如下：整车大屏环绕在座舱前端；车上配备智能助手；整车内部空间被设计成移动交互平台；Aicon Concept 将会自动寻找适当地点停驻、充电，并等待车主下一次的召唤。

面向用户体验的智能座舱现状分析及趋势研究

（2）梅赛德斯 – 奔驰在 2015 年 CES 大会上展示了一款全新概念轿车——F015 Luxury in Motion。其主要特点如下：乘客通过手势、眼神追踪或者触屏等方式直接与汽车互动，简单挥手或眼球转动，就可控制汽车的一切。若车主离开车辆，智能系统依然能够通过车主的智能手机或可穿戴设备识别自己的主人，并为主人打开车门；前排座椅可在无人驾驶模式下向后旋转 180°，使前后排乘客可以舒适地面对面零障碍沟通，随时将汽车变为"移动会客厅"。

（3）宝马在 2017 年 CES 大会上也展示了一款全新概念轿车——宝马 Inside Future Concept。其主要特点如下：人机交互系统采用了宝马最新 HoloActive 触控技术，驾乘人员可以通过中央虚拟屏幕完成操作，更值得一提的是在操作者做出选择的同时超声波设备将发射脉冲信号，使操作者获得反馈，真切感受到指令的确认；座椅采用了宝马最新的 BMW Sound Curtain 技术，可以给不同位置的乘客播放不同的音乐，而且不会相互干扰，提高客户个性化体验。

（4）蔚来全新 ES8 的主驾座椅记忆按照实际场景分为驾驶、离车和休息三种模式，并且支持对离车位置的座椅进行设置，另外值得一提的是，全新 ES8 的天窗也支持自定义设置；用户左滑屏幕即可调出负一屏界面，长按功能按钮即可完成自定义设置，非常便捷。在行车过程中，负一屏的存在也能帮助驾驶员更好地控制车辆；用户可以通过车机地图快速导航到距离最近的换电站，也可以通过手机 App 预约一键加电服务；全新 ES8 六座签名版同样提供 4 种驾驶模式：舒适、节能、运动和个性化。

全新 NOMI Mate 2.0 人工智能系统采用车内全圆 AMOLED 屏幕，背后有强大的车载计算能力和云计算平台。具体来看，NOMI 具备非常丰富多彩的表情，播放音乐时的"弹吉他"表情，用户离车后的"再见"表情等，能让用户感觉到满满的归属感。值得一提的是，NOMI 还具备主动关怀的能力。举个简单的例子，当用户在车内抽烟时，NOMI 会自动监测车内空气质量，主动询问用户是否开启空气净化功能。

（5）特斯拉 Model 3 搭载了一块 15 in[①] 的中控屏，采用长方形横向放置，屏幕的分辨率为 1 920 像素×1 200 像素，整个中控台再无物理按键，极简的设计思路为前部座舱提供了巨大的空间，屏幕内分区十分明显，左侧部分拥有着传统仪表的大部分功能显示，包含时速、电量、挡位、空气质量、自动驾驶状态、整车门窗控制、倒车影像与雨刮挡数调节等；特斯拉将一切功能都集中在方向盘和下方拨杆上；操控方面，Model 3 支持触屏、语音和方向盘按键三种控制方法，系统与触控流畅度均十分顺畅。

（6）理想汽车 L9，针对副驾、后排的乘客，都提供了丰富的功能与恰当的交互方式，副驾屏与后排屏幕可以播放音乐和视频，还支持投屏和查看天气等功能，且均提供了独立的音源输出方案，乘客可以连接蓝牙耳机进行娱乐活动，不受干扰地体验娱乐系统。同时还支持跨屏交互、内容分享，让车内乘客的互动体验更丰富。

L9 搭载的车机系统涵盖了主流的音乐和视频媒体以及娱乐软件，且所有软件均经过适配调整，使得用户操作界面更加简洁，契合整体设计风格。但是不支持下载游戏软件，也无法实现订餐购物等支付任务。语音系统功能强大，支持语义联想、自然对话等语音功能，当乘客在不同位置下达相同指令时，系统会自动识别音区并在当前音区执行操作，同时该语音

---

① 1 in = 2.54 cm。

系统在高噪声环境中依然表现稳定，在高速和人声 80 dB 左右的环境中依然能够较为准确地识别任务指令。

# 任务三　智能汽车的计算平台

## 一、智能计算平台的意义及要求

汽车智能化的关键在于构建具有感知、计算、通信、决策等功能的新型体系架构，设计实现数据融合、高速计算、智能决策、协同控制的智能计算平台，完成汽车行驶和信息交互过程中多源海量异构数据的高速计算处理，为决策和控制提供实时响应，实现汽车的自动驾驶、联网服务等功能。智能计算平台依靠高性能计算技术和高可信软件技术，能够实时认知外部环境，并实现对整车的最优决策和控制。可以说，智能计算平台是智能汽车的"大脑"，是实现无人驾驶技术的核心，是智能汽车发展中的制高点。车载智能计算平台的功能如图 8-12 所示。

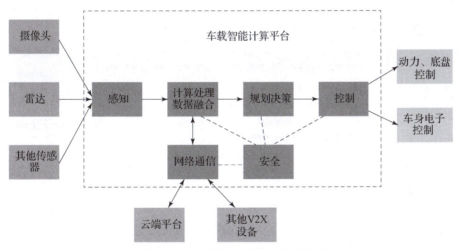

图 8-12　车载智能计算平台的功能

车载智能计算平台是智能汽车的关键部件，不同于传统的 PC 端、移动端以及服务器端的计算平台，其作为一种新兴的终端计算平台，需要对多源传感器输入的大量传感数据进行实时处理实现环境感知。而更高级别的自动驾驶更需要在感知的基础上进一步实现决策，需要远高于传统计算平台的算力，而功耗又需要控制在较低的数值上。智能汽车的车载智能计算平台需要满足以下要求：

（1）满足计算性能与实时性要求；
（2）满足功能安全要求、预期功能安全要求和信息安全要求；
（3）支持多种车内通信协议如 CAN-FD/Ethernet 等；
（4）支持 FOTA 升级，实现功能迭代；
（5）满足车规级标准、温度、电磁兼容、可靠性等；
（6）满足低功耗和成本低廉要求。

## 二、车载智能计算平台的关键技术和分类

### 1. 车载智能计算平台的关键技术

作为智能汽车电子电气架构的核心,车载智能计算基础平台涉及异构多核高算力与冗余的硬件架构、SOA 软件架构、车内高带宽主干通信网络及多种网络协议、OTA 升级等关键技术,需满足高实时、多级功能安全需求、及网络安全与数据安全要求,实现软硬件的平台化、标准化,构建软硬件一体化技术体系。

车载智能计算平台白皮书

车载智能计算基础平台参考架构包含异构分布硬件架构、车控操作系统、安全体系、工具链(如图 8-13 所示)。异构分布硬件架构负责提供各类硬件接口和满足多方面算力需求,包括 AI 计算单元、通用计算单元、控制单元和安全处理单元等。

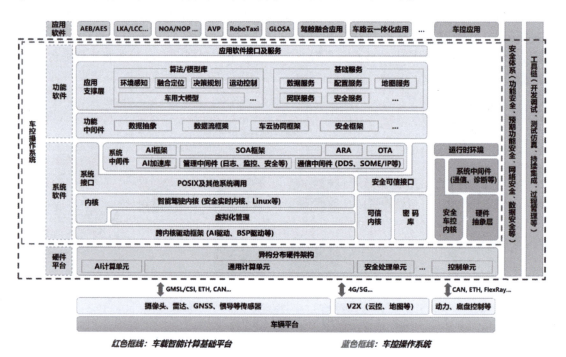

图 8-13 车载智能计算平台的技术架构

车控操作系统是支撑智能网联汽车驾驶自动化功能实现和安全可靠运行的软件集合。车控操作系统采用纵向分层(包含系统软件和功能软件)、横向分区(包括安全车控操作系统、智能驾驶操作系统)式架构。

安全体系保障车载智能计算基础平台的质量安全和使用安全,包括功能安全、预期功能安全、网络安全、数据安全、OTA 安全、融合安全等。

工具链为车载智能计算基础平台的开发迭代提供支撑,包括开发调试工具、测试仿真工具、持续集成工具、过程管理工具等。车载智能计算基础平台结合传感器、V2X、动力、底盘控制乃至车辆平台,向上支撑应用软件开发。应用软件运行于车控操作系统之上,负责智能驾驶具体功能的实现。当前 L1、L2 级智能驾驶应用已逐渐成熟普及,包括自动紧急制动(AEB)/自动紧急转向(AES)、车道保持辅助(LKA)/车道居中辅助(LCC)、自动辅助

导航驾驶（NOA）/智能辅助导航驾驶（NOP）等。L3 级以上自动驾驶应用正在开发和推广之中，包括自主代客泊车（AVP）、自动驾驶出租车（RoboTaxi）、绿波车速引导（GLOSA）、驾舱融合应用及车路云一体化应用等。

### 2. 车载智能计算平台的分类

当前的车载高性能计算平台绝大多数都使用 CPU + 的处理器（XPU）的异构处理架构，其中 CPU 负责系统主控与顺序计算，XPU 则用于辅助 CPU 来进行运算密集部分的加速处理。按照 XPU 的选择不同，车载高性能计算平台主要可以分为"CPU + GPU + ASIC""CPU + ASIC""CPU + FPGA"三大类型。

（1）"CPU + GPU + ASIC"是目前主流的计算平台方案，主要代表有英伟达、特斯拉 FSD 以及高通 Ride。GPU 原本是用于图形处理的专业处理器。GPU 由数以千计的核心组成，它们比 CPU 的核心更小，也更高效，适用于同时处理多重任务，从而形成一种高度密集并行的流处理器。在多重任务、并行运算等场景处理能力上，GPU 的性能是 CPU 的数十到数百倍。以英伟达公司在 2022 年 9 月推出的针对自动驾驶应用的新一代集中式车载计算平台 NVIDIA DRIVE™ Thor 为例，其集成了 NVIDIA Hopper™ 的多实例 GPU 架构、NVIDIA Grace™ 的 CPU 以及 NVIDIA Ada Lovelace，可实现最高 2000 TOPS AI 算力以及 2000 TFLOPS 浮点算力，可以将包括自动驾驶和辅助驾驶、泊车、驾乘人员监控、数字仪表盘、车载信息娱乐、后座娱乐功能等，统一整合到单个架构中，从而提高效率并降低整体系统的运行能耗。GPU 非常适合于诸如深度神经网络算法所需的高算力需求，可以提供很好的实时处理性能。此外，由于 GPU 具有较为通用的特征以及相对完整的配套软件生态，保证了其较强的灵活性，因此对算法的兼容程度非常高，开发者可以相对便捷地将算法模型部署到硬件计算平台上。目前 GPU 平台存在的主要问题是高功耗。例如，NVIDIA Pegasus 平台，其功耗水准高达 500 W，在车载环境中必须通过水冷模式来降温，这对符合车规的计算机平台部署提出了非常高的挑战。

特斯拉 FSD 芯片以神经网络处理单元（Neural-network Processing Unit，NPU）为计算核心，有三个主要模块：CPU、GPU 和 NPU。FSD 芯片与特斯拉系统间具有强适配性，与基于通用 CPU 架构的英伟达芯片相比，在整车配合、降本增效上都提供了更好的解决方案，达到了自动驾驶芯片与神经网络算法的高效耦合，如特斯拉 FSD3.0 的整体功耗只有 72 W，比 NVIDIA Pegasus 平台的功耗要小得多。

（2）"CPU + ASIC"的主要代表是 Mobileye EyeQ5 系列和地平线征程系列。专用集成电路（ASIC）使用定制化的逻辑电路进行运算加速，因为其定制化的性质，以及具备片上缓存的结构特点，可提升计算通路利用效率，优化数据流，减少片外存储的访问。因此，相对于 GPU，ASIC 可明显提升计算处理效率，从而保证更高的能效比。但同样由于其定制化的特点，计算系统迭代开发的周期也更长，成本更高。Mobieye EyeQ5 和地平线征程系列采用"CPU + ASIC"架构，EyeQ5 主要有 4 个模块：CPU、计算机视觉处理器（Computer Vision Processors，CVP）、深度学习加速器（Deep Learning Accelerator，DLA）和多线程加速器（Multithreaded Accelerator，MA），其中 CVP 是针对传统计算机视觉算法设计的 ASIC；EyeQ5 芯片的算力可达 17 TOPS，额定功率只有 5 W，能够通过车规的各项测试。特斯拉发布的车规级自动驾驶处理器单芯片算力达 72 TOPS，双芯片算力为 144 TOPS，功耗为 200 W 左右。地平线自主设计研发了 AI 专用的 ASIC 芯片脑处理单元（Brain Processing Unit，BPU）。

(3)"CPU + FPGA"的主要代表是 Waymo。与其余厂商不同,Waymo 采用"CPU + FPGA"的架构,其计算平台采用英特尔 Xeon12 核以上 CPU,搭配 Altera 的 Arria 系列 FPGA。

## 三、国内外车载智能计算平台典型产品

车载智能计算平台成为行业竞争的亮点,国内外芯片企业、汽车零部件供应商、整车企业和互联网企业都积极布局。目前,国内外企业都取得了实质性的进展,部分企业已经推出了相关产品。

目前国外车载智能计算平台的典型产品主要有英伟达的 Drive Orin X 系列、特斯拉的 FSD3.0、Mobileye EyeQ5、地平线的征程 J5 等。从整数运算能力、浮点运算能力以及功耗等多方面对比上述产品的性能,如表 8-2 所示。

表 8-2 国内外车载智能计算平台典型产品的性能比较

| 项目 | | 国外 | | | | 国内 |
|---|---|---|---|---|---|---|
| 厂商 | | 英伟达 Drive Orin X | 特斯拉 FSD3.0 | 高通 Ride | Mobileye EyeQ5 | 地平线征程 J5 |
| 性能 | 最大算力 | 254 TOPS | 144 TOPS | 100 TOPS | 24 TOPS | 96 TOPS |
| | 功耗 | 65 W | 72 W | 40 W | 10 W | 20 W |
| | 典型搭载厂商 | 小鹏、威马、蔚来、理想等 | 特斯拉 | 长城、通用、宝马 | 吉利、极氪、宝马 | 长安、奇瑞、上汽、广汽、理想等 |

# 项目九　智能汽车测试与评估

(1) 了解智能汽车测试与评估技术。
(2) 熟悉智能汽车的仿真流程。
(3) 熟悉智能汽车的实车测试方法。
(4) 熟悉智能汽车的评价方法。
(5) 了解智能汽车的测试场测试内容和规范。

(1) 掌握智能仿真平台的应用方法。
(2) 掌握实车测试的方法。
(3) 掌握测试场测试的方法。

任务工单（一）智能汽车仿真实验练习
任务工单（二）智能汽车自主泊车系统测试

## 任务一　智能汽车测试技术概述

### 一、智能汽车测试的意义

汽车是一个对安全性要求极高的复杂系统，而智能汽车在传统汽车的基础上增加了智能驾驶、智能座舱、智能网联等新技术后，其测试变得更加复杂。

智能汽车测试具有重要意义，主要表现在以下几个方面。

(1) 提高车辆在各种情况下的安全性和可靠性。通过测试，可以验证自动驾驶系统在不同的道路条件、天气状况和交通情况下的表现，以及其对于行人、其他车辆和障碍物的识别和应对能力。

(2) 评估车辆在紧急情况下的应急反应和决策能力，以及对于道路规则和交通信号的理解和遵守程度。这些测试有助于发现车辆系统中的潜在问题和缺陷，并进行改进和优化，以提高车辆的安全性和性能。

(3) 为相关技术和政策制定提供数据支持。通过收集大量测试数据，可以分析和评估自动驾驶技术在实际道路环境中的表现，为相关的法规、标准和政策制定提供科学依据。

## 二、智能汽车测试和传统汽车测试的区别

与传统汽车相比，智能汽车搭载了较多的智能传感器，并且具备了很多传统汽车不具备的功能，如自动驾驶、车联网、驾驶员监测等，因此，在测试上，智能汽车和传统汽车有较大区别。智能汽车测试与传统汽车测试的区别可以从以下几个方面来分析。

（1）测试对象：传统汽车测试主要针对车辆的传统机械部件，如发动机、变速器、悬挂系统等进行测试；而智能汽车测试则更要关注车辆的智能化系统，如自动驾驶、智能导航、车联网等。

（2）测试内容：传统汽车测试主要验证车辆的基本性能和安全性能，如加速性能、制动性能和碰撞安全等；智能汽车测试除了基本性能和安全性能外，还需要验证其智能化特性，如自动驾驶的准确性、智能导航的导航准确性等。

（3）测试环境：传统汽车测试主要在实际道路条件下进行，如城市道路、高速公路等；而智能汽车的部分功能测试则需要在特定的测试环境中进行，如闭路测试场地或者特定的模拟器。

（4）测试方法：传统汽车测试主要通过物理测试和模拟测试进行，如加速测试、刹车测试和碰撞测试等；而智能汽车测试除了传统的物理测试，往往还需要借助计算机仿真、虚拟测试等技术手段来实现。

（5）数据处理与分析：智能汽车测试需要处理大量的感知数据和行驶数据，并进行相关的数据分析，以验证车辆的性能和安全性；而传统汽车测试则主要侧重于对机械部件进行物理测试。

（6）测试标准：传统汽车测试有一系列的标准和规范可供参考，如碰撞测试的 Euro NCAP 标准；而智能汽车测试由于其较新的技术特性，尚缺乏完整的统一标准，因此需要根据不同的智能汽车系统和功能进行定制化的测试。

## 三、智能汽车测试的分类

与传统汽车测试不同，智能汽车测试因为功能和设备的不同，在测试对象、测试内容、测试环境、测试方法、数据处理与分析和测试标准等方面都有较大区别，此外，智能汽车在仿真测试、实车测试和测试场测试上也有较多的变化和创新。

**1. 仿真测试**

仿真测试是一种通过模拟真实环境或系统的行为特征，在虚拟环境中进行测试和评估的方法。它使用计算机模型、算法和仿真工具来模拟系统的各个方面，包括物理特性、交互行为、性能表现等。通过在仿真环境中运行测试场景和情况，可以评估系统在不同条件下的行为和性能，发现潜在问题，改进设计和验证系统可靠性。

仿真测试具有成本低、安全性高、可控性强、重复性高、加速开发周期短、可即时反馈和分析及扩展性高等优点，在工业界有着广泛应用。在智能车测试上，仿真测试能够快速、有效地评估智能车辆系统的性能和安全性，加速产品开发过程，并提供有价值的即时反馈和分析结果。

## 2. 实车测试

虽然仿真测试在许多方面具有优势，但实车测试仍然是必要的。

仿真测试在环境搭建和模型建立上可能会有所缺陷，无法完全模拟现实中的实际情况。实车测试能够在真实的道路和交通环境中验证系统的性能和安全性，对于模拟复杂现实世界中的各种情况和挑战更为准确和可靠，在模型上也更为精准可靠。而且实车测试可以评估人机交互的效果，包括驾驶员对自动驾驶系统的理解、反应和信任等。这些方面往往无法完全在仿真环境中捕捉到。此外实际环境有变化和不确定性，如天气条件、道路状况和其他交通参与者的行为。这些不可预知的因素对于评估系统的性能和鲁棒性至关重要。许多国家和地区要求进行实车测试以满足法规和合规要求。这些要求通常涉及安全性验证、道路驾驶测试和交互行为评估等，这些要求在仿真测试中难以实现。

## 3. 测试场测试

智能汽车测试场是以汽车测试场为核心，主要应用于车联网、智能驾驶等技术的研发测试，并为其测试、验证与展示提供了基本环境。测试场的建设与发展不仅为智能汽车的产业化打下坚实的基础，也为未来实现全环境自动驾驶的目标提供了测试场地。

智能汽车测试场包括道路基础设施和测试设施两个部分：道路基础设施通过各种道路和环境的建设模拟日常行车中遇到的路况和环境问题，道路和交通指示设施、背景、行人、车辆及道路两侧建筑共同形成完整的模拟场景。

汽车功能测试设施为模拟城镇的路侧设施，包括 DSRC、Wi-Fi、LTE-V 等多种网络基站及监控、导航设备，在测试区内实现多种 V2X 通信场景及视频监控、GPS 的全方位覆盖。

测试场的软件建设包括测试场交通指挥、照明控制系统、车辆行人跟踪监控系统及具有线上预约、评估等功能的网站系统。

近年来，美国硅谷和底特律聚集了汽车厂商和高校等多方资源，开展无人驾驶汽车测试工作，并针对美国政府 40 亿美元联邦基金展开争夺，进一步促进了美国智能驾驶、车联网技术的快速发展。

图 9-1 所示为坐落于美国密歇根州安娜堡市的无人驾驶测试场 Mcity，该测试场是世界上第一座无人驾驶测试场。Mcity 测试场景具有草地、残疾人坡路、消防栓等丰富的道路细节，在驾驶环境上有较高的还原度。此外，Mcity 由于位于五大湖地区，在冬季具备理想的寒冷测试条件。

英国的 MIRA 公司是知名的汽车试验服务公司，其旗下的 MRA 汽车测试场不仅设置了射频干扰、城市峡谷地形等丰富的干扰条件，更提供了先进的测试和监控系统、完善的驾驶员训练评价方案和风险评估方案。

在亚洲，日本筑波科学城、新加坡纬壹科技城等测试区的建立使智能汽车测试场成为全球汽车行业瞩目的焦点。

在国内，2016 年起，多个城市启动建设了如苏州智能汽车科创园、深圳智能汽车产业测试场等智能汽车产业园区。在智能汽车方面，上海国际汽车城联合上海多家企业、科研单位共建的国内第一家智能汽车测试场投入运营，标志着国内智能网联和无人驾驶技术进入实操阶段。

图 9-1　美国 Mcity 无人驾驶测试场

### 四、智能汽车的测试法规

随着智能汽车的蓬勃发展，适用于传统汽车的法律法规在面对智能汽车时有些捉襟见肘，因此各国对于智能汽车制定了许多新的法律法规。

美国出台了自动驾驶系统安全评估指南（Automated Driving System（ADS）Safety Assessment），美国全国高速公路交通安全管理局（National Highway Traffic Safety Administration，NHTSA）也发布了联邦车辆安全标准（Federal Motor Vehicle Safety Standards，FMVSS）。欧洲经济委员会颁布了机动车辆型式批准法规（UNECE R79），欧洲联盟发布了道路交通安全指令、车辆安全和环境相关法规。中国发布了智能汽车创新发展试点工作指导意见和智能汽车道路测试管理规范。德国颁布了自动驾驶汽车测试条例（Automated Driving Systems Act），德国联邦公路研究所（Federal Highway Research Institute）也发布了相关测试准则。日本则制定了自动驾驶汽车道路测试指南，并对特定测试场地进行了设立和管理。

## 任务二　智能汽车仿真技术

### 一、智能汽车仿真技术概述

#### 1. 智能汽车仿真技术研究背景

智能汽车是集环境感知、智能决策以及规划和控制等功能于一体的复杂系统，它与传统意义上汽车的差别不仅体现在基本功能上，同时也体现在车辆对周围环境的感知方式、车辆运行的控制方式上，因此研制过程中需要大量的试验来验证其智能水平是否已经达到完全自主驾驶的条件。

然而现实交通环境下无法确保车辆和试验人员的安全，尤其是某些技术需在极端工况下完成验证，较难获得可重复的试验用交通场景和交通流，一般的有人驾驶场地试验方法无法达到验证智能汽车智能水平的目的，智能汽

全球 20 家自动驾驶仿真平台盘点

车试验应该在可控、可重复、有效且安全的条件下进行。另外在现实场景中对智能汽车进行驾驶和试验周期较长,成本也较为高昂。而智能汽车仿真平台凭借场景可编辑、仿真的高效性、低成本、试验周期短等优势,可以很好地解决以上问题。

### 2. 智能汽车仿真

智能汽车仿真是指使用计算机技术对车辆的运行进行模拟,以评估和优化车辆智能系统性能和安全性能的过程。智能汽车仿真可以在虚拟环境中对车辆行驶路线、交通流量、交通规则等进行模拟,从而测试不同的车辆控制策略和行驶场景下的驾驶员反应,并最终得出最佳驾驶方案。

智能汽车仿真具有重要意义,表现在以下几个方面。

(1) 降低开发成本。智能汽车仿真可以在虚拟环境中进行,节省了在实际测试中所需的高昂成本。

(2) 提高车辆性能。智能汽车仿真可以通过大量的测试和优化来提高车辆的性能,如减少碰撞率等。

(3) 增强安全性。智能汽车仿真可以对车辆的安全性能进行全面评估,从而识别潜在的安全问题并采取相应的措施。

(4) 推进技术发展。智能汽车仿真可以作为一个试验平台,用于测试和验证新的自动驾驶技术、传感器和算法等。

综上所述,智能汽车仿真是一种重要的技术手段,可用于提高车辆的性能和安全性能,并推进自动驾驶技术的发展。

## 二、智能汽车仿真平台

目前,智能汽车仿真平台的使用,大大增加了智能汽车的开发效率,节约了大量的资源和成本,缩短了试验周期,大大促进了智能汽车的发展。目前比较常用的智能汽车仿真平台有 Gazebo、V-REP、PreScan、51Sim-One、Carla 等。

### 1. 仿真平台设计要求

对于智能驾驶仿真来说,需要满足以下几点要求。

(1) 仿真平台需求:能够支持大规模、多样化场景构建,处理大量车辆和路侧数据,实现车路协同技术和模拟云信息交通数据中心,同时也能够快速构建小型非结构化场景。

(2) 高精度映射:运用数字孪生虚拟仿真技术,能够实现虚拟场景与物理模型的高精度映射,建立高精度仿真场景、传感器模型和智能体模型,智能体包括环境中的人和车辆。

(3) 分布式并行计算能力:实现智能驾驶算法和场景渲染的快速计算,保证仿真计算的流畅性,充分利用 GPU/CPU 计算资源。

(4) 良好的集成能力:能够集成优秀的车辆动力学仿真软件功能,便于利用智能驾驶和车辆开发测试软件的软硬件工具链。

### 2. Gazebo 仿真平台

Gazebo 是一款功能强大的三维物理仿真平台,具备强大的物理引擎、高质量的图形渲染、方便的编程与图形接口。Gazebo 和 ROS 有较好的兼容性,是 ROS 系统的默认仿真平台,其模型格式是基于 XML 文件的 SDF(Simulation

ROS gazebo
官方网站

Description Format),类似于命令行,较难入门,但可以创造出较为复杂的模型,而且支持 Solidworks 等三维建模软件的 URDF 模型导入,图 9-2 所示为 Gazebo 仿真平台界面。

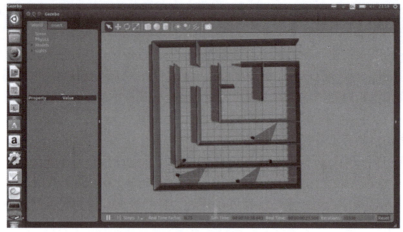

图 9-2　Gazebo 仿真平台界面

Gazebo 仿真平台具体有以下特点。

（1）动力学仿真：支持多种高性能的物理引擎,如 ODE、Bullet、SimBody、DART 等。

（2）三维可视化环境：支持显示逼真的三维环境,包括光线、纹理、影子。

（3）传感器仿真：支持传感器数据的仿真,同时可以仿真传感器噪声。

（4）可扩展插件：用户可以定制化开发插件,扩展 Gazebo 的功能,满足个性化的需求。

（5）多种机器人模型：官方提供 PR2、Pioneer2 DX、TurtleBot 等机器人模型,当然也可以使用自己创建的机器人模型。

（6）TCP/IP 传输：Gazebo 可以实现远程仿真,后台仿真和前台显示通过网络通信。

（7）云仿真：Gazebo 仿真可以在 Amazon、Softlayer 等云端运行,也可以在自己搭建的云服务器上运行。

（8）终端工具：用户可以使用 Gazebo 提供的命令行工具在终端实现仿真控制。

**3. V-REP 仿真平台**

V-REP(Virtual Robot Experiment Platform) 是一个强大的机器人 3D 集成开发环境,具有通用的计算模块（逆运动学、物理/动力学、碰撞检测、最小距离计算、路径规划等）、分布式控制架构（无限数量的控制脚本、线程或非线程）,以及几个扩展机制（插件、客户端应用程序等）。它提供了许多功能,可以通过 API 和脚本功能轻松集成和组合。而控制器可以用 C/C++、Python、Java、Lua、MATLAB、Octave、Urbi 等语言来编写,而且支持 Windows、MacOS、Linux 操作系统。V-REP 仿真平台界面如图 9-3 所示。

相比于 Gazebo,V-REP 内置了大量常见模型,使建模更加简单。同时,V-REP 与 ROS 兼容,为用户提供了更大的灵活性和可扩展性。

**4. PreScan 仿真平台**

PreScan 是 TNO 公司旗下子公司的产品,主要用于驾驶辅助、驾驶预警、避撞和减撞等功能的前期开发和测试。图 9-4 所示为自动紧急制动仿真示意,图 9-5 所示为车道保持辅助系统仿真示意,图 9-6 所示为行人检测系统仿真示意图。

项目九　智能汽车测试与评估

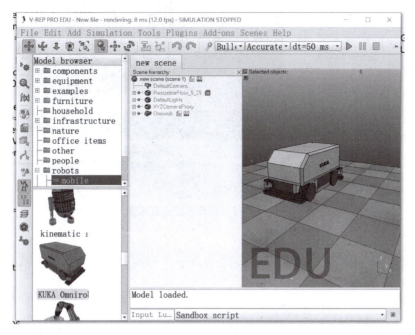

图 9-3　V-REP 仿真平台界面

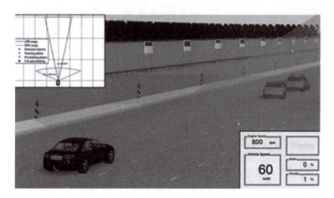

图 9-4　自动紧急制动仿真示意

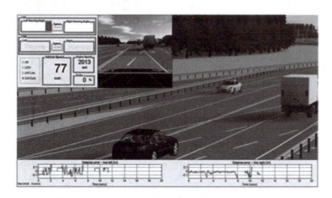

图 9-5　车道保持辅助系统仿真示意

| 203 |

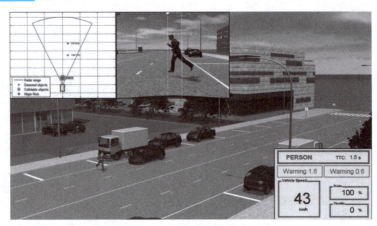

图 9-6　行人检测系统仿真示意

PreScan 的一般工作流程如下。

（1）建立场景。PreScan 中拥有自己的场景库，可根据需求搭建仿真所需要的场景，如图 9-7、图 9-8 所示。

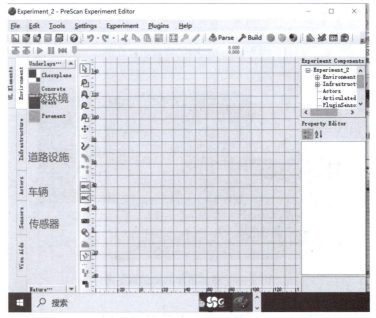

图 9-7　PreScan 场景库

图 9-8　PreScan 搭建的仿真场景

（2）传感器建模。PreScan 中传感器库中存在摄像头、激光雷达、毫米波雷达等各类传感器，支持各传感器参数编辑，如图 9 – 9 所示。

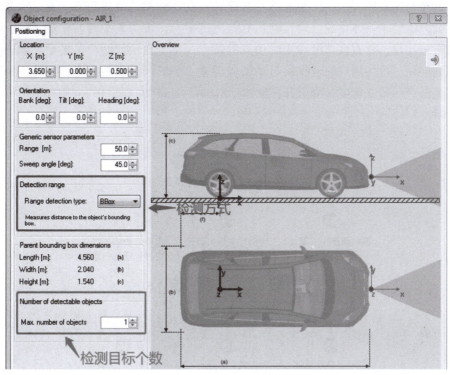

图 9 – 9　PreScan 传感器库

（3）建模控制算法。可与 MATLAB/Simulink 进行软件交互，可将生成的模型导入 Simulink。

（4）利用 PreScan 软件进行试验仿真，如图 9 – 10 所示。

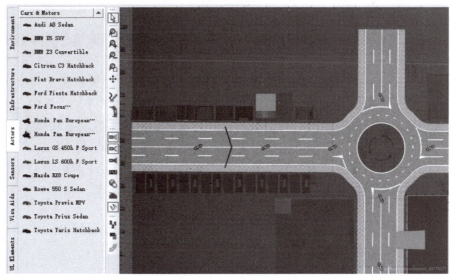

图 9 – 10　PreScan 仿真示意

## 5. 51Sim – One 仿真平台

51Sim – One 是 51world 公司自主研发的一款集多传感器仿真、车辆动力学仿真、道路与场景环境仿真、交通流与智能体仿真、感知与决策仿真、自动驾驶行为训练等于一体化的自动驾驶仿真与测试平台。该仿真平台基于物理特性的机理建模，具有高精度和实时仿真的特点，用于自动驾驶产品的研发、测试和验证，可为用户快速积累自动驾驶经验，保证产品性能安全性与可靠性，提高产品研发速度并降低开发成本。51Sim – One 仿真平台的应用如图 9 – 11 所示。

51Sim – One 官网

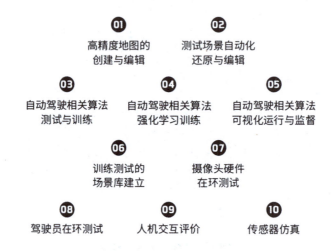

图 9 – 11　51Sim – One 仿真平台的应用

和 V – REP 和 Gazebo 相比，51Sim – One 是一款专门针对智能汽车开发的多用途仿真平台，可以方便地进行高精地图的创建和编辑，能够较快地建立智能汽车的大型测试、仿真场景，能够进行多传感器仿真、动力学仿真、驾驶员在环测试、人机交互评价等。

51Sim – One 仿真平台具体功能如下。

（1）道路设施与环境数字化。51Sim – One 可基于高精度地图调用外部虚拟资源来生成场景的自动化方法，解决超大规模虚拟场景建立的难题。该平台配备 WorldEditor 高精度地图编辑器。WorldEditor 是一款围绕着无人驾驶仿真与规划决策系统所需要的高精度地图文件的生成、编辑与保存等多项功能于一体的应用软件，支持在场景中自由地配置全局交通流、独立的交通智能体、其他车辆、行人等元素来构建的动态场景，结合光照、天气的环境等配置来呈现丰富多变的虚拟世界，如图 9 – 12、图 9 – 13 所示。

（2）动态场景与交通流仿真。51Sim – One 仿真平台内置有交通数据驱动模块，可以加载动态的交通数据，实现智能汽车动态场景的构建和交通流仿真，如图 9 – 14、图 9 – 15 所示。

（3）多传感器仿真。51Sim – One 传感器的多路仿真，对于感知系统算法的测试与训练，同时也支持各种硬件在环的测试需求。它提供摄像头、激光雷达、毫米波雷达、IMU 和 GPS 等常用传感器，如图 9 – 16 所示。

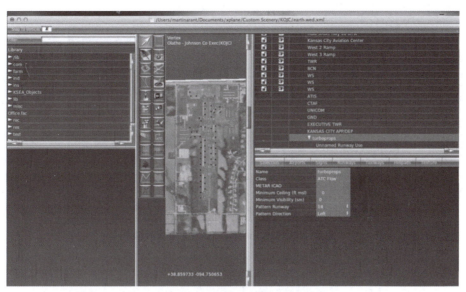

图 9-12 WorldEditor 编辑的高精度地图

图 9-13 WorldEditor 天气模块

图 9-14 51Sim-One 交通数据驱动模块

图 9 – 15　51Sim – One 交通流仿真模块

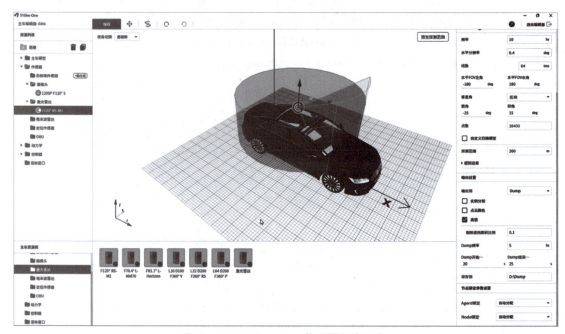

图 9 – 16　51Sim – One 传感器仿真平台

（4）动力学仿真。51Sim – One 提供了一套简单的动力学系统，可以自定义车辆动力学系统的各种参数，如图 9 – 17 所示，包括车辆的外观尺寸，以及动力总成、轮胎、转向系统与悬挂特性等。同时 51Sim – One 也支持接入第三方软件，如 CarSim、CarMaker、VI – CarRealTime 的动力学模块来完成更为复杂的动力学模拟。

（5）大数据与车路协同。51Sim – One 仿真平台可以在实车测试场景中对测试进行全过程信号虚拟注入，以整车在环方式将车辆实时状态数据实时反馈到虚拟场景控制器，从而实现自动驾驶车辆在真实道路上进行虚拟场景测试，而且采用分布式的硬件集群架构，实现算法的大规模并行计算加速测试、无人值守与自动评价。图 9 – 18 所示为大数据和车路协同系统示意。

大数据及其在城市智能交通系统中的应用

图 9-17 车辆动力学系统的各种参数

图 9-18 大数据和车路协同系统示意

（6）控制系统解耦对接。51Sim-One 可以接入其他接口来对车辆进行控制，包括但不限于 MATLAB，基于 ROS、Protobuf 的接口，方向盘、模拟器等人工驾驶输入。

## 三、智能汽车仿真流程

智能驾驶仿真测试平台开展智能驾驶系统试验和验证仿真测试，遵循如图 9-19 所示的开发和设计模式，首先明确测试对象与目标，开展实验设计，针对智能驾驶测试需求建立场景模型工况和被测车辆模型，再将仿真结果和实际结果进行对比分析。

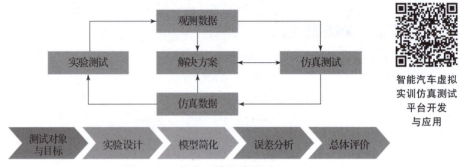

图 9-19 仿真系统设计原则

下面以 51Sim-One 为例讲解智能汽车的仿真流程。

如图 9-20 所示,使用 51Sim-One 进行智能汽车仿真的流程主要包括静态场景搭建、主车配置,交通流配置,运行、监测和回放案例并生成仿真报告。

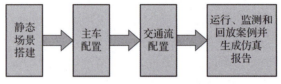

图 9-20 智能汽车仿真流程

**1. 静态场景搭建**

在场景构建方面,可以通过 WorldEditor 从无到有地快速创建基于 OpenDrive 的路网,或者通过点云数据和地图影像等真实数据还原路网信息。支持导入已有的 OpenDrive 格式的文件进行二次编辑,最终由 51Sim-One 自动生成所需要的静态场景。基于高精度地图的静态场景构建流程如图 9-21 所示。

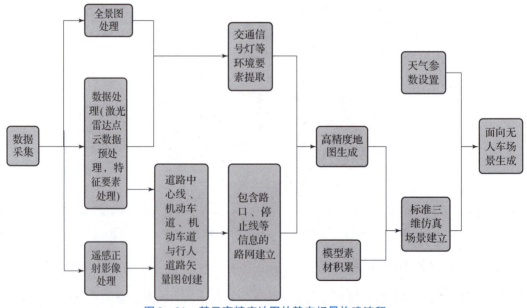

图 9-21 基于高精度地图的静态场景构建流程

## 2. 主车配置

51Sim-One 仿真平台配备主车资源库，主车资源库可以进行主车资源配置，包括传感器（主要包括摄像头、激光雷达、毫米波雷达、IMU 和 GPS、其余传感器）、动力学模型（51Sim-One 软件的动力学模型可由 Carsim 软件导入）和控制系统。传感器主要用于传感器仿真，动力学模型用于车辆动力学仿真，控制系统表示仿真平台接入的自动驾驶控制系统或人工驾驶系统。车辆的动力学模型构建示意和传感器配置示意分别如图 9-22、图 9-23 所示。

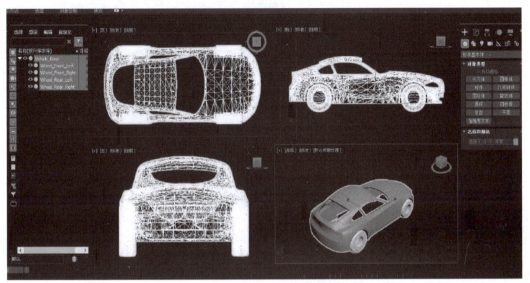

图 9-22 车辆的动力学模型构建示意

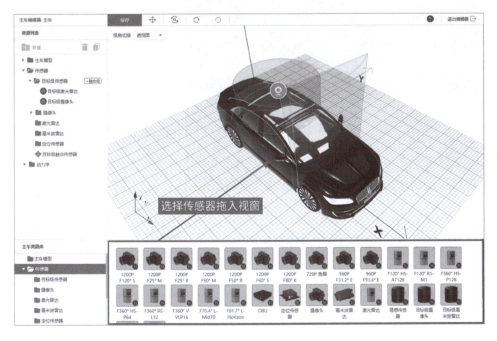

图 9-23 传感器配置示意

## 3. 交通流配置

交通流配置主要包括行人、机动车、非机动车、信号灯的配置和其触发器的设置。交通流的配置流程如图 9-24 所示。

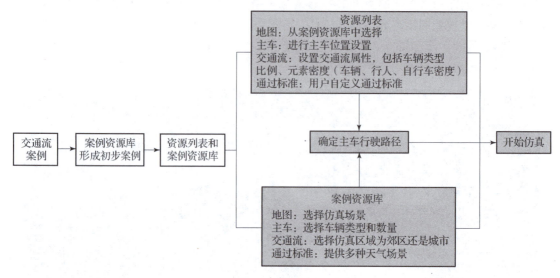

图 9-24 交通流的配置流程

## 4. 运行、监测和回放案例并生成仿真报告

运行、监测案例，并生成仿真报告，需要时可进行案例回放，仿真结果如图 9-25 所示。

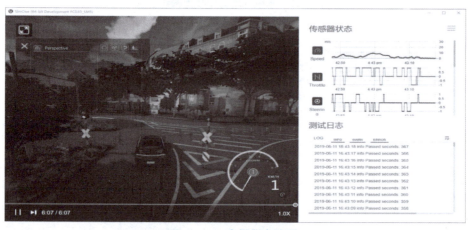

图 9-25 案例仿真结果

## 四、智能仿真平台在教学中的应用

智能仿真平台不仅大大提高了算法的开发效率，节约了成本，还在现代教学中有着广泛应用。

传统的实车实验和教学的优点是能够锻炼学生的动手能力，但实物实验存在着无法避免的缺点。目前来说，智能汽车的成本较为昂贵，这也限制了

浅谈人工智能在教育中的应用

教学中所能使用的智能汽车的数量,不能让较多的学生进行独立操作,影响学生的学习效果。而对于仿真平台,将能够克服以上缺点。日常教学实验,有趣且容易上手,使学生能很快熟悉算法,并且了解仿真,且方便动手写代码实现算法进行实验,还可反复回放进行分析。

在教学过程中,通过预置了与实操平台相对应的实车模型,学生可根据教学方案利用仿真平台的车辆模型对智能汽车进行仿真,提高学生的学习兴趣和效率。具体车型参照教学培养方案,对应实操教材方案,详见图9-26所示的北京理工大学教育智能汽车培养方案,其中北理慧动教育1号平台采用百度阿波罗采用的酷黑公司平台,北理慧动教育2号平台采用钢铁侠全国大学生智能汽车竞赛用平台,北理慧动教育3号平台为乘用车平台。车路协同技术的仿真教学体现在"智能汽车网联技术"教学中,能够展示智能交通场景中的智能汽车网联技术、车路协同技术、车联网技术。

| 概论 | 配套教材 | 可选实操平台指导手册 | 可选实验平台 |
| --- | --- | --- | --- |
| 《智能汽车技术概论》在线教学慕课及课件 | 《智能汽车感知与导航技术》知识点微课讲解、教学慕课及课件 | 《智能汽车感知与导航技术实验操作指导手册》项目案例式教学操作微课和整体慕课 | (1)北理慧动教育1号(中型平台)  |
|  | 《智能汽车规划与控制技术》知识点微课讲解、教学慕课及课件 | 《智能汽车规划与控制技术实验操作指导手册》项目案例式教学操作微课和整体慕课 |  |
|  | 《智能汽车先进辅助驾驶技术》知识点微课讲解、教学慕课及课件 | 《智能汽车先进辅助驾驶技术实验操作指导手册》项目案例式教学操作微课和整体慕课 | (2)北理慧动教育2号(小型平台) |
|  | 《智能汽车网联技术》知识点微课讲解、教学慕课及课件 | 《智能汽车网联技术实验操作指导手册》项目案例式教学操作微课和整体慕课 | (3)北理慧动教育3号(乘用车平台) |
|  | 《智能汽车故障诊断与维修》知识点微课讲解、教学慕课及课件 | 《智能汽车故障诊断与维修实验操作指导手册》项目案例式教学操作微课和整体慕课 |  |

图9-26 北京理工大学教育智能汽车培养方案

## 五、仿真测试验证需求

对于智能汽车的产业规划而言,智能汽车路线图的建立首先需要明确其边界条件。

智能网联技术的边界非常复杂,车辆、道路、后台以及其他外部环境的交互已经难以清晰分割。智能汽车之间通过通信联系,而车辆、道路和后台之间则通过不同的通信设施交互。然而,目前存在许多技术问题,如功能安全性、信息安全性、兼容性以及人工智能的不确定性问题,很多控制算法尚不能应用。只有解决了这些问题,才能真正实现智能汽车的发展。

为了满足测试过程中各种需求，保证各种接口都能被测试到，同时也要尽量平衡测试效率高、成本低，未来智能汽车验证更倾向于虚拟仿真技术，类似于硬件在环的技术。仿真技术首先是未来解决庞大的信息交互复杂环境的需求之一，其次才是对开放场地测试和受控场地测试的需求。仿真测试技术的挑战在于以下三点。

（1）场景数据库。智能汽车最大的特点就在于交互性。首先需要解决的问题是从系统环境需求的角度建立符合中国场景的顶级数据库、评价体系。进行典型的交通环境数据的采集及分析，包括典型的行为特性分析，作为未来智能汽车测试验证的基础数据库，去支持大规模的硬件仿真，是场景数据库研究的方向。

（2）仿真模型。不管是交通场景的仿真模型、具体的车辆动力学模型，还是控制算法的模型，都是一个完整的链。每个链都应有一个比较好的解决方案。从目前来讲，传统车辆的动力学模型较为成熟，难点在于环境模拟。目前国外有很多虚拟仿真软件，如 PreScan；国内也有一些团队在开发相应的软件，其核心是环境模拟以及传感器模拟。如何把传感器做到和真实的传感器一致，这是一个比较大的挑战。

（3）硬件平台。硬件平台对于仿真技术的挑战主要涉及传统接口电路、控制器和虚拟板卡等方面。这些方面已经比较成熟，但仍然需要考虑与仿真环境的兼容性和正确性。此外，还需要考虑如何与虚拟传感器匹配，以便在虚拟环境中模拟出与真实环境相似的情况。

智能汽车
仿真测试方法

## 六、仿真测试方法

智能汽车是指搭载先进的车载传感器、控制器、执行器等装置，并融合现代通信与网络技术的新一代汽车。由于其功能和应用较为复杂，因此测试和验证其性能是急需解决的问题。传统的测试方法存在成本高、工况少、周期长等问题，不能满足智能汽车的开发验证上的需求。在虚拟仿真环境下集成真实驾驶员、传感器和控制器，以丰富的测试手段、高度逼真的测试场景和高精度的模拟测试设备，完成智能汽车各开发环节的测试验证，可以大大缩短和降低技术开发和检验检测的周期和成本。

**1. 仿真测试系统架构**

智能汽车仿真测试系统架构如图 9-27 所示，其中驾驶模拟系统模拟了真实车辆的运动，可以进行驾驶员主观评价研究；车辆模拟系统模拟了真实车辆的动力学关系，可以进行车辆的性能研究；环境模拟系统模拟了真实环境中的各类因素；传感器模拟系统模拟了真实传感器的反馈信号，使传感器能在实验室内被激活；控制器中包含了智能汽车不同系统的不同算法，可以在仿真环境中进行验证。

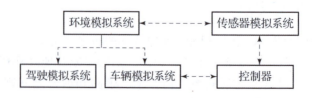

图 9-27 智能汽车仿真测试系统架构

## 2. 仿真测试系统分析

### 1）车辆模拟系统

车辆动力学模型包含车体动力学模型、发动机悬置模型、转向系统模型、悬架系统模型、制动系统模型、轮胎模型、动力传动系统模型和空气动力学模型等。车辆模型在仿真测试中需要快速计算，并将计算出的车辆响应结果发送到其他控制器中进行相应的计算和决策。为了实现快速计算，实时系统是必须使用到的平台，如图 9-28 所示，车辆模型在实时处理器中计算的速率延迟可控制在毫秒级；数据采集板卡包含车载 CAN 总线和车载 Ethernet 通信板卡。车辆模型的计算数据通过通信板卡和其他设备进行通信，一方面车辆模型计算数据传递给环境模拟系统，使其中的环境随着车辆模型的运动而变化；另一方面车辆模型计算数据传递给驾驶模拟系统，使其按照车辆模型的计算情况进行相应的运动。

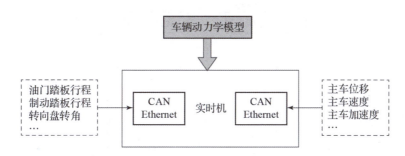

图 9-28 智能汽车仿真测试车辆模型处理平台

### 2）环境模拟系统

由于车辆模型软件的功能有限，不具备较好的环境建模能力，因此为了给车辆模型创造较为逼真的外界环境，需要额外的软件进行环境系统的建模，如图 9-29 所示。

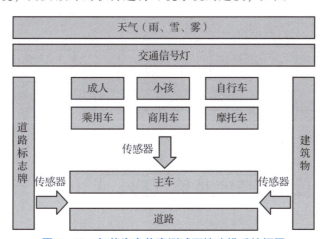

图 9-29 智能汽车仿真测试环境建模系统框图

主车为车辆建模软件中的车辆模型，其与环境建模软件之间通过特定的接口进行连接，车辆模型的动力学计算部分在车辆建模软件中完成，得到的车辆运动学姿态则通过接口传递到环境建模软件中进行显示。主车上安装有不同的传感器，包括摄像头、毫米波雷达、超声波雷达、激光雷达等，传感器的安装位置和性能参数需要与实车匹配，以保证传感器模型识别到的目标

关于智能车测试的案例研究

信息可以传递到控制器中进行正确的计算。环境模型需要稳定高效地运算各个模块，因此需要性能较高的工业计算机支持。工业计算机包含高性能图形处理显卡和高清画面显示器，高性能图形处理显卡保证了整个仿真环境的图形处理能力，高清画面显示器则为驾驶员模拟系统提供了驾驶员视角的显示画面，也为摄像头在环测试提供了仿真画面输出。环境模拟系统的处理平台如图9–30所示。

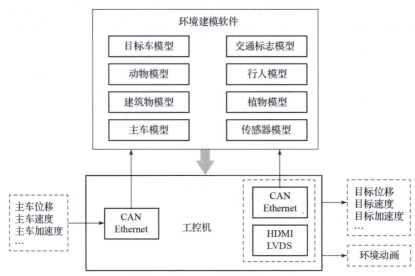

图9–30　智能汽车仿真测试环境模拟系统的处理平台

3) 传感器模拟系统

对于环境建模软件中无法模拟的传感器模型或是为了进行传感器在环测试，需要使用传感器模拟系统，如图9–31所示。

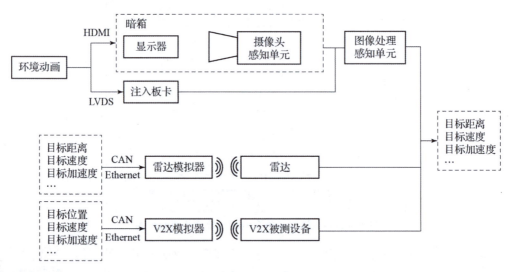

图9–31　智能汽车仿真测试传感器模拟系统

对于毫米波雷达的目标模拟是利用毫米波雷达模拟设备接收真实雷达的发射信号，并通过一定的时延和多普勒频移处理，模拟出目标的反射回波，真实雷达接收反射回波后便可得到模拟目标的相关信息；超声波雷达、激光雷达、V2X 射频设备的目标模拟与毫米波雷达目标模拟方法类似。对于真实摄像头而言，目标模拟有两种方式：一种是将真实摄像头和显示器共同放在暗箱内，摄像头拍摄显示器，并识别显示器中的模拟目标；另一种是将环境模拟系统中的仿真视频以视频流的方式，通过视频注入板卡直接注入摄像头图像处理芯片内。对于传感器的模拟，有很多供应商提供了相应的解决方案，图 9-32 所示为 Keycom 的毫米波雷达模拟系统。

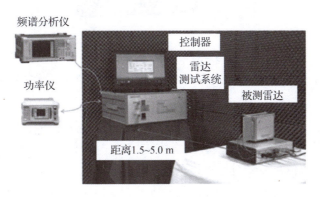

**图 9-32 Keycom 的毫米波雷达模拟系统**

4）驾驶模拟系统

为了研究驾驶员对智能汽车系统功能的主观评价，必须给驾驶员创造逼真的驾驶环境，因此驾驶模拟系统是必不可少的。驾驶模拟系统的结构如图 9-33 所示。

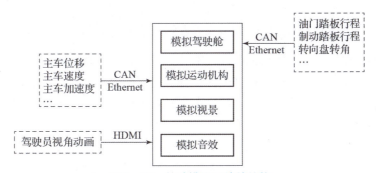

**图 9-33 驾驶模拟系统的结构**

模拟运动机构用以模拟车辆六个方向的运动情况，包括横向运动、纵向运动、垂向运动、侧倾运动、俯仰运动、横摆运动；模拟驾驶舱由方向盘、制动踏板、油门踏板、仪表盘等组成，真实驾驶员可以在模拟驾驶舱内进行驾驶；模拟视景由 180°或 360°环幕组成，实时显示驾驶员周围的环境变化情况；模拟音效系统模拟车辆行驶过程中的各类声音，包括发动机噪声、风噪、轮胎噪声等。驾驶模拟系统中的运动机构由车辆模拟系统中的车辆运动状态决定，车辆模拟系统中的视景及音效系统由环境模拟系统提供支持。通过驾驶模拟系统，可以将驾驶员的主观评价提前到自动驾驶系统开发阶段，而不必等到自动驾驶汽车生产出来，大大缩短了自动驾驶系统的开发和测试周期，降低了开发成本。图 9-34 所示为大型驾驶模拟系统之一的 INNO 驾驶模拟器。

面向未来的智能驾驶测试平台

图 9-34 INNO 驾驶模拟器

1—驾驶舱；2—投影显示系统；3—Dome 屏幕；4—入舱阶梯；5—运动平台系统；6—空调

5）控制器系统

控制器系统是智能汽车的控制中心，其可以是快速原型控制器，也可以是车载真实控制器。控制器通过 CAN 或 Ethernet 连接各个真实传感器，并接收来自传感器的目标距离、目标速度、目标加速度等信息，经过计算将车辆控制信号发送到车辆模拟系统中，控制信号包括加速信号、减速信号、制动信号、转向信号等。

**3. 仿真测试系统应用**

基于以上仿真测试系统，可以进行智能汽车测试的应用主要分为软件在环（Software - In - the - Loop，SIL）、硬件在环（Hardware - In - the - Loop，HIL）和驾驶员在环（Driver - In - the - Loop，DIL）。

1）软件在环

在智能汽车研发阶段，智能汽车的系统算法设计需要不断地进行仿真测试和优化迭代，因此可利用车辆模拟系统和环境模拟系统两部分，进行算法仿真所需的车辆模型搭建和环境模型搭建，测试智能汽车系统算法在纯软件仿真环境下的表现情况，特别是可以通过搭建大量的仿真测试场景，去发掘算法中的缺陷。由于是在纯仿真环境下进行测试，因此可以将测试的计算速度加快，提升效率，缩短测试周期。

2）硬件在环

硬件在环测试可将智能汽车的一部分或几部分硬件置于仿真测试的环境中。对于只针对实车控制器的测试而言，可利用车辆模拟系统、环境模拟系统和控制器系统进行仿真环境的搭建，该测试方案中只有控制器是真实的，车辆模型和传感器模型都是虚拟的。对于针对雷达、摄像头或 V2X 设备的测试，则可利用车辆模拟系统、环境模拟系统、传感器模拟系统进行真实传感器的在环测试。该方案可对雷达、摄像头等传感器的物理性能进行测试和分析，还可以通过仿真环境激活真实传感器内部的功能进行功能的测试分析。对于针对智能汽车执行器部件的在环测试，可将汽车上的执行器（汽车制动系统、转向系统等）加入到仿真环境，进行功能激活和测试验证。

3）驾驶员在环

驾驶员在环测试将驾驶员置于仿真测试环境中，需要的仿真系统包括车辆模拟系统、环境模拟系统和驾驶模拟系统，利用此方案展开的测试包括：

（1）人机切换策略测试，即在人机共驾过程中，通过对切换时间、舒适性、安全性等多方面的评价，评估人机共驾策略的合理性。

（2）HMI 系统设计，即配合驾驶模拟器中可配置的人机交互界面，可以在概念设计初期从声音、图像等方面对人机交互界面进行主观评价，尽早发现设计中的缺陷并完善，从而提高设计质量和效率。

（3）驾驶员行为分析，即利用驾驶模拟器提供的驾驶员在环系统，通过给驾驶员穿戴相关的传感设备，可以在自动驾驶的不同场景下对驾驶员的行为进行分析，如疲劳、注意力、心跳、压力、焦虑等。

（4）耐久性测试，即通过建立虚拟的道路、交通、天气等场景，对自动驾驶系统进行模拟真实道路的耐久性测试。

## 任务三　实车测试

### 一、智能汽车实车测试概述

智能汽车的实车测试包含封闭场地测试和公共道路测试。封闭场地测试可以测试智能汽车在一些典型场景下的安全性及舒适性，需由专业测试工程师使用专业的测试设备，如驾驶机器人、目标物、高精惯导、路侧设备等完成。公共道路测试可以测试智能汽车对连续场景、真实道路交通环境、突发意外情况的应对能力等，需要配合数据采集系统、高精度地图等完成。实车测试过程中，除常规场景测试外，为保证场景的丰富性及覆盖率，可人为在道路上布置相关场景。测试过程中对人员、环境、方法、规范、设备及流程等规范性约束，有效保证测试结果的可追溯性和准确性。智能汽车实车测试如图 9-35 所示。

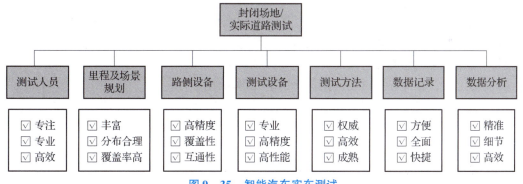

图 9-35　智能汽车实车测试

一般来说，智能汽车实车测试是整车上市前最后一道关卡，也是最重要的一道保险，在评价上可分为主观评价和客观测试。主观评价是从用户角度出发，对整车的舒适性、安全性、便利性、智能性、交互体验等方面进行评价，测试工程师需具备丰富的测试评价经验；客观测试则主要从研发技术角度出发，评价智能汽车在一般交通环境下的识别能力、变道性能、跟车性能、路口通过性等通用指标，并对这些指标进行通过性考核，进而对整车部分智能驾驶功能进行量化或者参数化考核测试。

## 二、实车测试的内容

智能汽车的实车测试包括以下几个主要内容。

（1）基本性能测试：包括加速性能、制动性能、转向性能等，以验证智能汽车在各种道路条件下的基本车辆控制能力。

（2）安全性能测试：包括碰撞安全测试、制动距离测试、紧急制动测试等，以验证智能汽车在紧急情况下的安全性能和防护能力。

（3）自动驾驶测试：包括自动驾驶的精准性、准确性、稳定性等，以验证自动驾驶系统在各种场景下的自主导航和车辆控制能力。

（4）智能导航测试：包括导航准确性、路径规划准确性、交通流预测准确性等，以验证智能导航系统在不同地理环境下的导航能力和路径规划能力。

（5）车联网测试：包括车辆与互联网的通信稳定性、数据传输可靠性、远程控制能力等，以验证智能汽车的车联网功能和实时通信能力。

（6）人机交互测试：包括智能驾驶员辅助系统的界面友好性、语音交互的准确性和智能化的用户体验等，以验证智能汽车的人机交互性能和用户满意度。

（7）环境适应测试：包括在不同天气条件下的测试，如雨天、雪天、大风等，以验证智能汽车的各项功能在不同环境条件下的适应性和稳定性。

# 任务四　测试场测试

## 一、测试场测试概述

智能汽车测试场不同于传统汽车测试场，智能汽车需要在专属的场地测试，应当具备丰富的场景、完善的测试功能以及通行能力，试验做到保密，测试数据可靠等，测试重点是考核车辆对交通环境的感知和应变能力。

从功能上讲，智能车测试场应该具有以下几种功能。

（1）模拟仿真测试：智能车测试场可以提供模拟仿真环境，通过虚拟场景和仿真技术，对智能车的感知、决策和控制等功能进行测试和验证。

（2）封闭场地测试：智能车测试场提供封闭的测试场地，用于测试智能车在受控环境下的性能和功能，如车辆的操控性、安全性等。

（3）实际道路测试：智能车测试场可以提供真实道路环境，用于测试智能车在实际道路条件下的性能和功能，如车辆的自动驾驶能力、交通规则遵守等。

（4）车辆网络安全测试：智能车测试场可以进行车辆网络安全测试，验证智能车的网络通信和数据安全性，以保障智能车系统的安全性和可靠性。

（5）软件升级测试：智能车测试场可以进行软件升级测试，验证智能车的软件更新和升级功能，以确保智能车系统的稳定性和兼容性。

（6）数据存储测试：智能车测试场可以进行数据存储测试，验证智能车的数据采集、存储和处理能力，以支持智能车系统的数据分析和决策。

## 二、国内测试场简介

全球智能汽车竞争激烈,各级政府和企业积极推动新技术落地普及。智能汽车的发展对智能驾驶测试提出更高要求,也创造了广阔的市场。

国内企业对自动驾驶汽车测试需求增加,更倾向于利用国内示范区进行测试。近年,在中国建立了多个智能网联或自动驾驶示范区,如上海国家智能汽车示范区、辽宁盘锦北汽无人驾驶体验项目、京冀国家智能汽车与智慧交通示范区海淀基地、浙江5G车联网应用示范区、重庆智能汽车与智慧交通应用示范区、武汉智能汽车示范区、长沙智能汽车测试区、吉林智能汽车与智慧交通应用示范基地、深圳无人驾驶示范区、常熟中国智能车综合技术研发与测试中心等。

**1. 上海国家智能汽车示范区**

2015年6月工信部批准了国内首个国家级智能汽车示范区,即国家智能汽车(上海)试点示范区,示范区测试内容包括无人驾驶车辆智能决策与控制、SLAM、高精度地图匹配与融合、V2X通信等。此外,测试场还提供了50种网联类测试,涵盖安全类、效率类、信息服务类、新能源汽车应用类,以及通信能力测试,并可组合成多种自定义场景,如表9-1所示。

表9-1 上海国家智能汽车示范区测试内容

| 测试类型 | 测试内容 |
| --- | --- |
| 智能+网联 | 无人驾驶,高精度地图等 |
| 智能 | 自适应巡航+车道保持,传感器性能测试 |
| 智能 | 高精度定位 |
| 智能 | 低速自主驾驶,车道保持,跟车行驶等 |
| 智能+网联 | 车车通信,行人辅助 |
| 智能 | 车道保持,跟车行驶 |

**2. 北京通州国家运营车辆自动驾驶与车路协同测试基地**

北京通州国家运营车辆自动驾驶与车路协同测试基地是一个总占地面积约3 600亩①的综合测试场。它作为自动驾驶和车路协同智能系统测试和产品研发平台,以及标准制修订的研究平台和成果转化基地。测试场拥有超过30 km的公路试验道路,包括智能驾驶试验路、动态广场、长直线性能试验路、高速环道、标准坡道和干操控路等试验道路。目前,该基地已建成5个自动驾驶研究与测试相关方向实验室,配备了110余台设备。

在车路协同技术测试中,测试场主要针对营运车辆V2X应用场景测试,为交通行业标准《营运车辆服务车路交互信息集》的制定提供场地测试验证服务,应用场景包含安全、

---

① 1亩≈666.67 $m^2$。

效率、信息服务三大类共 18 个场景；同时对营运车辆进行队列行驶试验，研究队列驾驶技术的可行性、驾驶模式以及节能效果、安全性等。

**3. 重庆车检院自动驾驶测试应用示范基地**

重庆车检院自动驾驶测试应用示范基地位于重庆高新区金凤镇，占地约 500 亩，总投资近 6 亿元。该基地拥有各种交通场景，如隧道、雨雾路段、公交车站、学校区域、应急避险车道和高速公路服务区。该基地具备模拟城市道路、高速公路和多车道等场景下的 L1～L4 级自动驾驶能力，以及基于 5G-V2X 的车车、车路、车人等协同通信测试评价能力。

基地是在重庆机动车强检测试场的建设基础上，通过智能化技术改建而成的，部署了 12 座具备专用短程通信、高精定位、环境感知等功能的复合路侧基础设施及路侧终端、车载终端及智能监控系统。基地建设了 48 种以道路为基础的自动驾驶与车路协同测试应用场景，其中网联协同类场景 28 个，自动驾驶类 20 个，包含安全类、服务类、通信能力类、效率类、驾驶行为类、车辆性能类、异常处理能力类、退出机制类以及操作类。

**4. 长安大学车联网与智能汽车测试场**

长安大学车联网与智能汽车测试场是在原长安大学渭水校区汽车综合性能测试场的基础上进行改造而成的。它占地 423 亩，建有汽车高速环形跑道、直线试车道、操纵稳定性试验广场和汽车驾驶训练场。测试场集成了 LTE、LTE-V、DSRC、Wi-Fi、EUHT 等 5 种无线网络，并配备了各种测试装备，可以满足车联网与智能汽车在不同场景下的测试需求。

**5. 自动驾驶封闭场地测试基地（泰兴）**

自动驾驶封闭场地测试基地（泰兴）总体规划 2 500 亩，一期投资 6 亿元，占地面积为 600 亩。基地依托国家智能商用车质量监督检验中心，满足交通运输部的相关要求。基地以自动驾驶和车路协同关键技术为重点，构建了五大研究测试验证平台，开展全要素、全流程、全生命周期的产品研究验证评价，覆盖单车智能、网联智能和道路智能等相关领域。同时还进行研发测试、法规认证和监督检验全链条检测。

## 三、测试场测试规范

对于智能汽车测试场设计规范，各国都有不同的要求与标准，我国也制定了相关的规范文件。

2019 年 4 月 23 日，中国汽车工程学会批准发布了《智能汽车测试场设计技术要求》（T/CSAE 125—2020），该要求由中国汽车工程学会提出并归口，上海淞泓智能汽车科技有限公司牵头，清华大学苏州汽车研究院组织策划，湖南湘江智能科技创新中心有限公司等二十多家单位参与编制。

该要求规定了智能汽车测试场设计技术要求，适用于面向 M、N 类车型的智能汽车测试场的规划、设计与建设。主要内容为总体要求、基础测试道路技术要求、一般测试道路技术要求、道路网联环境要求和配套服务设施要求五大部分，每个部分对基本设计要求进行了说明，其逻辑框架如图 9-36 所示。

智能汽车测试场的设计应以满足自动驾驶功能测试为首要目的。智能汽车基础自动驾驶功能与所需基础测试道路类型如表 9-2 所示。

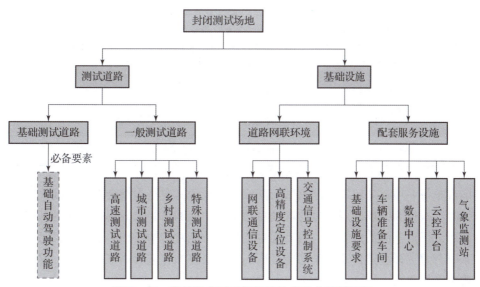

图 9-36　智能汽车测试场设计技术要求逻辑框架

表 9-2　智能汽车基础自动驾驶功能与所需基础测试道路类型

| 编号 | 基础自动驾驶功能 | 基础测试道路类型（最低要求） |
|---|---|---|
| 1 | 车速保持 | 直道和弯道，单向单车道 |
| 2 | 车道保持 | 直道和弯道，单向单车道 |
| 3 | 跟车行驶 | 直道和弯道，双向三车道 |
| 4 | 并道行驶 | 直道和弯道，单向两车道 |
| 5 | 超车 | 直道，双向三车道 |
| 6 | 驶入/驶出匝道 | 出口匝道，单车道；入口匝道，单车道 |
| 7 | 交叉路口通行 | 十字交叉路口，某一方向至少为双向三车道 |
| 8 | 环形路口通行 | 十字环岛，岛内双车道，双向两车道和环岛连接 |
| 9 | 交通信号灯通行 | 十字交叉路口，某一方向至少为双向三车道 |
| 10 | 施工区域通行 | 直道和弯道，单向两车道 |
| 11 | 前方车辆变道识别与避让 | 直道和弯道，单向两车道 |
| 12 | 道路弱势群体避让通行 | 直道和弯道，单向两车道；十字交叉路口 |
| 13 | 障碍物避让通行 | 直道和弯道，单向两车道 |
| 14 | N 形掉头 | 直道，双向两车道 |
| 15 | U 形掉头 | 直道，双向三车道 |

续表

| 编号 | 基础自动驾驶功能 | 基础测试道路类型（最低要求） |
| --- | --- | --- |
| 16 | 靠边停车 | 直道，单向两车道 |
| 17 | 避让对向来车 | 直道，双向两车道 |
| 18 | 网联通信 | 直道，单向两车道；十字交叉路口 |
| 19 | 自动泊车 | 垂直式车位、平行式车位、斜列式车位 |

　　智能汽车每一项自动驾驶功能测试所需要的基础测试道路类型会有所不同，智能汽车测试场设计时应根据测试场所需满足的基础自动驾驶功能测试要求，选择相应的基础测试道路类型作为测试场设计的最低要求。当不同自动驾驶功能对应的基础测试道路类型有重叠或者包含关系时，宜选择覆盖自动驾驶功能最广的基础道路类型进行测试场设计，提高道路使用效率，避免重复建设。

　　2022 年我国又发布了《智能汽车自动驾驶功能场地试验方法及要求》（GB/T 41798—2022）。该文件规定了智能汽车自动驾驶功能进行场地试验时的一般要求、试验过程及通过条件、试验方法，适用于具备自动驾驶功能的 M 类、N 类车辆。

　　文件的主要内容为一般要求、通过条件和试验方法。

　　其中对测试场的要求如下。

　　（1）测试场地具有良好附着能力的混凝土或沥青路面；

　　（2）交通标志和标线清晰可见，并符合 GB 5768—2022（所有部分）的要求；

　　（3）道路及基础设施符合《道路交通信号灯设置与安装规范》（GB 14886—2016）、《道路交通信号灯》（GB 14887—2011）、《收费用电动栏杆》（GB/T 24973—2023）的要求；

　　（4）试验道路限速大于或等于 60 km/h 时，车道宽度不小于 3.5 m 且不大于 3.75 m；

　　（5）试验道路限速小于 60 km/h 时，车道宽度不小于 3.0 m 且不大于 3.5 m；

　　（6）具备试验车辆自动驾驶模式正常激活的必要数据和设施条件。

# 项目一 任务工单一 智能汽车硬件观察

| 任务名称 | 智能汽车硬件观察 | | 班级 | |
|---|---|---|---|---|
| 学生姓名 | | 实训时间 | 实训地点 | |
| 车型 | | | VIN号 | |
| 每个工位实训学生数量 | | | 每次实训时间 | |
| 实训目标 | 1. 理解智能汽车研发意义、发展背景、发展条件。<br>2. 了解智能汽车发展现状及问题。<br>3. 初步了解智能汽车关键技术,包括环境感知技术、高精度地图与高精度定位、决策规划技术、运动控制技术等。<br>4. 通过观察认识智能汽车关键硬件并了解其具体功能。 | | | |
| 预备知识 | 1. 智能汽车的定义。<br>2. 发展智能汽车的必要性。 | | | |
| 预期效果 | 能够按照要求,组员相互协作完成智能汽车辨识,了解智能汽车的具体硬件组成及相关功能,对智能汽车有初步的认知。 | | | |
| 注意事项 | 1. 不得损坏实训设备,保证其完整性。<br>2. 服从管理,注意安全。 | | | |
| 实训设备及数量 | 1. 智能驾驶实训车辆1台。<br>2. 智能驾驶实训车辆使用说明书1套。<br>3. 虚拟仿真试验平台(可选,见教材支持主页)。 | | | |

◆ 填空

1. 根据《智能汽车创新发展战略》,智能汽车的定义指_____。
2. 我国第一台具有自主识别的无人车是在_____研制的。
3. SAE International 将智能汽车划分为_____、_____、_____、_____、_____和_____等级。
4. 中国《汽车驾驶自动化分级》国家标准综合考量了_____、_____和_____等多个维度,将智能汽车技术等级划分为0~5级。
5. 智能汽车的发展分为_____和_____两种途径。
6. 智能网联汽车"三横三纵"技术架构中"三横"主要是指_____、_____和_____三大领域的关键技术。"两纵"是指支撑智能汽车发展的_____、_____和_____。

续表

| ◆通过实训完成下列内容 |
| --- |
| 1. 观察智能驾驶实训车辆或进入虚拟仿真平台，完成初识无人车的实验，了解智能汽车中关键技术硬件。<br>（1）了解智能驾驶车辆的结构组成，绘制智能驾驶系统的结构简图；<br>（2）了解摄像头、激光雷达、毫米波雷达、感知传感器、卫星定位和惯性导航装置的安装位置；<br>（3）了解控制器的安装位置。<br><br><br><br>2. 通过观察、体验及小组讨论，归纳总结智能汽车关键技术硬件的特点和作用。<br><br><br><br>3. 结合实训谈一谈对智能汽车中关键技术硬件的认识。 |

# 项目二 任务工单一 汽车线控底盘技术概述

| 任务名称 | 汽车线控底盘技术概述 | | 班级 | |
|---|---|---|---|---|
| 学生姓名 | | 实训时间 | 实训地点 | |
| 车型 | | | VIN 号 | |
| 每个工位实训学生数量 | | | 每次实训时间 | |
| 实训目标 | 1. 了解线控底盘的定义和发展。<br>2. 能够比较、分析线控底盘和传统底盘的特点。 | | | |
| 预备知识 | 1. 智能汽车的定义。<br>2. 智能汽车基本框架。<br>3. 智能汽车关键技术。 | | | |
| 预期效果 | 能够按照要求，组员相互协作完成智能汽车线控底盘辨识，了解智能汽车的线控底盘技术的研究与应用，完成对线控底盘技术的认知。 | | | |
| 注意事项 | 1. 不得损坏实训设备，保证其完整性。<br>2. 服从管理，注意安全。 | | | |
| 实训设备及数量 | 1. 智能驾驶实训车辆 1 台。<br>2. 智能驾驶实训车辆使用说明书 1 套。<br>3. 虚拟仿真试验平台（可选，见教材支持主页）。 | | | |

◆填空

1. 传统的汽车底盘由_____，_____，_____和_____组成。
2. 底盘的作用是：_____。
3. 线控底盘包含了_____、_____、_____、_____和_____等。
4. 线控技术最早起源于美国国家航空航天局在_____年推出的_____飞机。
5. 线控技术又称"X – by – _____"。
6. 线控制动技术则可以提高车辆稳定性控制的品质，同时针对新能源汽车，还可以实现_____等功能。

续表

◆通过实训完成下列内容

1. 参阅智能驾驶实训车辆使用说明书，观察智能驾驶实训车辆或进入虚拟驾驶仿真试验平台，观察线控底盘的各个部件，填写下表。

| 名称 | 线控转向技术 | 线控制动技术 | 线控驱动技术 | 线控换挡技术 | 线控悬架技术 |
| --- | --- | --- | --- | --- | --- |
| 感受 |  |  |  |  |  |

2. 通过观察、体验及小组讨论，总结各个线控底盘部件的功能、特点和区别。

3. 结合实训谈一谈对汽车上的线控底盘的认识。

# 项目二  任务工单二  线控转向技术

| 任务名称 | 线控转向技术 |  | 班级 |  |
|---|---|---|---|---|
| 学生姓名 |  | 实训时间 | 实训地点 |  |
| 车型 |  |  | VIN 号 |  |
| 每个工位实训学生数量 |  |  | 每次实训时间 |  |
| 实训目标 | 1. 理解线控转向技术的特点。<br>2. 了解线控转向技术的系统结构组成。<br>3. 初步了解线控转向技术的工作原理。 |||||
| 预备知识 | 1. 智能汽车的线控底盘技术概论。<br>2. 智能汽车硬件知识。<br>3. 智能汽车关键技术。 |||||
| 预期效果 | 能够按照要求，组员相互协作完成智能汽车线控转向系统在车辨识，了解线控转向技术所需的具体硬件组成及相关功能，对线控转向有初步的认知。 |||||
| 注意事项 | 1. 不得损坏实训设备，保证其完整性。<br>2. 服从管理，注意安全。 |||||
| 实训设备及数量 | 1. 智能驾驶实训车辆1台。<br>2. 智能驾驶实训车辆使用说明书1套。<br>3. 虚拟仿真试验平台（可选，见教材支持主页）。 |||||

◆ 填空

1. 较传统线控系统而言，_____、_____、_____是线控转向系统的典型特点。
2. 线控转向系统由_____、_____、_____、_____、_____等组成。
3. _____、_____、_____是线控转向的3个主要部分。
4. 线控转向系统结构目前分为_____和_____两种方式。
5. 方向盘模块包括_____、_____、_____、_____等。
6. 当前常见的控制策略：_____、_____、_____。
7. 线控转向系统的安全性体现在_____和_____两个方面。
8. 线控转向系统的工作原理是根据驾驶员的操纵输入，控制车轮的转向，同时根据_____、_____等信息，向驾驶员提供_____。

续表

| ◆通过实训完成下列内容 |
| --- |

1. 参阅智能驾驶实训车辆使用说明书,观察智能驾驶实训车辆或进入虚拟驾驶仿真试验平台,观察线控转向系统的各个部件,填写下表。

| 名称 | 方向盘模块 | 主控制器 | 执行模块 | 故障处理系统 | 电源 |
| --- | --- | --- | --- | --- | --- |
| 效果 | | | | | |

2. 通过观察、体验及小组讨论,总结线控转向系统的功能、特点和区别。

3. 结合实训谈一谈对汽车上的线控转向系统的认识。

# 项目二  任务工单三  线控制动技术

| 任务名称 | 线控制动技术 | | 班级 | |
|---|---|---|---|---|
| 学生姓名 | | 实训时间 | 实训地点 | |
| 车型 | | | VIN 号 | |
| 每个工位实训学生数量 | | | 每次实训时间 | |
| 实训目标 | 1. 理解智能车辆线控制动技术原理。<br>2. 了解 EMB 与 EHB 的区别。<br>3. 初步了解电子液压制动系统的主要功能和方案。<br>4. 初步了解三种典型的 EMB 执行机构方案。 | | | |
| 预备知识 | 1. 智能汽车的线控底盘技术概论。<br>2. 智能汽车硬件知识。<br>3. 智能汽车关键技术。 | | | |
| 预期效果 | 能够按照要求，组员相互协作完成智能汽车线控制动系统在车辨识，了解智能汽车的线控制动技术具体硬件组成及相关功能，对线控制动技术有初步的认知。 | | | |
| 注意事项 | 1. 不得损坏实训设备，保证其完整性。<br>2. 服从管理，注意安全。 | | | |
| 实训设备及数量 | 1. 智能驾驶实训车辆 1 台。<br>2. 智能驾驶实训车辆使用说明书 1 套。<br>3. 虚拟仿真试验平台（可选，见教材支持主页）。 | | | |

### ◆ 填空

1. 线控制动系统主要分为两种，一种是_____，由传统液压系统和电子控制单元结合而成，被称为_____；另一种是_____，完全由电子控制元件与机械部件组成，被称为_____。
2. EMB 与 EHB 最大的区别在于 EMB 不再需要_____，使用_____代替传统的液压主缸和真空助力驱动制动，制动力矩完全通过安装在 4 个轮胎上的电机产生，各车轮的制动力能够独立调控。
3. EHB 一般分为____和____两种。
4. 干式 EHB 系统以_____制动_____。
5. 湿式 EHB 采用_____提供_____从而实现快捷制动。
6. 三种典型的 EMB 执行机构方案：_____，_____，_____。

续表

| ◆通过实训完成下列内容 |

1. 参阅智能驾驶实训车辆使用说明书，观察智能驾驶实训车辆或进入虚拟驾驶仿真试验平台，观察线控制动系统各个部件，分析 EHB 和 EMB 的不同和优缺点，填写下表。

| 名称 | EHB | EMB |
| --- | --- | --- |
| 部件 |  |  |
| 优缺点 |  |  |

2. 通过观察、体验及小组讨论，分析干式 EHB 系统和湿式 EHB 的功能、特点和区别。

3. 结合实训谈一谈对汽车上的线控制动系统的认识。

# 项目三　任务工单一　智能汽车环境感知技术概述

| 任务名称 | 智能汽车环境感知技术概述 | | 班级 | |
|---|---|---|---|---|
| 学生姓名 | | 实训时间 | 学生姓名 | |
| 车型 | | | VIN 号 | |
| 每个工位实训学生数量 | | | 每次实训时间 | |
| 实训目标 | 1. 掌握智能汽车感知系统的功能、组成及原理，了解常见车载传感器的分类及特点。<br>2. 能够正确立即对车载传感器与智能汽车感知系统的关系。<br>3. 能够根据决策控制系统的需求选择对应的车载传感器。 | | | |
| 预备知识 | 1. 认识到感知系统在智能汽车中的必要性。<br>2. 对于感知系统的基本作用有一定的理解。<br>3. 能够辨识智能汽车感知系统的外部特征。 | | | |
| 预期效果 | 1. 掌握智能汽车感知系统的作用。<br>2. 熟悉常见车载传感器的类型及性能特点。<br>3. 可以根据传感器性能特点在特定工作需求下选择合适的传感器。 | | | |
| 注意事项 | 1. 不得损坏实训设备，保证其完整性。<br>2. 拆装工具和诊断工具等必须完好，在课程结束后返还给指导教师。<br>3. 服从管理，注意安全。 | | | |
| 实训设备及数量 | 1. 智能驾驶实训车辆 1 台。<br>2. 智能驾驶实训车辆使用说明书 1 套。<br>3. 虚拟仿真试验平台（可选，见教材支持主页）。 | | | |

### ◆填空

1. 智能汽车通过_____获取车辆周边环境的信息。车辆前方的远距离探测主要依靠_____，而车辆四周近处的区域则使用_____，同时辅以激光雷达进行 360° 扫描，并使用_____和_____进行补充。
2. 环境感知技术的本质是信息的_____、_____和_____。
3. 超声波雷达传感器的优点是_____，缺点是_____。
4. 视觉传感器的优点是_____，缺点是_____。
5. 毫米波雷达传感器的优点是_____，缺点是_____。
6. 激光雷达传感器的优点是_____，缺点是_____。

续表

| ◆通过实训完成下列内容 |
| --- |

1. 参阅智能驾驶实训车辆使用说明书,观察智能驾驶实训车辆或进入虚拟驾驶仿真试验平台,观察智能汽车传感器的各个部件,填写下表内容。

| 传感器类型 | 获取的数据相对大小 | 特点 | 成本 | 应用程度 |
| --- | --- | --- | --- | --- |
|  |  |  |  |  |
|  |  |  |  |  |
|  |  |  |  |  |
|  |  |  |  |  |
|  |  |  |  |  |

2. 通过观察、体验及小组讨论,归纳不同车载传感器在原理、使用方式以及应用场景中的异同。

3. 结合实训谈一谈对智能汽车的感知系统技术的认识。

# 项目三　任务工单二　激光雷达标定及应用

| 任务名称 | 激光雷达标定及应用技术实验 |  | 班级 |  |
|---|---|---|---|---|
| 学生姓名 |  | 实训时间 | 学生姓名 |  |
| 车型 |  | VIN 号 |  |  |
| 每个工位实训学生数量 |  | 每次实训时间 |  |  |
| 实训目标 | 1. 能够正确复述车载激光雷达的功能、组成、分类及原理。<br>2. 理解激光雷达在感知系统中的应用及其重要性。<br>3. 了解激光雷达主要性能参数。<br>4. 能根据决策控制系统的需求及激光雷达参数选择合适的激光雷达。 ||||
| 预备知识 | 1. 智能汽车感知系统的构成及作用。<br>2. 辨识激光雷达设备的方法。 ||||
| 预期效果 | 能够按照要求，组员间相互协作完成激光雷达在工控机系统中的启动，观察点云图像，熟悉激光雷达标定流程，并具备自主辨识不同激光雷达类型的能力。 ||||
| 注意事项 | 1. 不得损坏实验设备，保证其完整性。<br>2. 标定工具需保持完好，并在课程结束后返还给指导教师。<br>3. 不得随意更改、删除计算机中的文件。<br>4. 服从管理，注意安全。 ||||
| 实训设备及数量 | 1. 智能驾驶实训车辆 1 台。<br>2. 智能驾驶实训车辆使用说明书 1 套。<br>3. 虚拟仿真试验平台（可选，见教材支持主页）。<br>4. 标定板 1 副。<br>5. 激光雷达使用手册 1 套。 ||||

◆ 填空

1. 激光雷达，又称为_____，是激光探测及测距系统的简称。
2. 激光雷达是一种以_____作为发射光源，采用_____技术手段的主动测距设备。
3. 外参标定是指雷达自身坐标系到车体坐标系的转换，需要标定两个坐标系之间的_____和_____。
4. 障碍物检测主要基于_____的方法。由于在点云中直接进行计算会造成计算量过大且检测效果不好，因此正障碍物检测主要基于_____进行。
5. 激光雷达主要由_____、_____、_____等部分组成。
6. 按照_____，激光雷达又可分为机械式和固态雷达，目前_____是主流的车用激光雷达。

续表

7. 三维激光雷达扫描一周可以得到环境中物体表面的＿＿＿＿＿＿＿，激光雷达探测距离越远，其点云越＿＿＿＿＿＿＿。

8. 列举两个主要车载激光雷达品牌：＿＿＿＿＿＿＿、＿＿＿＿＿＿＿。

9. 三维激光雷达主要用于＿＿＿＿＿＿＿、＿＿＿＿＿＿＿等。

◆ 通过实训完成下列内容

1. 参阅智能驾驶实训车辆使用说明书，观察智能驾驶实训车辆或进入虚拟驾驶仿真试验平台，使用激光雷达，通过激光雷达使用手册，了解雷达主要参数并获取点云图像，填写下表。

| 型号 | 类型 | 视场角 | 测距范围 | 工作方式 |
|---|---|---|---|---|
|  |  |  |  |  |
|  |  |  |  |  |
|  |  |  |  |  |

2. 通过观察、体验及小组讨论，归纳总结不同种类激光雷达的异同。

3. 进行激光雷达标定，获取外参矩阵。

4. 结合实训谈一谈对智能车辆使用激光雷达的认识。

# 项目三  任务工单三  毫米波雷达应用

| 任务名称 | 毫米波雷达应用 | | 班级 | |
|---|---|---|---|---|
| 学生姓名 | | 实训时间 | 学生姓名 | |
| 车型 | | | VIN 号 | |
| 每个工位实训学生数量 | | | 每次实训时间 | |
| 实训目标 | 1. 能够正确复述毫米波雷达的功能、组成、分类。<br>2. 理解毫米波雷达在感知系统中的应用及其重要性。<br>3. 了解毫米波雷达主要性能参数。<br>4. 能够在实践中正确认识并操作毫米波雷达。 | | | |
| 预备知识 | 1. 智能汽车感知系统的构成及作用。<br>2. 辨识毫米波雷达设备的方法。 | | | |
| 预期效果 | 能够按照要求，组员间相互协作完成毫米波在工控机系统中的启动并获取障碍物位置信息。理解 CAN 总线传递数据的过程。 | | | |
| 注意事项 | 1. 不得损坏实验设备，保证其完整性。<br>2. 标定工具需保持完好，并在课程结束后返还给指导教师。<br>3. 不得随意更改、删除计算机中的文件。<br>4. 服从管理，注意安全。 | | | |
| 实训设备<br>及数量 | 1. 智能驾驶实训车辆 1 台。<br>2. 智能驾驶实训车辆使用说明书 1 套。<br>3. 虚拟仿真试验平台（可选，见教材支持主页）。<br>4. 毫米波雷达使用手册 1 套。 | | | |

### ◆ 填空

1. 毫米波雷达是指工作频率在_____范围内的雷达。
2. 相比于激光雷达，毫米波雷达可探测的距离_____，抗干扰能力_____，分辨率_____。
3. 毫米波雷达发射波为_____，其频率随时间规律变化。一般为_____，_____。
4. 在智能汽车领域，当前毫米波雷达根据频段主要分为_____、_____、_____。其中，短距离毫米波雷达频段为_____。
5. 毫米波雷达测速所依赖的原理为_____。
6. 毫米波雷达的信号输出通常是通过_____总线输出。

续表

◆ 通过实训完成下列内容

1. 参阅智能驾驶实训车辆使用说明书，观察智能驾驶实训车辆或进入虚拟驾驶仿真试验平台，使用毫米波雷达，通过毫米波雷达使用手册，了解雷达主要参数并测距，填写下表。

（1）毫米波雷达类型。

| 型号 | 类型 | 视场角 | 测距范围 | 工作频率 |
|---|---|---|---|---|
|  |  |  |  |  |
|  |  |  |  |  |
|  |  |  |  |  |

（2）障碍物测距。

| 障碍物类型 | 实测距离 | 毫米波雷达输出距离 | 相对误差 |
|---|---|---|---|
|  |  |  |  |
|  |  |  |  |
|  |  |  |  |

（3）获取毫米波雷达图像。

2. 结合实训，比较毫米波雷达与激光雷达的优势。

3. 谈一谈对智能车辆使用毫米波雷达的认识。

# 项目四 任务工单一 智能汽车定位导航技术

| 任务名称 | 智能汽车定位导航技术 | | 班级 | |
|---|---|---|---|---|
| 学生姓名 | | 实训时间 | 实训地点 | |
| 车型 | | | VIN 号 | |
| 每个工位学生数量 | | | 每次实训时间 | |
| 实训目标 | 1. 理解卫星导航定位和惯性导航定位的定义、组成、分类、功能及原理。<br>2. 理解卫星导航系统在自动驾驶系统中的应用及重要性。<br>3. 了解卫星导航系统的误差来源以及误差优化方法。<br>4. 了解差分定位的基本原理。<br>5. 理解多传感器融合定位的基本概念以及高精度地图对于自动驾驶的重要意义。 ||||
| 预备知识 | 1. 智能汽车定位导航系统的作用。<br>2. 理解在实际生活中定位导航技术的作用。 ||||
| 预期效果 | 能够按照要求，组员间相互协作完成导航系统在工控机系统中的启动，将定位参数可视化，观察定位的参数并了解其意义，熟悉定位、授时的意义并能对定位系统的误差来源有一定的思考。 ||||
| 注意事项 | 1. 不得损坏实验设备，保证其完整性。<br>2. 导航天线需保持完好，并保证实验车辆各项设备都处于正确的位置上。<br>3. 不得随意更改、删除计算机中的文件。<br>4. 服从管理，注意安全。 ||||
| 实训设备及数量 | 1. 智能驾驶实训车辆1台。<br>2. 智能驾驶实训车辆使用说明书1套。<br>3. 虚拟仿真试验平台（可选，见教材支持主页）。<br>4. 卫星定位使用说明书1套。 ||||
| ◆填空 |||||

1. 全球导航卫星系统，简称_____，是基于无线电的支持全球导航定位的卫星定位导航系统。
2. 全球四大卫星导航系统分别是美国的_____，俄罗斯的_____，欧洲的_____以及中国的_____。
3. GPS 系统主要由_____、_____和_____这三部分组成。
4. GPS 的定位原理是三球_____定位原理。
5. 卫星导航定位系统的定位精度通常采用圆概率误差 CEP 表示，如 2.5 m CEP，就是指以 2.5 m 为半径画圆，有_____%的点能落在圆内。
6. 卫星导航中，与信号传播有关的误差包括_____误差、_____误差及_____误差。
7. 常见的差分定位方法分为三种，分别是：_____、_____和_____。

续表

8. 惯导是一种利用_____传感器测量载体的_____及_____信息，并结合给定的初始条件实时推算速度、位置、姿态等参数的自主式导航系统。

9. SLAM（simultaneous localization and mapping），即_____。SLAM 技术最早是用在机器人定位当中，其目的是使机器人能够清楚地分辨自己的位置。

10. SLAM 的经典框架是由_____、_____、_____、_____及_____这五部分组成的。

11. _____滤波是一种在多传感器融合定位中，很重要，且很常见的估值算法。

12. _____组合定位系统广泛应用于智能汽车的导航和定位。

◆ 通过实训完成下列内容

1. 参阅智能驾驶实训车辆使用说明书，观察智能驾驶实训车辆或进入虚拟驾驶仿真试验平台，完成 GPS 定位实验，了解智能车辆定位导航技术。通过卫星定位使用说明书，了解组合导航中各线束、硬件的作用以及连接之后的组合定位使用方法。

（1）填写下表。

| 测试内容 | 测试结果 |
| --- | --- |
| 1. GPS 特性实操<br>对组合导航系统进行认知并画出连接示意图： | |
| 2. 组合导航是否正确运行： | |
| 3. 使用上位机连接组合导航系统并查询记录内部参数： | |

（2）获取组合定位系统显示的定位参数。

2. 通过观察、体验及小组讨论，归纳总结不同种类的定位导航系统的异同，并分析惯导和 GNSS 的融合解决了哪些在导航中容易出现的问题。

3. 对比手机上的地图导航，思考智能车上的组合导航相比于传统导航有哪些优点，并思考导航系统的误差来源主要有哪些。

4. 结合实训谈一谈对智能车辆使用组合导航的意义的认识。

# 项目五 任务工单一 智能汽车决策规划基本框架简介

| 任务名称 | 智能汽车决策规划基本框架简介 | | 班级 | |
|---|---|---|---|---|
| 学生姓名 | | 实训时间 | 实训地点 | |
| 车型 | | | VIN 号 | |
| 每个工位实训学生数量 | | | 每次实训时间 | |
| 实训目标 | 1. 理解典型的智能汽车决策规划框架。<br>2. 了解常用地图表示法。<br>3. 初步了解智能汽车度量地图表示法、拓扑地图表示法、混合地图表示法等。 | | | |
| 预备知识 | 1. 智能汽车的定义。<br>2. 智能汽车基本框架。<br>3. 智能汽车关键技术。 | | | |
| 预期效果 | 能够按照要求，组员相互协作完成决策规划模块的启动，了解智能汽车的环境地图表示方法，对智能汽车的决策规划有初步的认知。 | | | |
| 注意事项 | 1. 不得损坏实训设备，保证其完整性。<br>2. 不得随意更改、删除计算机中的文件。<br>3. 服从管理，注意安全。 | | | |
| 实训设备及数量 | 1. 智能驾驶实训车辆1台。<br>2. 智能驾驶实训车辆使用说明书1套。<br>3. 虚拟仿真试验平台（可选，见教材支持主页）。 | | | |

◆ 填空

1. 决策与规划模块包含：_____，_____，_____。
2. 行为决策按以横纵向驾驶行为分类分为：_____，_____。
3. 行为决策按以决策对象分类分为：_____，_____。
4. 自动驾驶路径规划算法分为：_____，_____，_____。
5. 环境地图的表示方法主要分为：_____，_____。
6. 一般用____语言表示拓扑地图。

续表

| ◆通过实训完成下列内容 |

1. 参阅智能驾驶实训车辆使用说明书，观察智能驾驶实训车辆或进入虚拟驾驶仿真试验平台，查看智能车不同的环境地图表示方法，填写下表。

| 名称 | | | |
|---|---|---|---|
| 感受 | | | |

2. 通过观察、体验及小组讨论，总结不同环境地图表示的功能、特点和区别。

3. 结合实训谈一谈对智能汽车上的环境表示方法和决策规划的认识。

# 项目五 任务工单二 路径规划

| 任务名称 | 路径规划 | | 班级 | |
|---|---|---|---|---|
| 学生姓名 | | 实训时间 | | 实训地点 | |
| 车型 | | | VIN 号 | | |
| 每个工位实训学生数量 | | | 每次实训时间 | | |
| 实训目标 | 1. 理解智能车辆路径规划目的。<br>2. 了解全局路径规划和局部路径规划的功能。<br>3. 初步了解智能汽车不同路径规划算法等。 ||||
| 预备知识 | 1. 对自动驾驶的路径规划模块有一定的了解。<br>2. 理解全局路径规划和局部路径规划的作用。 ||||
| 预期效果 | 能够按照要求，组员相互协作完成路径规划模块的启动，对智能汽车的不同路径规划算法有初步的认知。 ||||
| 注意事项 | 1. 不得损坏实训设备，保证其完整性。<br>2. 不得随意更改、删除计算机中的文件。<br>3. 服从管理，注意安全。 ||||
| 实训设备及数量 | 1. 智能驾驶实训车辆 1 台。<br>2. 智能驾驶实训车辆使用说明书 1 套。<br>3. 虚拟仿真试验平台（可选，见教材支持主页）。 ||||

◆填空

1. RRT 算法的全称是_____。
2. 路径规划算法种类有_____，_____，_____，_____，_____。
3. dijkstra 算法步骤为_____。
4. RRT 算法被设计用来高效地在_____中进行搜索。
5. RRT 算法可以轻松地处理_____和_____及_____等问题。
6. RRT 算法的优势在于无需对系统进行_____，无需对搜索区域进行_____。
7. RRT 算法缺陷：_____；空间中包含大量障碍物狭窄通道时，算法_____速度慢。
8. 为了提高 RRT 算法的_____环节搜索速度，在 RRT 算法基础上提出了_____。
9. 为了使 RRT 算法获得渐进最优路径，提出了_____。

◆ 通过实训完成下列内容

1. 参阅智能驾驶实训车辆使用说明书，观察智能驾驶实训车辆或进入虚拟驾驶仿真试验平台，完成无人车全局路径规划实验和局部路径规划实验，了解智能车辆全局、局部路径规划算法，观察智能车不同的路径规划算法效果，填写下表。

| 名称 | | | | | |
|---|---|---|---|---|---|
| 效果 | | | | | |

2. 通过观察、体验及小组讨论，总结不同路径规划算法的功能、特点和区别。

3. 结合实训谈一谈对智能汽车路径规划的认识。

# 项目五 任务工单三 行为决策

| 任务名称 | | 行为决策 | | 班级 | |
|---|---|---|---|---|---|
| 学生姓名 | | 实训时间 | | 实训地点 | |
| 车型 | | | VIN 号 | | |
| 每个工位实训学生数量 | | | 每次实训时间 | | |
| 实训目标 | 1. 理解智能汽车行为决策目的。<br>2. 了解行为决策算法的功能。 | | | | |
| 预备知识 | 1. 智能汽车的基本框架。<br>2. 对自动驾驶的行为决策模块有一定的了解。 | | | | |
| 预期效果 | 能够按照要求，组员相互协作完成行为决策模块的启动，对智能汽车的行为决策算法有初步的认知。 | | | | |
| 注意事项 | 1. 不得损坏实训设备，保证其完整性。<br>2. 不得随意更改、删除计算机中的文件。<br>3. 服从管理，注意安全。 | | | | |
| 实训设备及数量 | 1. 智能驾驶实训车辆1台。<br>2. 智能驾驶实训车辆使用说明书1套。<br>3. 虚拟仿真试验平台（可选，见教材支持主页）。 | | | | |

◆ 填空

1. 行为规划层处于智能汽车的_____。
2. 基于规则的决策算法利用_____、_____等经验数据构建规则库，车辆根据行驶场景匹配驾驶决策，通常分为基于有限状态机的决策模型、基于决策树的决策模型等。
3. 有限状态机（Finite State Machine）是一种典型的基于规则行为决策方法，其具有_____、_____等特点。
4. 监督学习针对_____对智能汽车进行训练，能够使其具备更多的智慧属性，以应对基于规则的传统算法在行为决策层的巨大挑战。
5. 强化学习是一种智能体在实现_____映射的同时_____奖励信号的学习方式。
6. 强化学习的基本思想是在_____不断交互过程中实现一个既定目标，即寻找最优策略。

续表

| ◆通过实训完成下列内容 |
|---|

1. 参阅智能驾驶实训车辆使用说明书,观察体验智能驾驶实训车辆或进入虚拟驾驶仿真试验平台,观察智能车行为决策模块,填写下表。

| 名称 | | | | |
|---|---|---|---|---|
| 效果 | | | | |

2. 通过观察、体验及小组讨论,总结智能汽车行为决策的功能、特点和区别。

3. 结合实训谈一谈对智能汽车行为决策的认识。

# 项目五 任务工单四 运动学模型

| 任务名称 | | 运动学模型 | | 班级 | |
|---|---|---|---|---|---|
| 学生姓名 | | 实训时间 | | 实训地点 | |
| 车型 | | | VIN 号 | | |
| 每个工位实训学生数量 | | | 每次实训时间 | | |
| 实训目标 | 1. 对车辆的运动学模型有清晰的认知，了解运动学模型的功能。<br>2. 理解以质心为中心的运动学模块和以后轴为原点的运动学模块。 | | | | |
| 预备知识 | 1. 智能汽车的基本框架。<br>2. 智能汽车硬件知识。<br>3. 智能汽车关键技术。 | | | | |
| 预期效果 | 能够按照要求，组员相互协作完成对车辆运动学模块的学习，对智能汽车的不同运动学模型有初步的认知。 | | | | |
| 注意事项 | 1. 不得损坏实训设备，保证其完整性。<br>2. 服从管理，注意安全。 | | | | |
| 实训设备及数量 | 1. 智能驾驶实训车辆 1 台。<br>2. 智能驾驶实训车辆使用说明书 1 套。<br>3. 虚拟仿真试验平台（可选，见教材支持主页）。 | | | | |

◆ 填空

1. 运动学是从几何学的角度研究物体的运动规律，包括物体在空间的_____、_____等随时间而产生的变化。

2. 智能汽车有多种横向运动学模型，例如_____，_____，_____等。

3. 阿克曼转向系统由于其采用精密、精巧的机械结构实现车辆的转向机制，能够对车辆进行更好地控制，实现更好的车辆稳定性，转向时_____，而被广泛应用于高速乘用车上。

4. 由于城市道路驾驶路面情况较好，车辆的运动在局部空间内可以近似为平面运动，中低速情况下行驶，车辆无_____和_____的滑移，_____可忽略不计。

续表

◆通过实训完成下列内容

1. 参阅智能驾驶实训车辆使用说明书,观察体验智能驾驶实训车辆或进入虚拟驾驶仿真试验平台,观察智能车分别以质心为中心的运动学模块和以后轴为原点的运动学模块,填写下表。

| 名称 | 以质心为中心的运动学模块 | 以后轴为原点的运动学模块 |
|------|--------------------------|--------------------------|
| 效果 |  |  |

2. 通过观察、体验及小组讨论,总结运动学模块的功能。

3. 结合实训谈一谈对自行车模型的认识。

# 项目五 任务工单五 智能汽车纵向控制

| 任务名称 | 智能汽车纵向控制 | | 班级 | |
|---|---|---|---|---|
| 学生姓名 | | 实训时间 | 实训地点 | |
| 车型 | | | VIN 号 | |
| 每个工位实训学生数量 | | | 每次实训时间 | |
| 实训目标 | 1. 对智能汽车的纵向控制模型有清晰的认知。<br>2. 了解智能汽车纵向控制介绍、纵向控制方法、直接式纵向控制等。<br>3. 初步了解不同智能汽车纵向控制方法，包括两种控制模式：直接式控制和分层控制的区别等。 | | | |
| 预备知识 | 1. 智能汽车控制模块的基本框架。<br>2. 智能汽车纵向控制基础知识。 | | | |
| 预期效果 | 能够按照要求，组员相互协作完成智能汽车纵向控制实验，了解不同智能汽车纵向控制方法的特点，对智能汽车纵向控制有初步的认知。 | | | |
| 注意事项 | 1. 不得损坏实训设备，保证其完整性。<br>2. 不得随意更改、删除计算机中的文件。<br>3. 服从管理，注意安全。 | | | |
| 实训设备及数量 | 1. 智能驾驶实训车辆 1 台。<br>2. 智能驾驶实训车辆使用说明书 1 套。<br>3. 虚拟仿真试验平台（可选，见教材支持主页）。 | | | |

◆ 填空

1. 自动驾驶汽车纵向控制系统分为_____和_____两种模式。
2. 分层控制结构，根据控制目标的不同，将自动驾驶汽车纵向控制系统分为_____和_____进行单独设计。
3. 直接式纵向控制的常用控制方法有_____、_____、_____、_____、_____等方法。
4. PID 控制器（比例－积分－微分控制器），由_____、_____和_____组成。
5. 模糊控制由_____、_____、_____、_____和_____五个环节组成。
6. 在 P 控制中系数 Kp 在合理的数值范围内越____，控制的效果越好。
7. 积分环节加入积分项以后，控制函数会尽可能使行驶距离____。
8. 纵向速度规划控制系统主要由_____和_____两部分组成。
9. 行驶模式有哪几种？_____，_____，_____，_____，_____。

续表

◆ 通过实训完成下列内容

1. 参阅智能驾驶实训车辆使用说明书，观察、体验智能驾驶实训车辆或进入虚拟驾驶仿真试验平台，观察智能车直接式纵向控制和分层控制结构的不同，填写下表。

| 名称 | | |
|---|---|---|
| 效果 | | |

2. 通过观察、体验及小组讨论，总结纵向控制模块的功能。

3. 结合实训谈一谈对直接式和分层式的认识。

## 项目五　任务工单六　智能汽车横向控制

| 任务名称 | 智能汽车横向控制 | | 班级 | |
|---|---|---|---|---|
| 学生姓名 | | 实训时间 | 实训地点 | |
| 车型 | | | VIN 号 | |
| 每个工位实训学生数量 | | | 每次实训时间 | |
| 实训目标 | 1. 对智能汽车的横向控制模型有清晰的认知。<br>2. 了解包括智能汽车纯跟踪算法和 Stanley 控制算法的不同和功能。<br>3. 初步建立横向控制算法的知识体系，通过对算法原理，代码和仿真讲解，完善其对横向控制的分析方法。 ||||
| 预备知识 | 1. 智能汽车控制模块。<br>2. 智能汽车横向控制基础知识。 ||||
| 预期效果 | 能够按照要求，组员相互协作完成智能汽车横向控制实验，了解不同智能汽车横向控制算法的特点和功能，对智能汽车横向控制有初步的认知。 ||||
| 注意事项 | 1. 不得损坏实训设备，保证其完整性。<br>2. 不得随意更改、删除计算机中的文件。<br>3. 服从管理，注意安全。 ||||
| 实训设备及数量 | 1. 智能驾驶实训车辆 1 台。<br>2. 智能驾驶实训车辆使用说明书 1 套。<br>3. 虚拟仿真试验平台（可选，见教材支持主页）。 ||||

### ◆填空

1. 纯跟踪算法是基于_____模型。
2. 纯跟踪算法增大预瞄距离，跟踪效果会更加_____。
3. 纯跟踪算法减少预瞄距离，跟踪效果会更加_____。
4. Stanley 算法采取_____跟踪方法。
5. 增大增量参数 k，系统所需调节时间会_____。
6. 减少增量参数 k，跟踪轨迹会趋于_____。
7. 速度越小，Stanley 算法稳定性越____。

续表

◆通过实训完成下列内容

1. 参阅智能驾驶实训车辆使用说明书，观察、体验智能驾驶实训车辆或进入虚拟驾驶仿真试验平台，观察不同横向控制算法的功能和区别，填写下表。

| 名称 | | | |
|---|---|---|---|
| 效果 | | | |

2. 通过观察、体验及小组讨论，总结智能汽车车横向控制模块的功能和优缺点。

3. 结合实训谈一谈对纯跟踪和 Stanley 算法的认识。

# 项目六 任务工单一 智能汽车先进驾驶辅助系统

| 任务名称 | 智能汽车先进驾驶辅助系统 | | 班级 | |
|---|---|---|---|---|
| 学生姓名 | | 实训时间 | 实训地点 | |
| 车型 | | | VIN 号 | |
| 每个工位实训学生数量 | | | 每次实训时间 | |
| 实训目标 | 1. 了解先进驾驶辅助系统的发展。<br>2. 掌握先进驾驶辅助系统的定义和分类。<br>3. 了解先进驾驶辅助的标准。<br>4. 能够阐述量产车配置的 ADAS 系统的类型和结构组成。 | | | |
| 预备知识 | 1. 智能汽车感知、决策、控制模块。<br>2. 智能汽车 ADAS 系统基础知识。 | | | |
| 预期效果 | 能够按照要求，组员相互协作完成智能汽车先进驾驶辅助系统在车辨识，了解先进驾驶辅助系统的具体硬件组成及相关功能，对智能汽车先进驾驶辅助系统有初步的认知。 | | | |
| 注意事项 | 1. 不得损坏实训设备，保证其完整性。<br>2. 服从管理，注意安全。 | | | |
| 实训设备及数量 | 1. ADAS 仿真实验台 1 台。<br>2. ADAS 仿真实验台使用说明书 1 套。 | | | |

◆ 填空题

1. ADAS 采用的传感器主要有_____，_____，_____和_____等。
2. ADAS 按照功能可分为_____和_____两大类。
3. 先进驾驶辅助技术是智能汽车发展过程中的至关重要的技术之一，其_____和_____代表智能汽车的技术水平。
4. 国标 GB7258《机动车运行安全技术条件》中规定，车长大于 11 m 的客车必须装配_____和_____。
5. 早期的 ADAS 技术主要以_____为主。
6. 信息辅助类 ADAS 是指_____。
7. 控制辅助类 ADAS 是指_____。
8. ADAS 的国际标准代号 ISO 15622：2018 名称是_____。
9. 国内 ADAS 标准代号 GB/T 39323 – 2020 名称是_____。
10. 国内 ADAS 标准代号 GB/T 39263 – 2020 名称是_____。
11. AEB 系统名称为_____。
12. AEB 系统通过_____，_____和_____等感知道路环境。
13. 车道保持辅助系统 LKA 由_____，_____，_____和_____等组成。

续表

14. 汽车 ACC 系统共有 4 种典型的操作，即_____，_____，_____和_____。
15. Automated Parking System，APS 系统名称为_____。
16. 根据自动泊车系统的功能，可以将其划分为_____，_____，_____和_____几类。
17. 自动泊车过程一般包括_____，_____和_____三个主要步骤。
18. 疲劳驾驶预警系统工作过程主要分为_____，_____，_____和_____四部分。
19. Lane Departure Warning，LDW 名称是_____。
10. Lane Keeping Assist，LKA 名称是_____。

◆ 通过实训完成下列内容

1. ADAS 实验台上电开机，并打开 ACC 仿真程序，设置参数，完成 ACC 虚拟仿真实验。
（1）先连接 220V 系统电源线，此时台架高压系统上电，面板上中控屏开机。

（2）操作电视遥控器打开显示器，显示器启动主页面后进行下一步操作。

（3）连接 220V 计算平台电源线，此时计算平台上电自启动，几秒种后显示器弹出信号源选择，请选择信号源"HDMI1"进入 ubuntu 系统。

— 255 —

（4）选择用户名 bit，输入密码 123456wh，回车，正常打开操作系统。

（5）台架低压系统上电

打开面板上的电源总开关（顺时针旋转），打开点火开关，此时台架低压系统上电。

（6）在中控屏的"dashboard" app 中驾驶——车道辅助选项下找到"车道线保持"功能，点击"开启"。

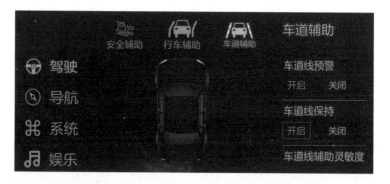

（7）在 ADAS 主程序左侧菜单栏上先选择"CARLA"选项，选择"Town4"地图，车流量选择为"80"（或者 60~80 之间的一个值），设置一定的人数值，点击"启动"，即可开启仿真界面。

续表

（8）启动 ACC 功能：点击 ADAS 主程 ACC LKA"启动"按钮。在仿真界面看到"Town4"地图为 ACC 功能随机分配的道路车流画面。

（9）功能启动后，可以在系统界面上从左至右、从上到下分别看到本车前方道路视角的实车图、传感器语义分割图、驾驶员视角实车图、俯视视角实车图。可以在仿真界面的左上角状态栏里看到所监控的数据，依次为：本车的油门开度情况、方向盘转角、制动情况、车速、最大车速，前车车速、距前车距离。

续表

（10）组合仪表中巡航指示灯点亮，车距信息显示，系统设置其实车速为 50 km/h。

（11）可以在方向盘上多功能开关上设定目标车速和跟车车距。按下"RES＋"键为增加目标车速，按下"SET"键为减小目标车速。

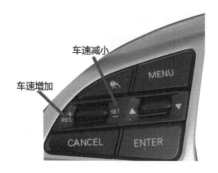

（12）仿真界面中，本车跟随前车的运动路径行驶。正常行驶时，如果前方没有车辆或前方车辆车速大于 50 km/h 时，本车会以 50 km/h（系统默认值）匀速行驶，当前方有车辆且车速低于 50 km/h 时，本车车速保持与前车车速一致。

（13）当前方车辆紧急制动时，后方车辆也紧急制动，制动时本车和前车的距离显示在状态栏内，本车车速变为 0 km/h。

（14）演示完毕后，在 ADAS 主程序界面，点击 ACC LKA "关闭"按钮，点击 CARLA 选项"关闭"按钮，在中控屏的驾驶—车道辅助选项下找到"车道线保持"功能，点击"关闭"。

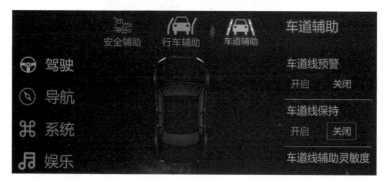

2. 观察智能车基于不同跟车距离和巡航车速的运动情况。

3. 通过观察、体验及小组讨论，总结智能车 ADAS 系统的分类和标准。

4. 结合实训谈一谈量产车配置的 ADAS 系统的类型和结构组成。

# 项目七　任务工单一　CAN 总线技术

| 任务名称 | CAN 总线技术 | | 班级 | |
|---|---|---|---|---|
| 学生姓名 | | 实训时间 | 实训地点 | |
| 车型 | | | VIN 号 | |
| 每个工位实训学生数量 | | | 每次实训时间 | |
| 实训目标 | 1. 能够正确复述 CAN 总线的定义和总体构成。<br>2. 理解 CAN 总线的通信原理。<br>3. 初步了解 CAN 总线的报文帧结构和仲裁机制。<br>4. 能够通过观察、讨论，归纳 CAN 总线技术的硬件结构。 | | | |
| 预备知识 | 1. 通信的定义与现代通信技术的主要特征。<br>2. 汽车使用总线通信网络的必要性。 | | | |
| 预期效果 | 能够按照要求，组员相互协作完成 CAN 总线技术的认识，小组讨论并归纳总结 CAN 总线技术的应用。 | | | |
| 注意事项 | 1. 不得损坏实训设备，保证其完整性。<br>2. 拆装工具和诊断工具等必须完好，并在课程结束后返还给指导教师。<br>3. 服从管理，注意安全。 | | | |
| 实训设备及数量 | 1. 智能驾驶实训车辆 1 台。<br>2. 智能驾驶实训车辆使用说明书 1 套。 | | | |

◆填空

1. CAN 的英文全称_____。
2. CAN 总线也叫_____，是一个有效支持_____和_____的串行通信网络。
3. CAN 网状拓扑可以根据几何图形的形状分为五种类型：_____、_____、_____、_____和_____。
4. CAN 节点主要由_____、_____和_____组成。
5. CAN 节点中的 CAN 控制器具有_____和_____的作用，而 CAN 收发器具有_____和_____的作用。
6. CAN 收发器对_____和_____两根线的电压做差分运算后生成差分电压信号，然后采用_____将差分电压信号转换为数字信号。
7. 在 CAN 总线上，报文是以"帧"来发送的，每一帧都包含_____、_____、_____、_____、_____、_____、_____7 个部分。
8. 在 CAN 总线的仲裁机制中，如果多个节点同时开始发送报文，则使用_____来解决总线冲突，确定优先级最高的报文，而不需要损失时间或数据（非破坏性仲裁）。

续表

| ◆通过实训完成下列内容 |
| --- |
| 1. 通过观察、体验及小组讨论，归纳 CAN 总线技术的硬件结构。<br><br><br><br><br><br><br><br><br><br><br>2. 结合实训谈一谈对汽车 CAN 总线技术的认识。 |

# 项目七　任务工单二　V2X 技术

| 任务名称 | | V2X 技术 | | 班级 | |
|---|---|---|---|---|---|
| 学生姓名 | | 实训时间 | | 实训地点 | |
| 车型 | | | VIN 号 | | |
| 每个工位实训学生数量 | | | 每次实训时间 | | |
| 实训目标 | 1. 能够正确复述 V2X 的定义和搭载 V2X 功能汽车的定义。<br>2. 掌握 V2X 技术涵盖的 5 个层面。<br>3. 能够通过观察、讨论归纳 V2X 技术应用过程中涉及的传感器，总结应用 V2X 技术的好处。 ||||||
| 预备知识 | 1. 车联网的定义。<br>2. 车联网技术的应用背景和必要性。 |||||
| 预期效果 | 能够按照要求，组员相互协作完成 V2X 技术的认识，小组讨论并归纳总结 V2X 技术应用过程中涉及的传感器，总结应用 V2X 技术的好处。 |||||
| 注意事项 | 1. 不得损坏实训设备，保证其完整性。<br>2. 拆装工具和诊断工具等必须完好，并在课程结束后返还给指导教师。<br>3. 服从管理，注意安全。 |||||
| 实训设备及数量 | 1. 智能驾驶实训车辆 1 台。<br>2. 智能驾驶实训车辆使用说明书 1 套。 |||||

◆ 填空

1. V2X 的定义是_____，英文全称是_____。
2. V2X 技术一般依赖于_____和_____两种通信手段。
3. V2X 技术涵盖的 5 个层面_____、_____、_____、_____、_____。
4. 针对上述 5 个层面，分别写出每个层面的定义。
   （1）_____；
   （2）_____；
   （3）_____；
   （4）_____；
   （5）_____。

续表

| ◆通过实训完成下列内容 |

1. 通过观察、体验及小组讨论，归纳 V2X 技术应用过程中涉及的传感器。

| V2X 技术 | V2V | V2I | V2P | V2R | V2N |
| --- | --- | --- | --- | --- | --- |
| 传感器 |  |  |  |  |  |

2. 通过观察、体验及小组讨论，总结应用 V2X 技术的好处。

3. 结合实训谈一谈对汽车 V2X 总线技术的认识。

## 项目七　任务工单三　OTA 技术

| 任务名称 | | OTA 技术 | | 班级 | |
|---|---|---|---|---|---|
| 学生姓名 | | 实训时间 | | 实训地点 | |
| 车型 | | | VIN 号 | | |
| 每个工位实训学生数量 | | | 每次实训时间 | | |
| 实训目标 | 1. 能够正确复述 OTA 的定义和分类。<br>2. 了解 OTA 技术的优缺点。<br>3. 初步了解 OTA 技术的架构。<br>4. 能够通过观察、讨论归纳 OTA 技术的工作流程，并总结 OTA 技术存在的风险。 | | | | |
| 预备知识 | 1. 汽车的常用软件。<br>2. 汽车软件更新的必要性。 | | | | |
| 预期效果 | 能够按照要求，组员相互协作完成 OTA 技术的认知，小组讨论并归纳总结 OTA 技术的工作流程和存在的风险。 | | | | |
| 注意事项 | 1. 不得损坏实训设备，保证其完整性。<br>2. 拆装工具和诊断工具等必须完好，并在课程结束后返还给指导教师。<br>3. 服从管理，注意安全。 | | | | |
| 实训设备及数量 | 1. 智能驾驶实训车辆 1 台。<br>2. 智能驾驶实训车辆使用说明书 1 套。 | | | | |

◆填空

1. OTA 的定义是＿＿＿＿＿＿，英文全称是＿＿＿＿＿＿。
2. OTA 技术的分类为＿＿＿＿和＿＿＿＿，二者的区别是＿＿＿＿＿＿。
3. OTA 技术的优点：(1)＿＿＿＿，(2)＿＿＿＿，(3)＿＿＿＿；OTA 技术的缺点：(1)＿＿＿＿，(2)＿＿＿＿。
4. FOTA 英文全称是＿＿＿＿，指给车辆＿＿＿＿，或者＿＿＿＿，是一个＿＿＿＿的过程。
5. SOTA 英文全称是＿＿＿＿，指通过＿＿＿＿或＿＿＿＿将文件从云端服务器下载到车辆上。
6. 软件增量文件和对应于车辆的安全凭据被称为＿＿＿＿，更新包中可能包含多个增量文件和多个 ECU 的补丁。
7. 汽车 OTA 架构主要包含＿＿＿＿和＿＿＿＿两部分，二者各自的功能是＿＿＿＿＿＿。

续表

◆通过实训完成下列内容

1. 通过观察、体验及小组讨论,归纳 OTA 技术的工作流程。

2. 总结 OTA 技术存在的风险。

3. 结合实训谈一谈对汽车 OTA 的认识。

# 项目八  任务工单一  智能汽车电子电气架构技术

| 任务名称 | 智能汽车电子电气架构技术 | | 班级 | |
|---|---|---|---|---|
| 学生姓名 | | 实训时间 | 实训地点 | |
| 车型 | | | VIN号 | |
| 每个工位实训学生数量 | | | 每次实训时间 | |
| 实训目标 | 1. 能够正确复述智能汽车电子电气架构的定义。<br>2. 能够理解智能汽车电子电气架构的发展趋势。<br>3. 初步了解智能汽车电子电气架构的分类。<br>4. 能够通过观察、讨论，归纳智能汽车电子电气架构的硬件结构。 | | | |
| 预备知识 | 1. 智能汽车的定义和其主要特征。<br>2. 智能汽车电子电气架构进一步发展的必要性。 | | | |
| 预期效果 | 能够按照要求，组员相互协作完成智能汽车电子电气架构技术的认知，小组讨论并归纳总结智能汽车电子电气架构技术的硬件结构。 | | | |
| 注意事项 | 1. 不得损坏实训设备，保证其完整性。<br>2. 拆装工具和诊断工具等必须完好，并在课程结束后返还给指导教师。<br>3. 服从管理，注意安全。 | | | |
| 实训设备及数量 | 1. 智能驾驶实训车辆1台。<br>2. 智能驾驶实训车辆使用说明书1套。 | | | |

◆填空

1. 电子电气架构是由车企定义的一套整合方式，该架构把汽车中的各类_____、_____、_____和_____整合在一起完成运算、动力和能量的分配，进而实现整车的各项功能。
2. 汽车的电子电气架构在不断地变革之中，逐渐从_____架构向_____架构演进。
3. 汽车电子电气架构的升级主要体现在_____、_____、_____三方面。
4. 汽车电子电气架构已经向集中式发展，并使用_____的方法，把从属相关的部分尽可能地进行整合，以几个大单元为单位打破模块内部的功能划分。
5. 基于功能划分的汽车电子电气架构，可以划分为_____、_____、_____、_____和_____五大区域。
6. 底盘域与汽车行驶相关，由_____、_____、_____和_____共同构成。
7. 域控制器，就是对_____进行控制的电子控制单元，核心是_____。

续表

| ◆通过实训完成下列内容 |
| --- |
| 1. 通过观察、体验及小组讨论，归纳智能汽车电子电气架构发展技术的硬件结构。<br><br><br><br><br><br><br><br><br><br><br>2. 结合实训谈一谈对智能汽车电子电气架构发展的认识。 |

# 项目八　任务工单二　智能座舱技术

| 任务名称 | 智能座舱技术 | | 班级 | |
|---|---|---|---|---|
| 学生姓名 | | 实训时间 | 实训地点 | |
| 车型 | | | VIN 号 | |
| 每个工位实训学生数量 | | | 每次实训时间 | |
| 实训目标 | 1. 能够正确复述智能汽车智能座舱技术的定义。<br>2. 能够理解智能汽车智能座舱技术的开发流程。<br>3. 初步了解智能汽车智能座舱技术的发展现状与趋势。<br>4. 能够通过观察、讨论归纳智能汽车智能座舱技术的硬件结构。 ||||
| 预备知识 | 1. 智能汽车的定义和其主要特征。<br>2. 智能座舱进一步发展的必要性。 ||||
| 预期效果 | 能够按照要求，组员相互协作完成智能汽车智能座舱技术认知，小组讨论并归纳总结智能汽车智能座舱技术的硬件结构与具体开发流程。 ||||
| 注意事项 | 1. 不得损坏实训设备，保证其完整性。<br>2. 拆装工具和诊断工具等必须完好，并在课程结束后返还给指导教师。<br>3. 服从管理，注意安全。 ||||
| 实训设备及数量 | 1. 智能驾驶实训车辆 1 台。<br>2. 智能驾驶实训车辆使用说明书 1 套。 ||||

◆填空

1. 智能座舱主要包括了座舱内饰和与电子信息领域创新结合发展的新型架构，由_____、_____和_____组成。
2. 智能座舱的硬件部分主要有_____、_____、_____、_____、_____等。
3. 智能座舱软件部分主要涉及_____、_____、_____三个层面。
4. 智能座舱的开发流程主要有：_____、_____、_____、_____、_____、_____、_____七个步骤。
5. 把智能座舱的开发流程细化，可以分解为_____、_____和_____。
6. 智能座舱的整个开发数据平台是一个全闭环流程，该闭环流程涉及四大数据处理过程：_____、_____、_____、_____。
7. 汽车智能座舱的发展可以分成三个阶段：第一阶段，_____；第二阶段，_____；第三阶段，_____。

| ◆ 通过实训完成下列内容 |
|---|
| 1. 通过观察、体验及小组讨论，归纳智能汽车智能座舱技术的硬件结构。<br><br><br><br><br><br><br><br><br><br><br>2. 结合实训谈一谈对汽车上使用智能汽车智能座舱技术的认识。 |

# 项目八　任务工单三　智能汽车计算平台技术

| 任务名称 | 智能汽车计算平台技术 | | 班级 | |
|---|---|---|---|---|
| 学生姓名 | | 实训时间 | 实训地点 | |
| 车型 | | | VIN 号 | |
| 每个工位实训学生数量 | | | 每次实训时间 | |
| 实训目标 | 1. 能够正确复述智能汽车计算平台的定义。<br>2. 能够理解智能汽车计算平台的关键技术。<br>3. 初步了解智能汽车计算平台的发展现状与趋势。<br>4. 能够通过观察、讨论，归纳智能汽车计算平台的硬件结构。 | | | |
| 预备知识 | 1. 智能汽车的定义和其主要特征。<br>2. 智能汽车计算平台进一步发展的必要性。 | | | |
| 预期效果 | 能够按照要求，组员相互协作完成智能汽车计算平台技术认知，小组讨论并归纳总结智能汽车计算平台技术的硬件结构。 | | | |
| 注意事项 | 1. 不得损坏实训设备，保证其完整性。<br>2. 拆装工具和诊断工具等必须完好，并在课程结束后返还给指导教师。<br>3. 服从管理，注意安全。 | | | |
| 实训设备及数量 | 1. 智能驾驶实训车辆 1 台。<br>2. 智能驾驶实训车辆使用说明书 1 套。 | | | |

◆ 填空

1. 车载计算平台是智能网联汽车的大脑，主要由_____、_____、_____构成。
2. 目前多数车企比较认可的计算平台方案主要分为三大部分：_____、_____、_____。
3. 为了实现智能驾驶系统高性能和高安全性的控制需求，智能汽车计算平台汇集了多项关键技术：_____、_____、_____、_____、_____、_____。
4. 为了达到智能驾驶功能安全等级 ASIL D 的要求一般采用主从两个主控制器，实现_____和_____。
5. 计算平台软件上层为_____，运行核心控制算法及安全管理。
6. 计算平台软件下层为_____，实现通信和 I/O 驱动、错误管理、硬件安全管理和存储管理等。
7. 车载计算平台的系统安全技术包括_____和_____。

续表

| ◆ 通过实训完成下列内容 |
| --- |
| 1. 通过观察、体验及小组讨论,归纳智能汽车计算平台技术的硬件结构。<br><br><br><br><br><br><br>2. 结合实训谈一谈对智能汽车计算平台技术的认识。 |

## 项目九 任务工单一 智能汽车仿真应用

| 任务名称 | | 智能汽车仿真应用 | | 班级 | |
|---|---|---|---|---|---|
| 学生姓名 | | 实训时间 | | 实训地点 | |
| 车型 | | | VIN 号 | | |
| 每个工位实训学生数量 | | | 每次实训时间 | | |
| 实训目标 | 1. 理解智能汽车仿真的原因。<br>2. 了解不同仿真平台的特点。<br>3. 掌握智能汽车仿真的具体构建流程。 | | | | |
| 预备知识 | 1. 智能汽车仿真的概念和意义。<br>2. 常用的智能汽车仿真平台。<br>3. 智能汽车仿真系统的设计原则和构建流程。 | | | | |
| 预期效果 | 能够按照要求，独立完成智能汽车仿真场景的搭建，运行仿真案例并输出仿真结果。 | | | | |
| 注意事项 | 1. 不得损坏实训设备，保证其完整性。<br>2. 服从管理，注意安全。 | | | | |
| 实训设备及数量 | 1. 配置仿真软件的计算机 1 台。<br>2. 智能仿真软件使用说明书 1 套。 | | | | |

◆填空

1. 智能汽车是集_____，_____以及_____和_____等功能于一体的复杂系统。
2. 智能汽车仿真是指使用_____对车辆的运行进行模拟，以____和____车辆智能系统性能和安全性能的过程。智能汽车仿真可以在虚拟环境中对车辆_____、_____、_____等进行模拟，从而测试不同的车辆控制策略和行驶场景下的驾驶员反应，并最终得出最佳的驾驶方案。
3. 智能汽车仿真具有重要的意义，表现在以下几个方面：_____、_____、_____、_____。
4. 目前比较常用的智能汽车仿真平台有_____、_____、_____、_____等等。
5. 对于智能驾驶仿真来说，需要满足以下几点要求：_____、_____、_____、_____。
6. 智能汽车仿真的构建流程主要包括_____、_____、_____、_____。

续表

| ◆通过实训完成下列内容 |
| --- |
| 1. 操作仿真软件，归纳仿真软件的主要模块及其功能。<br><br><br><br><br><br>2. 简要讲述注仿真场景中主车配置的传感器类型及其在仿真中的主要功能。<br><br><br><br><br><br>3. 请设计一个简单的场景，并说明该场景作用、基本配置以及需要输出的仿真结果。<br><br><br><br><br><br> |

# 参 考 文 献

[1] 国家发展改革委,中央网信办,科技部,工业和信息化部,公安部,财政部、自然资源部,住房城乡建设部,交通运输部,商务部,市场监管总局.《智能汽车创新发展战略》[Z],2020-02-24.

[2] 唐波.地面无人车辆多目标点全局路径引导方法研究[D].北京:北京理工大学,2019.

[3] 陈慧岩,熊光明,龚建伟,等.无人驾驶汽车概论[M].北京:北京理工大学出版社,2014.

[4] 张玉.自动驾驶车辆混合运动规划研究[D].北京:北京理工大学,2018.

[5] 陈虹,郭露露,边宁.对汽车智能化进程及其关键技术的思考[N].科技导报,2017(11).

[6] 晏欣炜,朱政泽,周奎,等.人工智能在汽车自动驾驶系统中的应用分析[J].湖北汽车工业学院学报,2018,32(01):40-46.

[7] 傅勇.智能汽车操作系统挤进中国巨头[N].经济参考报,2021-07-30(005).

[8] 王文庆.人工智能在汽车自动驾驶中的应用[J].时代农机,2019,46(09):28-29.

[9] 胡宇,魏立刚."跨越险阻2016"地面无人系统挑战赛开幕[N].中国青年报,2016-09-8(06).

[10] 央广网.陆军第三届陆上无人系统挑战赛开幕[EB/OL].https://baijiahao.baidu.com/s?id=1611406025791211840&wfr=spider&for=pc,2018-09-12.

[11] 陆一夫.北京颁发首批自动驾驶载人测试牌照百度获40张[N].新京报,2019-12-30(03).

[12] 钱晓虎."跨越险阻2021"陆上无人系统挑战赛开幕[N].解放军报,2021-09-16.

[13] 魏蔚.北京自动驾驶公交渐近8辆公交车参与路测[N].北京商报,2022-03-31.

[14] 中国质量新闻网.《汽车驾驶自动化分级》国家标准出台2022年3月1日起实施[EB/OL].https://www.cqn.com.cn/auto/content/2021-09/18/content_8734752.htm,2021-09-18.

[15] 田野.SAE更新驾驶自动化分级标准[J].智能汽车,2021(03):17.

[16] 人民网.一天收集10TB数据?你的车"看透"你了……[EB/OL].https://mp.weixin.qq.com/s?__biz=MjM5NzI3NDg4MA==&mid=2658717237&idx=2&sn=17d329ecech14520e601560ba459aa3c&chksm=bd501a5a8a27934cc94a479f75e013d39eec4c4c5b123e9591ed0acc4a2c7dd92abbb3b9dcc7&scene=27,2021-08-23.

[17] 王宏,何克忠,张钹. 智能车辆的自主驾驶与辅助导航[J]. 机器人,1997(02):76-81.

[18] LOWE D G. Distinctive Image Features from Scale-Invariant Keypoints[J]. International Journal of Computer Vision,2004(2). DOI:10.1023/B:VISI.0000029664.99615.94.

[19] SUYKENS J A K,VANDEWALLE J. Least Squares Support Vector Machine Classifiers[J]. Neural Processing Letters,1999,9(3):293-300. DOI:10.1023/A:1018628609742.

[20] DJURIC N,RADOSAVLJEVIC V,CUI H,et al. Motion Prediction of Traffic Actors for Autonomous Driving using Deep Convolutional Networks[J]. 2018. DOI:10.48550/arXiv.1808.05819.

[21] 张猛,宋健. 电子机械制动系统发展现状[J]. 机械科学与技术,2005,24(02):209-211.

[22] 张胜利. 汽车电子机械制动执行机构的设计分析[J]. 机械研究与应用,2019,32(05):66-69.

[23] 余志生. 汽车理论[M]. 北京:机械工业出版社,1999.

[24] 张瑞琳. 自动驾驶车辆电控制动技术研究[D]. 北京:北京理工大学,2016.

[25] 孙兆亮. 自动驾驶车辆纵向电控系统研究[D]. 北京:北京理工大学,2018.

[26] 智能汽车电子与软件. 智能汽车底盘线控技术解析[EB/OL] https://www.auto-testing.net/news/show-113614.html,2022-01-08.

[27] 郑远方. 下一个EDR? 蔚来、集度、吉利牵头 这一自动驾驶"标配技术"标准呼之欲出[EB/OL] https://www.cls.cn/detail/889993 2021-12-07.

[28] 林逸,沈沉,王军,等. 汽车线控制动技术及发展[J]. 汽车技术,2005(12):4.

[29] 徐兴,刘振宇,王峰,等. 一种线控转向容错装置及其控制方法[PJ]. 2021-06-22.

[30] 杜明志,孙跃东. 线控转向系统前轮主动转向控制策略研究[J]. 汽车实用技术,2020(17):6.

[31] 盖世汽车. 汽车控制的核心技术-线控技术解析[EB/OL] https://www.sohu.com/a/228620822_180520,2018-04-18.

[32] 范伟军,孙正,郭斌,等. iBooster总成工作性能检测系统设计[J]. 液压与气动,2018(8):6.

[33] 李佑美. 舍弗勒全面展示未来创新驱动技术[J]. 商用汽车,2018(12):3.

[34] 王亚丽. 基于毫米波雷达与机器视觉融合的前方车辆检测研究[D]. 长春:吉林大学,2013.

[35] 陈慧岩,龚建伟,熊光明,等. 无人驾驶汽车概论[M]. 北京:北京理工大学出版社,2018.

[36] 关超华. 智能车辆前方车辆检测与交通信号灯识别技术研究[D]. 北京:北京理工大学,2009.

[37] 张立天. 交通信号灯检测、跟踪、定位与识别方法研究[D]. 北京:北京理工大学,2014.

[38] 尧玲. 基于深度卷积神经网络的无人车目标检测与定位[D]. 北京:北京理工大学,2019.

［39］申泽邦，雍宾宾，周国庆，等. 无人驾驶原理与实践［M］. 北京：机械工业出版社，2018.

［40］谭晶宝. 激光雷达上车疑云［J］. 汽车观察，2021（03）：63–65.

［41］马晓蕾. 激光雷达的春天［J］. 经营者（汽车商业评论），2020（08）：93–95.

［42］周治国，曹江微，邸顺帆. 3D 激光雷达 SLAM 算法综述［J］. 仪器仪表学报，2021，42（09）：13–27.

［43］袁光福，马晓燠，刘爽，等. 激光雷达扫描方式［J］. 强激光与粒子束，2020，32（04）：65–70.

［44］杨立成，李云逸，张雨龙. 一种超声波雷达自动检测方法及实现［J］. 南方农机，2022，53（01）：140–142.

［45］秦秀常. 多传感器融合技术的应用研究［J］. 光源与照明，2020（12）：44.

［46］宁津生，姚宜斌，张小红. 全球导航卫星系统发展综述［J］. 导航定位学报，2013，1（01）：3–8.

［47］贺籴. 定位导航卫星系统原理及性能浅析［J］. 四川文理学院学报，2010，20（02）：31–33.

［48］陈忠贵，武向军. 北斗三号卫星系统总体设计［J］. 南京航空航天大学学报，2020，52（06）：835–845.

［49］尹志豪，王广兴，胡志刚，等. 北斗三号观测数据质量分析［J］. 测绘科学，2020，45（06）：37–45.

［50］唐斌，李金龙，贾小敏，等. 北斗三号系统精密单点定位服务解析与应用［J］. 导航定位与授时，2021，8（03）：103–108.

［51］苏伟斌，李厚朴，纪兵. 卫星导航差分定位实践教学研究［J］. 教育教学论坛，2018（47）：140–141.

［52］常岗，李永涛，廖俊勃. 惯性导航定位精度试验数据处理方法辨析［J］. 工业控制计算机，2020，33（04）：73–75+94.

［53］曲东才. 捷联惯导系统发展及其军事应用［J］. 航空科学技术，2004，（06）：27–30.

［54］王奕凡. 卡尔曼滤波在自动驾驶的应用［J］. 软件，2021，42（01）：127–129.

［55］NOURELDIN A，KARAMAT T，GEORGY J. Inertial Navigation System Modeling. In：Fundamentals of Inertial Navigation，Satellite – based Positioning and their Integration［M］. Springer，2013：247–252.

［56］KEUCHI E，YOSHIHARA Y，YOSHIKI N. Blind Area Traffic Prediction Using High Definition Maps and Lidar for Safe Driving Assist［C］//2015 IEEE 18th International Conference on Intelligent Transportation Systems. IEEE，2015：2311–2316.

［57］GGENHANS F，SALSCHEIDER NO，STILLER C. Precise Localization in High – Definition Road Maps for Urban Regions［C］/2018 IEEE/RSJ International Conference on Intelligent Robots and Systems（IROS）. IEEE，2018：2167–2174.

［58］LI W，Z W，LI H Y，et al. Low – cost Vector Map Assisted Navigation Strategy for Autonomous Vehicle［C］//2018 IEEE Asia Pacific Conference on Circuits and Systems（APCCAS）.

IEEE, 2018: 536-539.

[59] 陈虹,郭露露,宫洵,等. 智能时代的汽车控制 [J]. 自动化学报, 2020, 46 (07): 1313-1332.

[60] 付志强. 城区不确定环境下智能汽车行为决策与运动规划算法研究 [D]. 上海:同济大学, 2022.

[61] 陈白帆. 动态环境下移动机器人同时定位与建图研究 [D]. 长沙:中南大学, 2009.

[62] 贺勇,路昊,王春香,等. 基于多传感器的车道级高精细地图制作方法 [J]. 长安大学学报(自然科学版), 2015, 35 (S1): 274-278.

[63] 刘慧敏,邓敏,樊子德,等. 地图信息度量方法及其应用分析 [J]. 地理与地理信息科学, 2012, 28 (6): 1-6.

[64] 何兆成,陈展球,范秋明,等. 基于手机基站数据的混合地图匹配算法研究 [J]. 交通运输系统工程与信息, 2014, 14 (03): 34-42.

[65] 李卫东,梁腾飞,刘杨. 一种混合地图匹配算法研究 [J]. 电子测量技术, 2019, 42 (11): 97-101.

[66] WALDROP M M. News feature: What are the Limits of Deep Learning? [J]. Proceed National Academy of Sciences, 2019, 116 (04): 1074-1077.

[67] LANGE S, RIEDMILLER M, VOIGTANDER A. Autonomous Reinforcement Learning on Raw Visual Input Data in a Real World Application [J]. IEEE, 2012, pp. 1-8.

[68] MNIH V, KAVUKCUOGLU K, SILVER D, et al. Human-level Control Through Deep Reinforcement Learning [J]. Nature, 2015, 518: 529-533.

[69] CHAE H, KANG C, KIM B, et al. Autonomous Braking System Via Deep Reinforcement learning [J]. IEEE, 2017, pp. 1-6.

[70] UBIERGO G A, JIN WL. Mobility and Environment Improvement of Signalized Networks Through Vehicle-to-Infrastructure (V2I) Communications [J]. Transportation Research Part C, 2016, 68 (7): 70-82.

[71] 徐泽洲,曲大义,洪家乐,等. 智能汽车自动驾驶行为决策方法研究 [J]. 复杂系统与复杂性科学, 2021, 18 (03): 88-94.

[72] 罗玉峰,钟陈志鹏,陈齐平,等. 智能驾驶汽车纵向运动控制研究综述 [J]. 汽车实用技术, 2018, (22): 28-32.

[73] 陈慧岩,熊光明,龚建伟,等. 无人驾驶汽车概论 [M]. 北京:北京理工大学出版社, 2014.

[74] 郭景华,李克强,罗禹贡. 智能车辆运动控制研究综述 [J]. 汽车安全与节能报, 2016, 7 (02): 151-159.

[75] 马进,刘明艳. 智能汽车横向控制方法研究 [J]. 科学技术创新, 2022, (05): 177-180.

[76] 周晓飞. 智能汽车基础(四)——先进驾驶辅助系统(中)[J]. 汽车维修与保养, 2022, (02): 68-72

[77] 张志强. ADAS 的发展历程及趋势 [J]. 内燃机与配件, 2019 (01): 80-82

[78] 赵津,杜志彬,张庆余,等. 中国乘用车 ADAS 市场发展趋势浅析 [J]. 时代汽车,

2019（02）：16-19．

[79] 黄宁军．发展中的汽车主动安全技术［J］．汽车工业研究，2000，（05）：35-37．

[80] 马钧，曹静．基于中国市场特定需求的汽车先进驾驶辅助系统发展趋势研究［J］．上海汽车，2012（04）：36-40．

[81] 万亮亮．不同路况下汽车前向防撞安全距离模型的研究［D］．沈阳：辽宁工业大学．2016．

[82] 孙德鑫，石振周，王子奇．浅析主动安全技术之前向碰撞预警系统［D］．合肥：合肥工业大学，2013．

[83] 王荣本，余天洪，郭烈，等．基于机器视觉的车道偏离警告系统研究综述［J］．汽车工程，2005（04）：463-466．

[84] 佘烁．汽车车道保持系统控制算法研究［D］．长春：吉林大学，2018．

[85] 刘洪玮，彭少贤．汽车自适应巡航控制系统的研究［D］．上海：东华大学，2010．

[86] 宋金泽．自主泊车系统关键技术研究［D］．国防科学技术大学，2009．

[87] 应丽，王建华，王生进．驾驶员面部特征点定位方法研究［J］．北京机械工业学院学报，2009，24（1）：4-7．

[88] 《中国公路学报》编辑部．中国汽车工程学术研究综述·2017［J］．中国公路学报，2017，30（06）：1-197．

[89] 李聪聪．面向车联网信息安全问题的安全机制研究［D］．北京：北京交通大学，2019．

[90] 李克强，戴一凡，李升波，等．智能汽车（ICV）技术的发展现状及趋势［J］．汽车安全与节能学报，2017，8（01）：1-14．

[91] 朱小燕，邹亚强，何寿柏．浅析智能汽车技术［J］．汽车实用技术，2020（13）：20-22．

[92] 21世纪经济报道．北京"十四五"高精尖产业规划发布：2025年实现智能汽车渗透率80%［EB/OL］．https：//baijiahao.baidu.com/s? id = 1708879996186294829&wfr = spider&for = pc，2021-08-23．

[93] 时本强．智能汽车技术发展现状及趋势［J］．农机使用与维修，2021（03）：66-67．

[94] 李寒洋．浅谈智能汽车发展现状及趋势［J］．汽车工业研究，2020，（01）：2-9．

[95] 滑思忠．V2X关键技术在城市道路智能交通中的应用研究［D］．西安：长安大学，2018．

[96] 岳喜展．基于汽车智能化的车载网络技术研究［J］．汽车工业研究，2020（01）：26-27．

[97] 袁安录，陈正，刘玥，冷卫杰．智能汽车V2X技术分析［J］．电子技术与软件工程，2021（13）：8-9．

[98] 韦汉韬．智能交通ITS系统中DSRC通信技术的应用［J］．无线互联科技，2012（01）：8．

[99] 温志勇，修战宇，陈俊先．LTE-V车路通信技术浅析与探讨［J］．移动通信，2016，40（24）：41-45．

[100] 武翔宇，赵德华，郝铁亮．浅谈汽车OTA的现状与未来发展趋势［J］．汽车实用技

术,2019(03):214-216.

[101] 刘佳熙,丁锋.面向未来汽车电子电气架构的域控制器平台[J].中国集成电路,2019(09):82-87.

[102] 匡小军,唐香蕉,李桂伟.汽车电子电气架构需求分析及优化研究[J].汽车电器,2019(08):45-46.

[103] 杜莎.汽车变革趋势下电子电气架构如何演进?[J].汽车与配件,2019(15):56-57.

[104] 翟皓蓉.汽车电子架构设计的研究与分析[J].汽车与驾驶维修(维修版),2019(05):96-97.

[105] 陶华胜,陈欢,雷君.关于汽车电子电气架构设计与优化的研究[J].时代汽车,2019(07):96-97.

[106] 华一丁,龚进峰,戎辉,等.国外智能汽车电子电气架构综述及分析[J].汽车电器,2018(12):6-13.

[107] 中国汽车工程学会.汽车智能座舱分级与综合评价白皮书[C].2023.

[108] 杜莎.智能座舱的核心是提升用户体验[J]汽车与配件,2020(15):6.

[109] NAVALE V M, KYLE W, ATHANASSIOS L, et al. -A. (R) evolution of E/E Architectures. SAE, 8(2), 282-288.

[110] Ronald Jurgen, Domain Control Units-the Solution for Future E/E Architectures? [J]. SAE, 2010:349-355.

[111] 武志斐.智能汽车技术概论[M].北京:北京理工大学出版社,2022.

[112] 吴冬升,李凤娜,夏宁馨,等.智能汽车测试方案研究与展望[J].电信科学,2023,39(3):61-69.

[113] Jun Li, Henry Liu, Hong Wang. 智能汽车安全[J]. Engineering, 2024, 33(2):1-2.

[114] 付新华.论智能汽车数据的治理之道[J].法制与社会发展,2024,30(1):147-163.

[115] 王庞伟,张名芳.智能汽车电子技术[M].北京:机械工业出版社,2021

[116] 冯洋,夏志龙,郭安,陈振宇.自动驾驶软件测试技术研究综述[J].中国图象图形学报,2021,26(1):13-27.

[117] 蒲雷.面向自动驾驶汽车仿真测试的场景构建研究[D].重庆:重庆理工大学,2023.

[118] 付智超.基于PreScan的无人驾驶车辆虚拟测试[D].邯郸:河北工程大学,2020.

[119] 蒙昊蓝,陈君毅,左任婧,等.智能汽车自主泊车系统测试方法[J].中国公路学报,2019,32(6):158-168.

[120] 陈礼光,欧阳耀果,刘云.多传感器融合全自主泊车系统设计[J].价值工程,2020,39(28):175-177.

| | 7 | 6 | 5 | 4 | 3 | 2 | 1 | 0 |
|---|---|---|---|---|---|---|---|---|
| 0 | 7 | 6 | 5 | 4 | 3 | 2 | 1 | 0 |
| 1 | 15 | 14 | 13 | CAN_TX_TRACK_ANGLE | | | | |
| 2 | CAN_TX_TRACK_ANGLE | | | | | CAN_TX_TRACK_RANGE | 17 | 16 |
| 3 | CAN_TX_TRACK_RANGE | 30 | 29 | 28 | 27 | 26 | 25 | 24 |
| 4 | 39 | 38 | 37 | 36 | 35 | 34 | 33 | 32 |
| 5 | 47 | 46 | 45 | 44 | 43 | 42 | 41 | 40 |
| 6 | 55 | 54 | CAN_TX_TRACK_RANGE_RATE | 52 | 51 | 50 | 49 | 48 |
| 7 | CAN_TX_TRACK_RANGE_RATE | 62 | 61 | 60 | 59 | 58 | 57 | 56 |

图 3-21 ESR 毫米波雷达检测目标消息的具体格式（附彩插）